U0733824

浣纱村志

《浣纱村志》编纂委员会◎编

团结出版社

清代苎萝山图

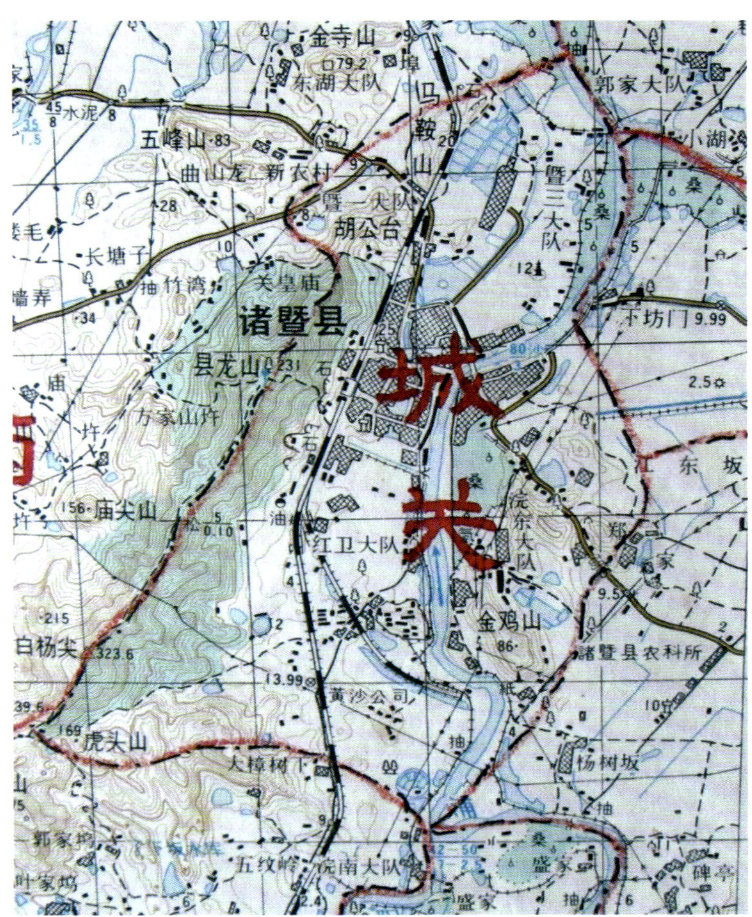

1974 年的城关镇地图

西施像

浣纱居民区党群服务中心

浣纱南路 81 号原浣纱村村部

浣纱南路 12 号原浣纱村村部

苎萝村村口

1936 年 4 月 4 日，枫桥全塘崖山小学高校毕业班在苎萝村口牌坊下合影

苎萝村浣纱溪曲滩

圣公会在石塔头的传教点

1978 年，南门外浣纱横路至石塔头掠影（周保定摄）

山下杨鸟瞰

1978 年 2 月 16 日，诸暨县年度群英大会城关镇代表合影，前排右四为蒋松法

西施殿正门

西施浣纱处

浣纱石

孙中山先生纪念塔

胡公台

三踏步鸟瞰

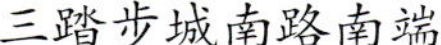

三踏步城南路南端

三踏步村北

石塔头鸟瞰

石塔头弄堂

山下杨村口

山下杨弄堂

山下杨石家台门

桃花岭

桃花岭 1 号

1991 年 6 月 27 日，浣纱村党员在南湖革命纪念馆门口合影

1988 年 12 月，浣纱村孙贵兔赴台探望母亲，成为浙江省台属直接赴台探亲第一人

《浣纱村志》编纂委员会

主　任：王正浩
副主任：戚华球
委　员：周庞凯　马天勇　周苗炎　俞金凤　赵友新

《浣纱村志》编辑部

主　编：李科才
采　集：周华富　周依才　周依波　周文千　郦成龙　陈永华　陈经本
翁月英　石昌国　张文校　朱中明

序　一

地理概念上的浣纱村，已不复存在，但许多人记忆中的浣纱村，依然市井烟火，活色生香。

我于浣纱村，感情上是走得很近的。

因为，浣纱村是我外婆家，这里有着我儿时的许多记忆：一群年少轻狂的孩子，到处撒野，钓鱼，爬树，沿着黄沙铁路追火车，在狭长的弄堂里奔来跑去。现在，偶尔从已拆迁的高道地、三踏步等地路过，恍惚还能听到儿时热切的呼唤。

20 世纪 80 年代初，我在城关中学（现改名为浣纱中学）任教时，有许多学生来自浣纱村，于是，我有了无数次走村串户的家访，浣纱村比较偏远的桃花岭、溪坑里、老鹰山脚（解放南村）等地，都走到了，现在有家长碰到我时，依然会亲热地叫我“赵老师”。后来，在人生最晦暗的岁月里，我在三踏步租房居住过一段时日，那里的亲情友情，给了我很多安慰。

2019 年，我写了一篇小散文《浣纱村》，叙说了我心目中的浣纱村，勾起了很多人对浣纱村的怀恋，一度流传较广。

这次浣纱村编写村志，嘱我写序，我自觉压力很大，因为我既非土生土长的浣纱村人，亦非大家名流，推辞再三，考虑上述三方面因素，也就允承下来。

浣纱村，东濒浦阳江，西依陶朱山，呈条状南北相分布，绵延数里。

上溯该村历史，早在春秋时期，就有先民在此繁衍生息，旧为苎萝村所在地，也就是绝代佳人西施的故乡，因有西施浣纱古迹而得名“浣纱村”。后因历史原因，曾改名为“红卫大队”。

这里民风淳朴，百姓勤劳，我的记忆里，浣纱村基本上每家每户都以种植蔬菜为主，村民们起早摸黑，在这方土地上辛勤耕耘，发家致富，曾是一个令周边十里八村眼羡的村子，先后获得诸暨市奔小康示范村、诸暨市先进基层党组织、诸暨市文明村、绍兴市奔小康百强村、绍兴市百强村等称号，党总支书记王正浩也获得“省千名好支书”

等荣誉称号。浣纱村的林林总总，都值得历史记载。

记住历史是为了开创未来，记住乡愁是为了不忘初心。“记住乡愁”，村志不应缺席。浣纱村编纂村志，是对浣纱村历史的一次真实记录和理性梳理。以浣纱村的人、地、事、物、史为对象，举凡自然环境、历史沿革、政治经济、农业水利、工业商贸、教育卫生、人物习俗、文化史事等，悉数收入，内容十分丰富，既有宏观层面的叙事，也有细微之处的记录，反映了一个时代的变迁和一个乡村的全貌，为浣纱村人留存了一份集体记忆，唤起了浣纱村人的集体乡愁，堪称浣纱村的历史百科全书。同时，该村志将史与志融为一体，突出了真实性、资料性、知识性，还原了浣纱村的历史风貌，让人从中读到了历史的演化、生命的延续、经济的变化、社会的变迁，为今人乃至后人了解、研究浣纱村提供了可靠的依据和借鉴。

以史为镜，可以知兴替。《浣纱村志》的问世，相信也一定能够发挥史志“存史、资政、育人”的多重作用，功在当代，泽被后人，意义深远，将会成为浣纱村最好、最全面的乡土教材。

《浣纱村志》内容丰富，编排科学，章节合理，资料翔实，行文规范，做到略古详今，雅俗共赏，体现了较高的编纂水准。它凝聚着编纂委员会和编辑部的心血。希望出版后有更多的人阅读它、利用它，也希望更多的后来者补充它、完善它，让其世代相续，永不断章。

聚是一团火，散为满天星。浣纱村曾聚族而居，蔚然成村，现在传统地理概念上的浣纱村已经消失，但烙着浣纱村印记的人们，在这个城市的角角落落，开枝散叶，生生不息，薪火赓续，他们将依然记得他们村庄的根源脉络，不忘自己的来路。

祝愿浣纱村人奋发进取，创造出更加富足、和谐、美好、幸福的生活。

是为序。

赵智国

2022 年 12 月

序　二

2020 年 8 月 7 日，诸暨市暨阳街道召开撤居建（并）社区工作动员大会，事及辖区内部分社区居民委员会的撤销，其中包括浣纱。一石激起千层浪，这在世居该地的住民心中激起了阵阵波澜，纷纷建言，希望编纂《浣纱村志》，以期记录历史，昭示后人，主事者顺应民心，始有修志之举。

这方土地有着深厚的人文底蕴，演绎过无数可歌可泣、跌宕起伏的历史故事。早在春秋时期，浣纱村女西施忍辱负重、以身许国的事迹，为人们所颂扬。自宋以来，理学家周敦颐、安定郡王赵子涛、翰林学士郦文绍、进士杨宾等名人或其后裔，在此休养生息，书写传奇。西施浣纱处，东晋大书法家王羲之手书“浣纱”字迹犹存。明末书画家陈洪绶也曾在西竺庵留下人文遗迹。民国时期，乡贤楼蔷庵于苎萝山倡建县立图书馆，蒋鼎文也在此创办县立医院。境内还发生过陶朱山战斗和胡公台战斗等抗日战事。中华人民共和国成立后，浣纱村人在这方土地上辛勤耕耘，经济社会发展一直在诸暨处于领先水平。他们兴修水利，发展农业；创办企业，探索二三产业；兴资办学，造福桑梓；封山育林，使陶朱山绿树成荫；无私奉献，提供城市发展空间；精打细算，为失土农民发放生活补贴……浣纱村可谓为诸暨市的经济发展、社会稳定和城市化建设，贡献了全部力量。

青山遮不住，毕竟东流去。曾经的浣纱村区域，现在已是高楼林立，道路纵横，高档住宅小区、学校、商场、景区等现代生活设施，取代了原来的连片阡陌。浣纱村的消亡是历史的必然，但这片土地上的精彩还将继续。

我从小生活在浣纱村，也曾担任村两委干部多年，浣纱村于我有养育之恩、提携之情。村志编纂期间我也参与其中，感念编纂委员会各成员、主编李科才先生及村中诸父老荼苦蓼辛，倾力而为，成册有望。行将付梓之际，受编纂委员会之托，不揣鄙陋，聊志数语以为序。

原浣纱村民委员会主任　赵友新

2022 年 12 月

凡 例

一、本志以马克思列宁主义、毛泽东思想、邓小平理论、“三个代表”重要思想、科学发展观、习近平新时代中国特色社会主义思想为指导，坚持辩证唯物主义和历史唯物主义的立场、观点和方法。以实事求是为原则，力求思想性、科学性、资料性相统一，记叙浣纱村的历史和现状，以期服务当代，垂鉴后世。

二、本志记述时间上限因事而异，尽可能追溯发端，下限讫于2020年。

三、本志横排门类，纵叙史实，以志为主体。卷首设序、凡例、概述、大事记等，正文分章、节、目，共设12章43节。随文配以图、表等，志末设后记等。

四、浣纱村村名经过多次沿革，本志在叙述时，一般仍以“浣纱村”作为笼统称呼。

五、本志纪年，1949年以前采用历史纪年，并括注公元纪年，中华人民共和国成立后采用公元纪年。文中所记涉及政区、地名时，用当时名称，必要时加注今名。

六、机构名称首次出现时均用全称，其后一般用简称。文中出现的“党”以及省委、市委、县委等，均指中国共产党及其相关组织。

七、本志资料主要取自有关档案、志书、谱牒、报刊、专著和现场采访记录等，所采用的资料一般不注明出处。

八、本志数字，一般采用阿拉伯数字。小数点后一般最多保留两位。

九、本志使用最新法定计量单位，记叙历史事实时保留原计量单位名称。

十、正文内某些概括处和表格题目中，以及统计数据前的单位名称，均含其前身。

十一、本志遵循人物“生不立传”原则，入传人物以卒年排序。对有重大贡献和突出事迹的在世人物，入人物简介，以生年排序。

CONTENTS

目 录

概　述

浣纱村位于诸暨市暨阳街道中部，东濒浣江与鸬鹚湾隔江相望，南接丫江杨、大樟树下一线，以黄金山为界，西依陶朱山，以范蠡岩、白阳尖至胡公台山顶为界，北至红旗路，主要由山下杨、石塔头、下七年、高道地、三踏步、溪坑里、夏家坞、桃花岭等自然村组成。1956年，成立浣纱大队。1966年，改为红卫大队。1981年，复称浣纱大队。1983年，改为浣纱村。2006年9月，改为浣纱居民区。2020年9月，撤销浣纱居民区，但保留村级股份经济合作社。区域总面积1.49平方千米，居委会驻市南路20号，东经120°13′42″，北纬29°42′1″。2020年，有居民724户1961人，其中男性934人，女性1027人。人口在100人以上的有周、赵、陈3个姓氏。主要宗教信仰是传统的道教和佛教。

浣纱村历史悠久，早在春秋时期，即有先民在此地繁衍生息。旧为苎萝村所在地，是春秋时期越国绝代佳人西施的故乡，因有西施浣纱古迹而得名。

浣纱村地处城郊，环境优越，东西两面为浣江和陶朱山。处于西部龙门山丘陵低山与浦阳江西岸河谷盆地交接地带，地层为新生界第四系，且有一定厚度。气候属亚热带季风区，四季分明，春秋短、冬夏长。雨水较多，光照充足。有记载以来年平均气温16.5℃，年均雨日158天，年均降水量1380.4毫米，年均无霜期250天，年均日照时数1781.1小时。春季平均历期65天，夏季平均历期129天，秋季平均历期66天，冬季平均历期105天。

浣纱村因东濒浣江，旧时水利设施滞后，洪涝灾害发生频繁。民国时期，成立诸暨县疏浚浦阳江委员会、浦阳江水利参事会等治水机构，疏浚淤沙，修复决口，培修险段，以遏制洪水。中华人民共和国成立后，对水利建设尤为重视，在浣纱村区域内培筑堤防，修建五湖闸和南门闸，修筑白杨水库、西竺庵水库、王家水库、夏家坞水库、黄泥塘等山塘水库，建造五湖电排站和石塔头电排站等，用来防灾、灌溉、排涝，水利建设取得丰硕的成果。

旧时，浣纱村区域内以种植水稻和蔬菜等作物为主。随着城区的发展，土地逐渐征用，人均不足半亩，少有大面积连片耕地。到20世纪90年代中期，水稻种植大幅减少，成为蔬菜基地。因西依陶朱山，森林资源较为丰富，早在春秋时期，苎萝山盛产“苎”与“萝”两种植物。1952年，开始绿化陶朱山，主要树种为松、杉、毛竹等，经济林开发也有相当规模，曾被城关镇政府评为林业生产先进集体。大队联营在王家水库边建有牧场，养猪为主，兼有绵羊。养猪为农家主要副业，家禽主要有鸡、鸭、鹅，传统以户养为主。

旧时，浣纱村的传统手工业有木匠、砖匠、篾匠、漆匠、厨师、弹花匠、裁缝、理发等。中华人民共和国成立后，各生产队的一项重要收入是劳动力输出。此后还创办茶叶加工厂、浣纱丝织厂、诸暨县食用菌菌种场、诸暨浣纱机械电子厂等企业，其中食用菌菌种场培育的菌种“浣纱－176”曾获得多项省部级荣誉，声名显赫。2000年后，浣纱村经济结构以营业房租赁收入为主。

在漫长的历史长河中，浣纱村这块土地上也创作出不少文化作品，留下了宝贵的文化遗产，尤以丰富多彩的西施文化享誉海内外。中华人民共和国成立后，浣纱村的群众文化事业有了新的传承和发展。

浣纱村历史上，区域内曾发生过陶朱山战斗、城南惨案、胡公台战斗等重大事件，还存在不少军事设施。民国年间，境内创办了诸暨县公立医院，后发展成为浙江省立诸暨医院、浙江第一康复医院、诸暨市人民医院，在较长的时间段内，浣纱村一直是诸暨的医疗卫生中心。

浣纱村对教育事业比较重视，投资建造浣纱小学和浣纱幼儿园，还曾参与浣纱中学的教学与管理工作，也是诸暨卫生学校、绍兴市职工中等卫生学校等卫校的所在地，在诸暨的教育史上也写下了浓重的一笔。

随着经济的高速发展，生活水平的不断提高，居民医疗和社会保障都有了质的改善。2020年，全村共有60岁以上老人529人，其中81 ～ 90岁74人，90岁以上12人。

浣纱村曾先后获得全县农业生产先进单位、绍兴市奔小康百强村、诸暨市奔小康示范村、绍兴市百强村、诸暨市先进基层党组织、诸暨市文明村等荣誉称号。党总支书记王正浩也先后获得绍兴市优秀党务工作者、“省千名好支书”等荣誉称号。

“长风破浪会有时，直挂云帆济沧海。”我们坚信，在暨阳街道党工委、办事处的领导下，撤并后的浣纱居民，仍将奋发进取，勇立潮头。文化活动在传承中不断发展，生活水平在提升中持续改善，浣纱这片古老的土地上，必将不断焕发出新的生机和活力，以雄健的步伐谱写出新的时代篇章。

大事记

春　秋

越王勾践十二年（前 485）

西施被选入越都，后经过三年的学舞习礼，与郑旦等美女被献给吴国，成为吴王夫差的宠妃。

南　宋

嘉熙四年（1240）

周治、周闾、周恪兄弟三人自诸暨紫岩乡迁居南门三踏步，为南门周氏始迁祖。

南宋末年

概浦徐坞人杨豪、杨杰兄弟赘居城南史氏，定居于眠牛山下，为山下杨杨氏始迁祖。

明

洪武三年（1370）

诸暨知县田赋在城南四里建风云雷雨山川坛。

崇祯五年（1632）

诸暨知县张夬重修西子祠。

崇祯六年（1633）

诸暨知县张夬纂辑的《苎萝志》刊行。

崇祯十年（1637）

诸暨知县路迈增补的《苎萝志》刊行。

清

康熙二十二年（1683）

赵学贤次子赵尔彪题刻“西竺禅院碑记”一方。

道光二十二年（1842）

店口陈延鲁捐资重建西子祠，并捐田以备修葺。

咸丰十一年（1861）

西子祠毁于太平军兵燹。

光绪五年（1879）

六月二十八日，有天台轿夫死，送棺寄场，失火，自蜂窝形延烧至西竺庵。

中华民国

民国 2 年（1913）

南门赵炜堂在幽人涧建造幽涧别墅。

民国 5 年（1916）

楼蔷庵于苎萝山北麓倡建诸暨县立图书馆。

民国 8 年（1919）

诸暨县立图书馆建成，共有图书 7 万余卷。

民国 10 年（1921）

天主教以周荣山为中间人，购得三踏步山地数亩。

民国 15 年（1926）

5 月，诸暨县民众于苎萝山东麓建造孙中山纪念塔。

民国 17 年（1928）

中山纪念林营造于苎萝山。

民国 18 年（1929）

陈锦文等集资重修西子祠，成正厅 3 间。

民国 19 年（1930）

12 月，重修孙中山纪念塔。

民国 22 年（1933）

11 月 11 日，著名作家郁达夫游览苎萝山。

民国 23 年（1934）

陈蔚文主持修复西子祠殿堂左右两配庑，曰“南厅”“北阁”。

民国 24 年（1935）

10 月，胡公台上始设诸暨防空监视哨。

民国 28 年（1939）

3 月，居民在西施殿一带植树种花。

4 月 11 日，因日寇空袭频繁，诸暨县战时政治工作队第六次全体会议第三次大会由城区转移至西竺庵召开。

民国 29 年（1940）

10 月 16 日，日军制造“城南惨案”，杀害村民 420 余人，烧毁房屋数百间。

同月 13—20 日，日军侵入诸暨县城，发生陶朱山战斗，守军阵亡 200 余人。胡公台防空监视哨哨兵 3 人被炸死，防空设施尽被炸毁。

民国 30 年（1941）

4 月 20 日，日军侵占诸暨县城，发生胡公台战斗。

民国 35 年（1946）

9 月 15 日，诸暨县公立医院动工兴建。

民国 38 年（1949）

4 月，农工民主党浙江省党组成员、诸暨县解放委员会副主任边美棠，对国民政府诸暨县长张清尘的策反失败，被杀害于西门外石脚桶山沟里。

5 月 6 日下午，浙东人民解放军第二游击纵队第二支队一个冲锋排率先进入城内，登上县龙山胡公台警戒，随后宣告诸暨解放。

7 月，成立城西、城南和三踏步 3 个农民协会。

中华人民共和国

1951 年

因诸暨火车站迁址，覆掌山被挖平。

1954 年

成立城西、连丰、五一、苎萝、浣纱 5 个初级社。

1955 年

五湖闸重建。

1956 年

是年，由城西、连丰、五一、苎萝合并为浣纱生产合作社。

成立浣纱高级社。中共浣纱高级社支部委员会成立，边永高为书记。

1958 年

10 月，属红旗人民公社第二大队。

1959 年

3 月，第二大队改称第二管理区。

上半年，建造夏家坞水库，负责人楼荣富、周荣巨。

8 月，管理区复改称大队，下辖溪坑里、西竺庵、三踏步、下七年、石塔头、山下杨、高道地 7 个自然村。

9 月，城关镇复为县直属镇。

1961 年

成立浣纱大队。

1962 年

浣纱大队成立新农副产品加工厂。

1964 年

9 月，五湖电排站建成。

1966 年

浣纱大队改为红卫大队。

是年，重建南门闸。

1968 年

是年，红卫大队贫管组进驻并接管诸暨县城关镇中心小学，改校名为诸暨县城关镇红卫“五七”学校。

红卫大队在福建山开办采石场，负责人周根法。

1969 年

建造上、下片沿山电灌。

1971 年

诸暨电视台在胡公台上建电视发射台。

1972 年

诸暨县城镇建设委员会投资 63.9 万元，在西施殿建造第一自来水厂。

1973 年

9 月 30 日 23 时，村民周幼花（女）在诸暨绢纺织厂基建工地南面砌筑挡土墙时，因碰上电线，撞落插头，在黑暗中触电身亡。

12 月，因建造诸暨绢纺织厂，庙山被挖平。

是年，在苎萝山诸暨县人民医院住院部地下建造战时救护所。

1974 年

红卫大队在南门闸附近新建院子，开办农具修配厂，并附设钟表修理和理发等。

1975 年

红卫大队在桃花岭创办菌种场，有蘑菇房 2 间。

1976 年

红卫大队新建茶叶加工厂。

1977 年

7 月，红卫大队党支部书记边永高带领城关民工营参加陈蔡水库建设。

是年，成立红卫蘑菇场，从轻工业部食品研究所引进 12067、12051、5-176 多支蘑菇母种。

1978 年

2 月，红卫大队被评为全县农业生产先进单位，党支部书记蒋松法出席群英大会并上台领奖。

是年，红卫蘑菇场改名为浣纱菌种场，场长赵月焕。

1980 年

桃花岭出土“宋故廖氏墓志”，后藏诸暨市博物馆。

1981 年

5 月，浣纱石被公布为诸暨县级重点文物保护单位。

10 月，红卫大队复为浣纱大队。

是年，诸暨县文物管理委员会于浣纱石上方重建浣溪亭，改名西施亭。

浣纱大队新建浣纱招待所。

1982 年

7 月，桃花岭出土“宋故武氏墓志”，后藏诸暨市博物馆。

是年，浣纱大队新建浣纱预制场。

浣纱菌种场被浙江省人民政府评为浙江省农业劳模单位。

1983 年

浣纱大队改为浣纱村，下辖石塔头、三踏步、下七年、高道地、溪坑里、夏家坞、山下杨 7 个自然村，驻地石塔头。

1984 年

是年，浣纱村利用原联营牧场的房屋，新建浣纱丝织厂。

浣纱村组建浣纱建筑队。

1985 年

5 月，诸暨县文物管理委员会重修孙中山纪念塔。

是年，浣纱村新建浣纱商场。

浣纱菌种场改名为诸暨县食用菌菌种场。蘑菇罐藏新菌种浣纱 –176 选育获 1985

年度浙江省科学技术进步奖三等奖。

1986 年

9 月，诸暨县政府开始重建西施殿。

是年，征用浣纱村土地 5 亩，建造诸暨县人民医院第一门诊部。

1988 年

12 月 6 日，台属孙贵兔（女）赴台探亲，成为浙江省台属直接赴台探亲第一人。

是年，诸暨县食用菌菌种场蘑菇“砻糠、人造泥”复土技术试验获浙江省科技成果四等奖，蘑菇罐藏新菌种浣纱 –176 选育获商业部科学技术进步四等奖。

1989 年

4 月，诸暨县食用菌菌种场组建城关浣纱水泥砌块厂。

1990 年

10 月 7 日，西施殿落成开放，建有门楼、西施殿、红粉池、古越台、苎萝亭、西施长廊、夷光阁、荷花池等。

1992 年

5 月，诸暨市政府确认浣纱村山林 2 块，面积共 1841 亩。

6 月，浣纱村与诸暨机床厂签订协议，合资组建诸暨浣纱机械电子厂。

12 月，“12051”蘑菇新菌种的选育和中型生产试验获轻工业部科技进步三等奖。

1993 年

8 月 8 日，诸暨浣纱机械电子厂建成投产。

12 月，蘑菇香菇等食用菌罐藏新菌种的选育、栽培和加工技术的研究获中国轻工业科学技术进步奖三等奖。

是年，浣纱村被评为绍兴市奔小康百强村。

1994 年

村民孙培建在浣纱南路 150 号创办诸暨市城关西施电器厂。

1995 年

3 月，石塔头电排站建成。

7 月，浣纱村出资 400 余万元建造诸暨市浣纱幼儿园并置办配套设施，由教育部门负责管理。

是年，浣纱村被评为诸暨市奔小康示范村。

诸暨火车站改造，拆迁居民安置于浣纱新村。

1997 年

浣纱村被评为绍兴市百强村。

2001 年

11 月，城关镇撤销，浣纱村属暨阳街道。

2002 年

浣纱村党支部被评为诸暨市先进基层党组织。浣纱村被评为诸暨市文明村。

2003 年

10 月，浣纱村与诸暨机床厂创办的诸暨浣纱机械电子厂合资结束。

2006 年

9 月，浣纱村改为浣纱居民区。

2007 年

是年，西竺庵被拆迁。

旧城改造，分布于城区解放南村、横街、红旗路的全部居民和山下杨的部分居民被拆迁。

2009 年

6 月 16 日，浣纱居民区入伍军人李夏龙在海南省屯昌县执行军事迎考任务时触电牺牲。

7月1日，李夏龙被海南省军区政治部批准为革命烈士。

2010年

浣纱居民区老年人协会成立，驻浣纱南路81号，有会员260余人。

2011年

陶朱南路卫校段出土“宋廖氏夫人墓志”。

2013年

10月18日，因旧城改造征收夏家坞房屋33间，涉及人口70余人。

2014年

10月，总投资190.2万元的浣纱居委会办公楼、老年活动室建造完成，搬迁至新址市南路20号。

12月20日，完成股份制改革，成立浣纱居民区村级股份经济合作社。

2015年

浣纱居民区党支部书记王正浩被评为2014年度诸暨市“十大”村（居）党组织好书记和2014年度诸暨市优秀共产党员。

2016年

6月，浣纱居民区党支部书记王正浩被评为绍兴市优秀党务工作者。

是年，“三改一拆”征收三踏步、高道地、石塔头村农户共计491户。

2017年

2月，浣纱居民区被评为诸暨市文明村。

9月8日，《浣纱村村规民约》经村民会议表决通过。

9月30日，中共浣纱居民区支部委员会改为中共浣纱居民区总支部委员会。

是年，石塔头、下七年、高道地、三踏步村拆迁。

浣纱居民区党支部书记王正浩获“省千名好支书”称号。

2019 年

3 月 7 日，由浙江荣泽市政园林有限公司完成浣纱村林地调查工作。

2020 年

9 月，浣纱居民区撤销，按地域拆分，分别并入南苑、苎萝古村、西施殿等城市社区，其中南苑社区改称浣纱社区。

第一章　村　庄

浣纱村旧为苎萝村所在地，是春秋时期越国绝代佳人西施的故乡，因有西施浣纱古迹而得名。隶属于诸暨市暨阳街道，区域总面积1.49平方千米。居委会驻市南路20号，东经120°13′42″，北纬29°42′1″。

浣纱村东濒浣江，西依陶朱山，主要由山下杨、石塔头、下七年、高道地、三踏步、溪坑里、夏家坞、桃花岭等自然村组成。2020年，作为诸暨城区的一部分，除山下杨、桃花岭、浣纱新村以外，已经很难找到浣纱村的痕迹。

第一节　自然环境

地理位置

浣纱村位于诸暨市暨阳街道中部，东濒浣江与鸬鹚湾隔江相望，南接丫江杨、大樟树下一线，以黄金山为界，西依陶朱山，以范蠡岩、白阳尖至胡公台山顶为界，北至红旗路。区域面积为1.49平方千米。居委会驻地位于诸暨市市南路20号，东经120°13′42″，北纬29°42′1″。

地　质

浣纱村处于西部龙门山丘陵低山与浦阳江西岸河谷盆地交接地带。地层为新生界第四系，且有一定厚度。沉积方式有湖积、冲积、洪积及坡积等，由黏土、亚黏土、沙土、砾石组成。产黄沙、砾石、陶土、砖瓦黏土等建材矿产，局部见泥煤层。

地　貌

浣纱村西依陶朱山，陶朱山又名陶山、长山，以春秋时期越国大夫范蠡故宅建于山下而得名。又因山似长龙，为县城所在地，故又称县龙山。南北朝夏侯曾先《会稽地志》云：“山高五十余丈，其顶平博，有石室可坐百人。南范蠡坛、陶朱公庙，东法乐寺。”明《万历绍兴府志》载：“陶朱山在县西一里。”陶朱山属龙门山脉，主峰白阳尖，支脉苎萝山为西施故里。

白阳尖　又名白杨尖、白阳山、白杨山、文笔峰，海拔353米，为陶朱山最高峰。清代郦滋德（1817—1862）有《由翠微登白阳尖日暮得月还饮周午庄家同孟三及四舍弟诗》。

翠微峰　为白阳尖支脉，在桃花岭之上。

胡公台　俗称胡公台山，在陶朱山之巅，为长山支峰，海拔229.5米。清《国朝三修诸暨县志·山水志》卷八载：“陶朱山之巅曰胡公台。踞一城之胜，振衣登眺，则山川云物，环绕襟带，烟火万家，尽在目中。相传明初胡大将军大海守暨，驻营于此，故名。”郦滋德有《胡公台登眺寄郭澹门诗》。1983年，诸暨县政府为方便群众登胡公台游览，建造石阶600余级。

范蠡岩　又名范公岩，俗称虎头山，在苎萝山西南，为白阳尖支脉。峰峦参差，岩石嶙峋。山巅有巨岩，面东，高百余米。岩顶开阔，陡壁如削，气势雄伟。相传为当年范蠡徜徉游吟之地，又传为范蠡、西施互赠信物定情之处。南宋《嘉泰会稽志》载：“范公岩，在县南九里，陶朱公所游历也，岩有洞。”明代陈启明有《范蠡岩》诗。

苎萝山　又名罗山、苎罗山，俗称张家山，以盛产“苎”与“萝”两种植物而得名，为白阳尖支峰，海拔20余米，林木葱郁，苎麻丛生，因为是春秋时期越国美女西施的故里而闻名遐迩。最早见于东汉《越绝书》载：“勾践所习教美女西施、郑旦宫台也。女出于苎萝山，欲献于吴。”其后《吴越春秋》又载：“乃使相者国中，得苎萝山鬻薪之女，曰西施、郑旦。”唐代诗人鱼玄机诗《浣纱庙》云：“只今诸暨长江畔，空有青山号苎萝。”西吴悔堂老人著《越中杂识》载：“（苎萝山）一在诸暨县南五里，滨浦阳江之西，俗呼为张家山。”

吴家山　为苎萝山的一部分，即诸暨车辆厂厂址，原诸暨市人民医院住院部。

上山头　又名毛家山，有宋翰林学士山阴毛元章墓。

黄金山　位于夏家坞南面。

庙山　位于夏家坞东面，系范蠡岩余脉，因山脚下有范蠡庙而得名。海拔26.5米，总面积 87 470 平方米。1973 年 12 月被挖平，建造诸暨绢纺织厂。

福建山　俗称蔡家山。属陶朱山，位于桃花岭北侧富润老年康乐中心一带，曾是荣军医院的墓地。曾办有采石场。

眠牛山　位于山下杨西侧，在黄砂支线、南苑花园小区及绿城小区等建设时被逐渐挖平，成为连片房屋，部分为南苑花园，部分为绿城海棠公寓。

覆掌山　位于山下杨与陶朱山之间。1951 年，因诸暨火车站迁址被挖平。

夏家山　位于夏家坞北面。

庙前山　位于夏家坞北面。

桃树山　位于夏家坞南面。

水　系

浣江　以西施浣纱而得名，又称浣溪、浣纱溪、浣浦、浣渚、青弋江、若耶溪、瓢溪等，是浦阳江流经诸暨城区段的别称，位于浣纱村东。唐李白诗云："西施越溪女，出自苎萝山。……浣纱弄碧水，自与清波闲。"南宋《嘉泰会稽志》称"浣渚"。明《万历绍兴府志》谓："亦名浣浦，又曰浣溪。"清《国朝三修诸暨县志》曰："浣江，亦名浣渚，又名浣浦，又名浣溪，亦称浣纱溪，又称青弋江，又称瓢溪，实一水而异名也。"

幽人涧　位于胡公台下，清《国朝三修诸暨县志》载："登降有岭，岭右横岗里许，有涧三四，合而成溪，经覆掌山后（一峰横束若带，激而东流，愈曲愈邃，炎夏入之忘暑，道咸间诗人于此结社），名曰幽人涧（中有石井，俗呼石脚桶，其水甘冽，城厢缫丝，咸汲于此）。"周篪有诗《和郦黄芝游幽人涧》。诸暨书法大家濮乾远《陶山草堂随笔·石脚桶山泉》载："西门外石脚桶，是县龙山岩涧流下的一泓石潭清泉，潭深米许，如缸积水，清冽可鉴毛发，味甘美，天旱不涸。人多取此水烹茶，但限于路远，平常市民取用者极少，唯富人巨贾，不惜付费，雇人挑取饮用。"民国 2 年（1913），南门赵炜堂建有幽涧别墅。1951 年火车站迁址，因修建火车站"三八七"地下机车库而不复存在。

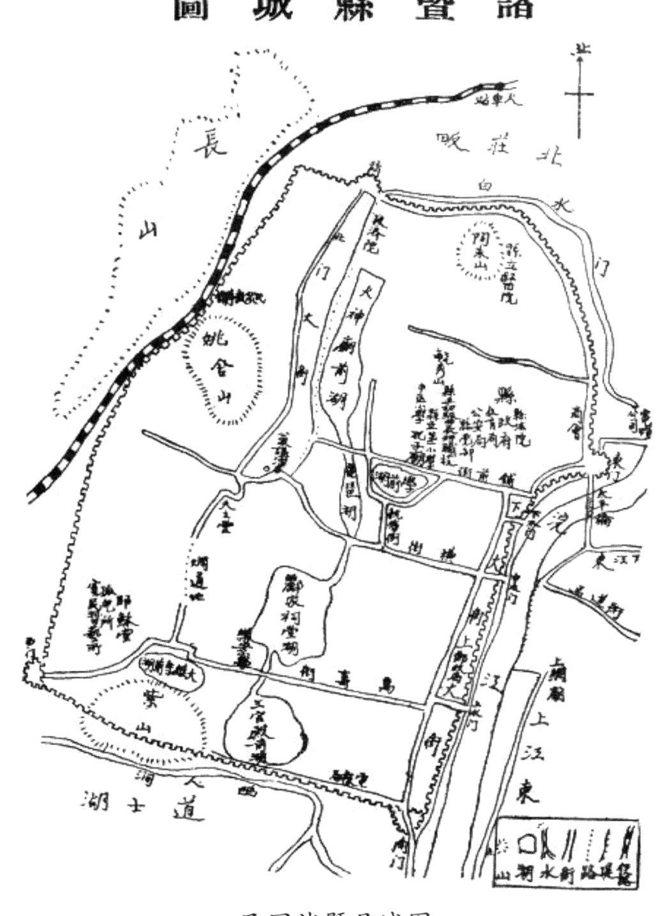

民国诸暨县城图

西竺庵溪　在西竺庵前，是西竺庵水库的主要水源。清《国朝三修诸暨县志》载：“庵前小溪，即夏家山分水之源，东流一支由宣家来会，合而北流，绕山下杨东折，缘鲇鱼山串道士湖，此上溪也。”

溪坑　白阳山脚流向摇橹湾，过溪坑里，穿过浙赣铁路过沙埂、三踏步村南马浪湖流入浦阳江，有一条 4 米宽的溪坑，排洪水所用。在上面建有相见桥。

马浪湖　位于三踏步村南，流入浦阳江。

气　候

浣纱村属亚热带季风区，四季分明，春秋短、冬夏长。雨水较多，光照充足。有记录以来年平均气温 16.5℃，年均雨日 158 天，年均降水量 1380.4 毫米，年均无霜期 250 天，年均日照时数 1781.1 小时。春季平均开始于 3 月 12 日，平均历期 65 天；夏季平均开始于 5 月 16 日，平均历期 129 天；秋季平均开始于 9 月 22 日，平均历期 66 天；

冬季平均开始于 11 月 27 日，平均历期 105 天。

台风对浣纱村区域有严重威胁，台风发生时往往伴有暴雨。6 月至 7 月上旬为梅雨天，降水历时长，强度大，是一年中受灾概率最大的季节。7 月中旬开始起伏，为“夏至前后，田水剥狗”的晴热少雨天气。9 —10 月受热带风暴和台风影响，多有狂风暴雨。11 月至次年 2 月，降水量为全年最少。

自然灾害

浣纱村因东濒浣江，旧时水利设施滞后，洪涝灾害发生频繁，直至进入 21 世纪之后，水患基本平息。

明嘉靖十三年（1534）七月，浣江涨水入城，平地水深一丈。

清康熙二十一年（1682）夏，大水淹城，城墙仅剩 3 版未没。

同治三年（1864）正月十五日，大雪。秋冬无雨。

同治十年（1871）三月初十日，大雹。二十二日，雷雨，大风飘瓦拔木。夏四月十二日，大雹。

光绪五年（1879）六月，大旱。七月初二日，大风雨雹。

光绪八年（1882）五月初一、二日，雷雨，大水入城。

光绪九年（1883）三月十三日，彻夜雷雨。十五日，没城 3 版，湖田淹。

光绪十二年（1886）七月十三日起，大雨 3 日，水灌城，埂多决。

光绪十三年（1887）八月二十七日至十月十五日，淫雨，城中行舟月余，湖埂尽决。

光绪十五年（1889）七月二十五日至二十九日，连日大风雨，水灌城。八月二十七日至十月初五日，淫雨，城中行舟月余，埂决，冬作皆淹。

光绪十六年（1890）四月下旬，淫雨。二十八日，没城 3 版。

宣统元年（1909）立秋，大水入城，岁歉。

民国 3 年（1914）芒种，大水入城。

民国 6 年（1917）芒种，多雨，大水没城 3 版。

民国 7 年（1918）芒种，多雨，大水没城 3 版。

民国 9 年（1920），芒种后大水没城 2 版。处暑，大水入城，禾歉收。

民国 11 年（1922）8 月，夏至大水，城关水位 14.96 米，没城 3 版。9 月 2 日，水高于城者 2 尺，屋不见顶；东门、南门以外，官道冲决逾数十丈。2 个月内先后 5 次台风在浙江登陆，诸暨县连续 4 次遭受侵袭，为 20 世纪发生在诸暨县境内的罕有特大洪灾，当时流传民谚：“民国十一年，大水没寮檐，讨饭呒没路，只有喊皇天。”

民国12年（1923）8月7日，大雨，决堤淹湖，大水入城。

民国13年（1924），芒种夏至后，大水入城，蚕麦歉收。

民国17年（1928），7月大水，继又台风，城乡尽成泽国。

民国23年（1934），入夏久旱，井水均告干涸，浣江断流。

民国26年（1937）6月下旬，连日暴雨，县城成为泽国，大街上船只往来如梭，城墙圈变作人行道。

民国31年（1942）7月23日，台风，铁路被淹，停车1天。

1950年6月24日，大水，城关水位14.37米，农田受灾减产。

1952年6月1日起，连降暴雨，城关水位14.52米，洪水倒灌至山下杨一带，火车站受淹，农田受灾减产。

1956年8月1日，12级强台风袭境，暴雨倾盆，城关水位14.87米，铁路停车30小时。

1958年5月14日至8月19日，干旱93天，浣江断流。

1961年10月3日，台风袭境，铁路停车6小时。

1964年6月29日至9月17日，持续干旱80天无透雨，城关太平桥以上断流。

1967年8月下旬，天气持续晴热，浦阳江城关段断流。10月11日，河底干涸。

1970年6月25日，大雨，城关水位14.53米，18小时平均雨量103.5毫米。

1971年6月24至9月18日，连旱87天，城关河段干涸36天，农田受灾减产。

1973年5月17日，大雨22小时，平均雨量96毫米，城关水位14.58米。

1977年6月15—16日，台风暴雨，城关水位14.82米。

1990年9月1日，遭15号台风正面袭击，诸暨水文站最高水位14.32米。

1997年7月7—11日，连续4天暴雨，火车停车27.1小时。

第二节 隶属沿革

春秋时，诸暨城南有巫里，为勾践得西施之所。

宋代，属陶朱乡南厢，置范邻坊、临津坊、浣溪坊、芝山坊。

元代，改厢为隅，属陶朱乡南隅，范邻坊改称茭亭坊。

明代，在城曰坊，近城曰厢。有苎萝村。

清雍正六年（1728），旧城内外分设7隅，属陶朱乡南隅。

民国元年（1912），属城区。

民国6年（1917），诸暨县境内始设区，全县设7区，属城区。

民国 7 年（1918），城区改为中区，属中区。

民国 21 年（1932），中区改为一区，属一区南隅镇。

民国 23 年（1934），属一区城区镇。

民国 25 年（1936），各区名去序数，一区复改城区，属城区。

民国 26 年（1937），城区复改中区，属中区。

民国 27 年（1938），中区改为江东区，属江东区。

民国 31 年（1942），撤江东区，属城区镇。

民国 36 年（1947），属县城区城区镇。

1949 年 7 月，成立城西、城南和三踏步 3 个农民协会。是年，县城区改为城关区，属城关区城南乡。

1950 年，分属城南区城南乡城南村（山下杨、下七年、石塔头、南门外）、三踏步村（夏家坞、溪坑里、三踏步、高道地、四年埠头）。

1954 年，由互助组转入初级社，成立城西、连丰、五一、苎萝、浣纱 5 个初级社。

1956 年，建立高级社，由城西、连丰、五一、苎萝合并为浣纱高级农业生产合作社。

1958 年 10 月，乡镇改称大队，属红旗人民公社第二大队。

1959 年 3 月，大队改称管理区。8 月，管理区复改称大队，下辖溪坑里、西竺庵、三踏步、下七年、石塔头、山下杨、高道地 7 个自然村。9 月，城关镇复为县直属镇。

1961 年，成立浣纱大队。

1966 年，改为红卫大队。

1981 年 10 月，复为浣纱大队。

1983 年，浣纱大队改为浣纱村，下辖石塔头、三踏步、下七年、高道地、溪坑里、夏家坞、山下杨 7 个自然村，驻地石塔头。

2001 年 11 月，撤销城关镇，属暨阳街道。

2006 年 9 月，浣纱村改为浣纱居民区。

2020 年 9 月，浣纱居民区被撤销，按地域拆分，分别并入南苑、苎萝古村、西施殿等城市社区，其中南苑社区改称浣纱社区。

第三节　村名来历

浣纱村因西施浣纱而得名，主要由山下杨、石塔头、下七年、高道地、三踏步、溪坑里、夏家坞、桃花岭等自然村组成。过石塔头后，下七年、高道地、三踏步各自然村沿城南路依次而列，首尾衔接。

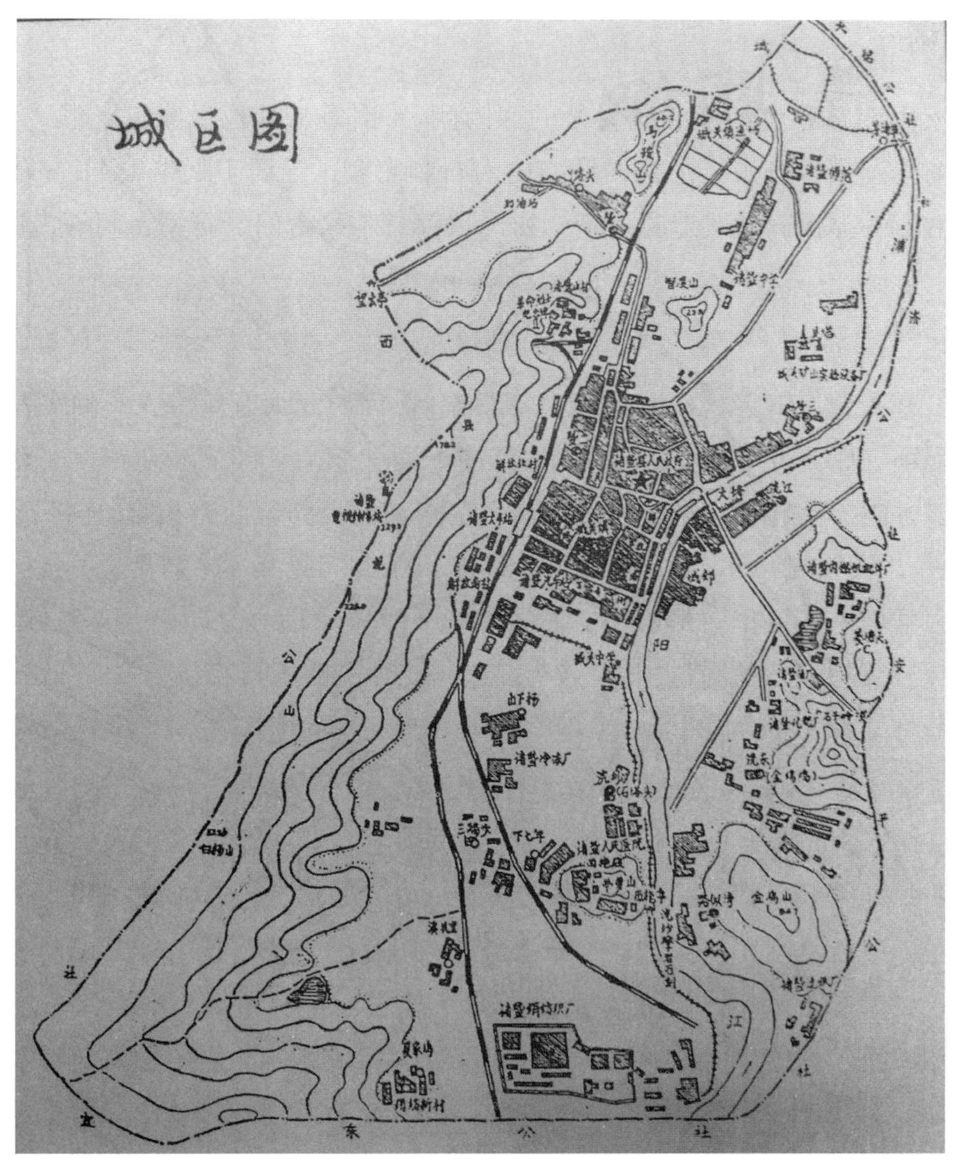

20 世纪 80 年代的诸暨城区图

三踏步

位于城区南面 1 千米，东靠原浙赣铁路黄砂公司支线，南邻绢纺织厂，西接沪昆铁路，北通山下杨。三踏步村名来历有二：一说是因村口大路有长 2 米、宽 0.5 米的三块石板铺成的踏步；另一说是周氏族人在朝廷任过三个部的高官，人称三大部，讹传为三踏步。旧时三踏步村包括溪坑里、下七年、高道地、横埂顶、庙后、塘头（即荷花塘顶）、苎萝村。

山下杨

位于人民南路和浣纱横路交界处的西南侧。《诸暨概浦杨氏家谱》载，南宋末年，概浦徐坞杨氏杨豪、杨杰兄弟赘居城南史南石刺史家，定居于眠牛山下，故称山下杨。其中靠眠牛山一部在旧城改造时拆迁，村内遗存有王家台门、石家台门等古民居。

石塔头

旧作石碴头，位于浣纱江边，原城关中学南侧，因村北面有座像人头的小石山，故名。沿浣纱江堤埂道路到此一分为二，一路沿江南下通苎萝山，即浣纱南路，一路穿村而过通往三踏步方向，为城南路，早先是通往南乡各乡镇的大路。两路相交，连带石山成“人”字状，据说是出美女的风水，苎萝山出西施即源出于此。康熙《诸暨县志》载：“石庭山，陶朱乡，去县城南不一里，形甚小，石皆紫色。堪舆家谓县之印山，不宜锤凿云。”20世纪90年代，因城市建设截去城南路头部，与浣纱南路不再相接。

下七年

因村落为南门周氏七年派聚居地，且处在下游，故称下七年。清《国朝三修诸暨县志》载：“三踏步，有里社曰红庙，跨道而立，庙下以赵家畈埂为路，屡被冲决。”所述实际位置在下七年村口。

高道地

紧靠苎萝山，原诸暨市人民医院住院部后门。因道地地势相对较高而得名。

西竺庵

在陶朱山白阳尖支脉翠微峰下。明末清初，里人生员赵学贤延僧道觉建西竺庵，周边为祀田，由其后裔居住。2007年，建丰球桃源别墅小区而拆迁。

溪坑里

因依白杨水库排水的溪坑而居，故名。

夏家坞

据说原为夏姓老太居住，远近乡邻都称她为夏家老太婆，后就把这个小山坞称夏家坞。位于诸暨老县城出南门三里范蠡岩下，北依夏家山，状如虎爪佑护。夏家坞三面环山，北面虎口子、夏家山、庙前山，与溪坑里相邻。南面虎尾巴、桃树山、黄金山，与大樟树下相邻。西面村口百步，为原浙赣铁路西站，沿边一条大路通往义乌、金华，后改成市南路。东面为庙山，抗战时期被日军烧毁。

1949年，夏家坞有6户居民，其中周姓5户系同宗，张姓1户系从董村迁来，房屋7间，总人口20余人。土地改革时划成分是1户富农，3户中农，2户贫农。

夏家坞、溪坑里一带

桃花岭

旧称武陵径，又作桃花林。位于陶朱山下，因岭上多桃花而得名。清《国朝三修诸暨县志》载："经武陵径，俗呼桃花岭，或作林。以多桃花故名。每春花时，士女游览甚盛。"《诸暨乡土志》载："春季西门外一带，桃李争开，称为桃花岭，游客极一时之盛。"清代知县朱庡有诗《桃花岭》。清时有郑氏别墅。20世纪70年代，建有石油仓库，并创办菌种场。1997年，诸暨民政局在此征地，委托富润集团开办养老康乐中心。

原有许、桑 2 户村民，后有居民陆续从光明路、万寿街、山下杨搬迁至此，因建设需要部分村民陆续动迁，至 2020 年，存居民 8 户。

宣家

位于宣家畈，因原住户姓宣而得名。原有叶、寿 2 户村民，因建造城中派出所而拆迁。

上庄

原住赵永南 1 户村民，因建造耀江隧道而拆迁。

黄沙地塔

因土质系沙性旱地而得名。位于桃花岭下面原诸暨卫生学校中间，有郦姓 2 户村民，系从光明路火车站脚和山下杨搬迁至此。

第四节　征地拆迁

20 世纪 80 年代，建造滨江花园南门头拆迁，火车站扩建拆迁，万寿街口龙山商场拆迁。1983 年铁路西站拆迁，建城中派出所拆迁，耀江隧道上庄拆迁 1 户赵永南。1997 年，市南路扩建拆迁，建造富润老年康乐中心，桃花岭拆迁 3 户。2007 年，西竺庵正式搬迁；同年旧城改造，石塔头、下七年、高道地、三踏步和山下杨部分拆迁。

2013 年 10 月 18 日，因旧城改造征收夏家坞房屋 33 间，涉及人口 70 余人，后散居于城上城、碧桂园、君悦雅苑、中央美墅、西子公寓等小区。2016 年，“三改一拆”征收三踏步、高道地、石塔头共计 491 户。

浣纱村土地征用收入注重集体留存，也利用区位优势，添置一些以营业房为主的集体资产，因此集体经济比较丰厚。城区道路、桃花岭富润老年康乐中心等公益性用地，征用费很低，往往需要由村里出资补贴给村民，另外也经常在创卫生城市、文明城市等过程中，承担城区的一些管理责任。

浣纱村历年土地征用情况一览

表 01-01　　　　单位：亩

征用单位	征用面积	征用依据
诸暨粮油厂	10.87	1963.11.24
诸暨木器厂	17.50	1964.3.11
诸暨煤渣砖厂	9.42	（1970）61 号
诸暨县土产公司	1.38	1971.6.11
诸暨自来水厂	1.00	1972.8.30
诸暨绢纺织厂	78.90	1973.4.8
诸暨自来水厂	1.30	1973.12.27
诸暨绢纺织厂庙山南面	1.58	1974.5.8
玻璃仪器厂	1.80	1975.3.8
城关粮管所	13.07	1975.10.17
城关中学	4.44	1978.8.20
诸暨县人民剧院	0.18	1979.2.24
城关石米厂	0.44	1979.2.26
诸暨县燃料公司	10.73	1979.5.23
城关中学	0.17	1979.6.5
诸暨建筑公司	7.00	1979.11.18
诸暨卫校	1.24	1979.11.18
城关石米厂	1.68	1979.12.26
诸暨体委	1.10	1980.1.3
诸暨县沼气办	3.04	1980.11.30 2396 号
诸暨绢纺织厂龙口嘴	0.69	（1981）11 号
诸暨绢纺织厂	3.54	（1983）92 号
诸暨绢纺织厂前大门	1.05	（1983）102 号
诸暨标准件厂	1.09	（1983）7 号
诸暨县饲料公司	0.99	（1983）87 号
诸暨县饲料公司	1.98	（1983）90 号
诸暨绢纺织厂	0.36	（1984）41 号
诸暨县人民法院	1.80	（1984）26 号
诸暨微型电机厂	1.70	（1984）131 号
诸暨县沼气办	2.29	1984.1.3 128 号
八〇二工程	8.50	1984.2.29 6 号
城关法庭	0.40	1984.7.9 68 号
诸暨县饲料公司	2.19	（1984）165 号
诸暨县协作办	1.80	（1984）14 号
诸暨县协作办	4.63	（1984）156 号
诸暨县建筑材料公司	2.00	（1984）135 号
诸暨县矿煤综合利用公司	2.00	（1984）134 号

续表

征用单位	征用面积	征用依据
浣纱大桥	0.72	（1984）116 号
浣纱大桥水塘	0.82	（1984）146 号
城关中学	2.20	1985.1.17
上铁四工程段	103.10	1985.3.23 （1985）47 号
诸暨县城乡建设环保局	4.54	1985.4.29
诸暨县五建公司	0.41	1985.6.8
诸暨县城建局动迁办	1.46	1985.6.27
诸暨体委	0.08	1985.9.3
诸暨县二轻工业总公司	2.00	（1985）9 号
诸暨县工业建筑贸易中心	2.40	（1985）10 号
诸暨绢纺织厂小湖小田	4.19	（1985）11 号
诸暨鞋厂	3.25	（1985）20 号
诸暨县粮食机械厂	4.39	（1985）22 号
诸暨绢纺织厂补征小湖水田	1.20	1985.12.6 （1985）25
诸暨县文化广播电视局	2.40	（1985）34 号
诸暨绢纺织厂	3.31	（1985）36 号
诸暨县轻纺化工工业公司	3.38	（1985）39 号
诸暨县府招待所	4.80	（1985）40 号
黄砂公司	2.64	（1985）43 号
诸暨县住宅经营公司	9.26	（1985）46 号
诸暨微波站	1.32	（1985）52 号
诸暨县文化广播电视局	9.30	（1985）74 号
诸暨县住宅经营公司	3.92	（1985）82 号
诸暨铜矿	2.33	（1985）86 号
诸暨县住宅经营公司	1.54	（1985）127 号
诸暨县人民医院	5.36	（1985）140 号
诸暨绢纺织厂	2.40	（1985）142 号
诸暨县商业零售公司	2.40	（1985）143 号
房地产管理所	2.40	（1985）151 号
诸暨县二轻供销公司	2.00	（1986）7 号
诸暨县人民医院	0.36	（1986）8 号
诸暨县副食品公司	2.00	（1986）17 号
诸暨县二轻供销公司	1.80	（1986）19 号
诸暨绢纺织厂	1.96	（1986）22 号
诸暨县百货公司	1.95	（1986）23 号
诸暨绢纺织厂	0.21	（1986）38 号
诸暨县城建环保局	27.45	（1986）41 号
诸暨县五金交电公司	1.44	（1986）61 号

续表

征用单位	征用面积	征用依据
诸暨县粮食机械厂	1.98	（1986）62 号
诸暨县城建局	2.30	（1986）72 号
诸暨绢纺织厂	3.30	（1986）83 号
诸暨县对外经济贸易公司	2.00	（1986）88 号
诸暨自来水厂	1.04	（1986）92 号
诸暨县对外经济贸易公司	2.00	（1986）97 号
诸暨县食品公司	4.99	（1986）105 号
诸暨绢纺织厂	12.50	（1986）108 号
诸暨县经济技术协作公司	15.00	（1986）168 号
黄砂公司	35.00	（1986）170 号
诸暨县副食品公司	0.33	（1987）23 号
大理石石米厂	2.51	（1987）42 号
诸暨县第六建筑工程公司	2.00	（1987）43 号
诸暨县五金交电公司	2.95	（1987）61 号
诸暨胶鞋	1.50	（1987）77 号
诸暨绢纺织厂	2.97	（1987）105 号
诸暨绢纺织厂	2.99	（1987）106 号
诸暨绢纺织厂	3.38	（1987）115 号
诸暨县邮电局	2.90	（1987）119 号
诸暨县化建公司	1.60	（1987）120 号
诸暨绢纺织厂	1.00	（1987）121 号
诸暨县标准件厂	2.00	（1987）130 号
诸暨县烟草公司	2.10	（1987）131 号
诸暨县双旦服务部	2.95	（1987）133 号
诸暨县电厂	2.95	（1987）135 号
诸暨县医药公司	2.95	（1987）137 号
台湾事务办公室	0.40	（1987）138 号
诸暨县第三建筑工程公司	2.40	（1987）139 号
诸暨县第五建筑工程公司	2.95	（1987）140 号
房地产管理处	2.95	（1987）144 号
房地产管理处	2.95	（1987）145 号
诸暨县食用菌公司	2.20	（1987）147 号
诸暨县邮电局	1.10	（1987）148 号
诸暨县丝绸纺织供销公司	2.95	（1987）151 号
诸暨县供销社贸易公司	2.95	（1987）152 号
诸暨机床厂	2.95	（1987）154 号
城关中学	7.50	（1987）155 号
诸暨县房地产管理处	2.95	（1987）160 号

续表

征用单位	征用面积	征用依据
诸暨县新华书店	1.50	（1987）165 号
诸暨县城建委	2.95	（1987）168 号
宜东乡工办	2.40	（1987）169 号
诸暨县住宅经营公司	28.75	（1987）171 号
诸暨县广播站	1.20	（1987）173 号
海越公司	1.50	（1988）6 号
诸暨县房产开发经营部	2.95	（1988）7 号
诸暨县房产开发经营部	2.95	（1988）9 号
诸暨县房产开发经营部	1.15	（1988）23 号
诸暨针织厂	2.95	（1988）32 号
诸暨县标准件厂	1.50	（1988）45 号
诸暨县电视转播台	0.01	（1988）46 号
诸暨县卫生进修学校	2.60	（1988）49 号
诸暨县五金交电公司	1.76	（1988）53 号
城关镇教育办公室	17.50	（1988）58 号
诸暨县供销社	3.95	（1988）60 号
诸暨县进出口公司	2.16	（1988）65 号
诸暨县住宅经营公司	19.65	（1988）66 号
诸暨县房产开发经营部	10.00	（1988）67 号
诸暨县百货公司	2.98	（1988）73 号
诸暨县百货公司综合经营部	2.00	（1988）74 号
诸暨县医药公司	2.95	（1988）106 号
诸暨县房产开发经营部	3.00	（1988）133 号
诸暨县第五建筑工程公司	3.00	（1988）139 号
诸暨县房产开发公司	2.90	（1989）8 号
诸暨县人民医院	0.50	（1989）24 号
诸暨县政府招待所	2.74	（1989）38 号
诸暨县城建委	30.37	（1989）47 号
诸暨振兴实业公司	2.95	（1989）58 号
诸暨县房屋经营公司	1.00	（1989）60 号
诸暨县蚕桑技术推广站	0.25	（1989）64 号
诸暨市房产开发公司	18.70	（1989）73 号
诸暨市房屋经营公司	0.72	（1989）74 号
诸暨市人民医院	0.45	（1989）75 号
诸暨市电影发行放映公司	2.80	（1989）78 号
诸暨绢纺织厂	2.95	（1989）79 号
诸暨市第五建筑工程公司	1.00	（1989）94 号
城关粮营所	2.08	（1989）103 号

续表

征用单位	征用面积	征用依据
诸暨绢纺织厂	9.00	（1989）108 号
诸暨市检察院	1.80	（1990）6 号
诸暨市豆制品工场	6.40	（1990）11 号
诸暨市政工程公司	2.80	（1990）17 号
诸暨市城建动迁办	1.86	（1990）26 号
诸暨市城建动迁办	2.50	（1990）27 号
上铁第四工程公司	2.62	（1990）49 号
诸暨市邮电局	7.42	（1990）51 号
中央畈农贸市场	15.39	（1990）56 号
诸暨市石油公司	2.00	（1990）65 号
诸暨市城乡建设委员会	7.59	（1990）91 号
海越、工贸、浣纱村	4.37	1991.12.10
诸暨市人民医院	4.95	1991.8.18 （1991）6 号
诸暨市五建公司	4.95	1991.11.6 （1991）16 号
诸暨市食品公司	0.40	（1991）39 号
诸暨市侨务办公室	2.98	1991.11.12 （1991）55 号
诸暨市石煤综合利用公司	1.17	1991.11.16 （1991）57 号
诸暨市工贸公司、海越公司	1.28	1991.12.11 （1991）70 号
诸暨市医药公司	2.20	（1991）77 号
诸暨造纸厂	1.42	（1991）82 号
诸暨市酿造厂	9.50	（1991）83 号
诸暨市人民医院	4.95	（1991）97 号
诸暨市人民医院	2.91	（1991）98 号
诸暨市侨务办公室	0.71	（1991）110 号
城关粮管所	0.73	（1991）113 号
诸暨造纸厂	1.33	1992.4.6 （1992）21 号
诸暨市物资协作联营公司	4.36	（1992）40 号
诸暨市物资协作联营公司	9.88	1992.12.28 （1992）55 号
诸暨市土管局	2.40	1992.6.28 （1992）57 号
诸暨地方工业公司	1.81	（1992）77 号
诸暨公交公司	2.84	（1992）91 号
诸暨城关中学	0.60	1992.12.12 （1992）97 号
诸暨房产开发公司	8.97	浙土字（1992）985 号
诸暨城关中学	0.60	1992.6.15
诸暨内衣厂	2.94	1992.6.9
诸暨市人民医院	30.00	1992.6.27
诸暨市豆制品厂	2.50	1992.8.2
诸暨市电影公司	4.35	1992.8.9

续表

征用单位	征用面积	征用依据
诸暨市房产开发公司	8.96	1992.9.9
诸暨市土地管理局	200.00	1992.10.23
诸暨市浙东贸易部	3.01	1992.11.18
诸暨市水泵厂	30.00	1992.11.21
诸暨市建安公司	2.49	1992.12.20
诸暨卫校	25.00	1992.12.29
诸暨市绢纺织厂	11.51	（1993）5 号
城建动迁办公室	8.67	（1993）9 号
诸暨市建筑安装工程公司	2.49	（1993）13 号
杭州久盛房地产开发公司	5.08	（1993）15 号
诸暨市房产开发公司	4.83	（1993）17 号
杭州久盛房地产开发公司	1.77	（1993）19 号
诸暨市卫生进修学校	27.80	（1993）32 号
诸暨水泵厂	30.00	（1993）46 号
第二房产开发公司 台胞	26.40	（1993）69 号
海越公司	55.00	1993.3.7
诸暨水泵厂	49.00	1993.3.9
纺织工业公司	2.85	1993.4.24
第二房地产开发公司	40.00	1993.5.1
诸暨市土管局	127.38	1993.10.24
城关幼儿园	10.00	1994.1.11
城关镇第二中心小学	2.27	1994.4.19
诸暨市土管局	15.60	1994.11.23
城中派出所	3.10	1994.11.19
牌头机械厂	3.30	（1994）62 号
诸暨市土管局	0.69	（1994）105 号
城关镇第二中心小学	1.50	（1994）124 号
广嘉花园小区	33.00	（1994）168 号
城关苎萝经营部	4.11	（1994）186 号
诸暨市建材矿产公司	1.41	（1994）202 号
诸暨市土管局	99.73	1995.7.25
牌头机械厂	0.55	1995.10.11
诸暨市联运公司	14.15	（1995）1 号
诸暨市织物补偿器厂	3.05	（1995）5 号
诸暨市农业机械厂	2.51	（1995）7 号
诸暨市房屋经营公司	22.73	（1995）14 号
浙赣复线杭州分指挥部	26.98	（1995）36 号
幼儿园综合楼	5.25	（1995）76 号

续表

征用单位	征用面积	征用依据
诸暨市三龙贸易公司	10.39	（1995）104 号
诸暨市化工轻工建筑材料总公司	11.85	（1996）14 号
富润集团	4.80	（1996）44 号
城关镇政府	0.80	（1996）67 号
城关浣南商店	2.03	（1996）164 号
牌头电器塑料制品厂	5.99	1997.3.30
郭鲁平	0.75	1997.7.27
诸暨华远物资公司	0.08	1997.9.15
诸暨市房产开发公司	3.54	（1997）194 号
海越集团	10.00	1998.1.9
诸暨市建设局	2.79	（1998）81 号
珠宝公司	10.00	1998.5.5
周鹏里	1.30	1999.2.29
陈志芳	1.47	1999.12.28
老年康乐中心	35.00	2000.8.9
丰球集团	18.40	2001.4.11
丰球集团	3.75	2001.8.8
耀江置业公司	6.80	2001.11.18
诸暨电信局	3.01	2001.11.28
房地产开发股份有限公司	4.63	2002.3.22
诸暨市林业局	19.50	2003.2.28
诸暨市国土局	380.16	2003.12.30
移动通信公司	0.15	2006.4.28
旧城改造	70.27	2007
旧城改造补给漏征面积	25.92	2008
诸暨市粮食收储有限公司	0.75	2010.12.18
市南公路区域土地补征	14.05	2012
西门路延伸段土地补征	1.20	2012
浣纱中学南侧道路	6.97	2012
诸暨市国土资源局	6.97	2012.7.5
海越白洋山	2.00	2012.8.4
诸暨市国土资源局	103.91	2014.4.6
诸暨市国土资源局	100.17	2018.10.22

第五节　村居建设

浣纱村村部，原为南门头浣纱南路 12 号的一幢小楼，后迁到浣纱南路 81 号，

2014 年 10 月又迁到市南路 20 号。

浣纱村开发较早，靠近老城区一带，大多是企业单位的职工集资房，也有小规模房产开发，集资户房改后进入市场，形成一些开放式小区。

人民南路与山下杨之间，当初大多为商贸企业征用的仓储用地，后转变用途改建为住宅，临街则成为营业房。

西门新村前身为西门仓库、粮油厂等，中天 · 都市枫林小区原为肉联厂，外为华侨公寓。

南门市场、苎萝影城、浣纱小学本部在中央畈，中央畈北部及小道士湖为蠡湖新村。

南门市场

赵家畈为苎萝一村，是全市开发比较早的小区。赵家畈隔城南路，对面原为红庙塘，后为苎萝三村，除沿苎萝路临街房外，其余是民房，建成套房转让较多。

石塔头畈为苎萝二村。宣家畈与车辆厂、三踏步粮库成为一体，为苎萝新村。

南苑花园一带是浙赣线和黄砂支线的出站口，原来大多是村民自留地，另有灌溉渠道及囤水塘，有部分房屋建在铁路遗址上，有一排前后呈弧形排列的房屋，即原黄砂支线。

原诸暨卫生学校位置为黄沙地塔，往西为桃花岭，建有富润老年康乐中心，其余部分已拍卖待建，往北沿山缓坡则都归绿城小区。

耀江集团开挖隧道时，政府未出资，以南苑花园地块作为补偿，是当时比较流行的项目投资方式，原址有大片梨园，一个茂密的枫树林，其余多为梯田，还有部分“大寨田”。

原联营厂（浣纱丝织厂）、西竺庵及“大寨田”一丘，为丰球桃源别墅区，西竺庵水库和王家水库成为小区景观。

浣纱新村仍系村民住宅，原地块归多个生产队，各有名称，如阔塘顶、王家水库等。

溪坑里地段，先由台胞开发福星山庄，后有海越花园、五洲花园、广嘉·山水华园等住宅小区。

范蠡岩外侧大岭子岗，原规划建设县府招待所未果，由海越公司开发为天源花园别墅小区。

大岭子岗

夏家坞最先有一幢王家井镇的集资房，再有一幢市南路拓宽安置房，后开发有金泰花园，绢纺一村部分也属夏家坞。

市南路东侧大片土地逐年被铁路部门建双轨和西站征用，后铁路改线，政府利用建成兴城花园安置小区、新浣纱初中、苎萝幼儿园、基督教堂等，部分为祥生君悦小区。

20 世纪 70 年代初，征用西站东原绢纺织厂地块，后为南门春晓小区。

1973 年 12 月，庙山移平后建造诸暨绢纺织厂。

往东五湖地块，与丫江杨村接界，原征用为铁路西站配套仓储用地，后为企业及住宅。

诸暨绢纺织厂前马浪湖为村保留用地。

20 世纪 80 年代，马浪湖隔浣纱南路为小湖，为诸暨县人民医院及诸暨绢纺织厂征用建房，为小湖新村和绢纺二村。

2011 年，诸暨绢纺织厂搬迁，建造君悦雅苑小区。

2014 年 10 月，总投资 190.2 万元，完成浣纱居委会办公楼、老年活动室建造搬迁。

2017 年，石塔头、下七年、高道地、三踏步村拆迁，部分江山里住宅小区在建。

浣纱村集体荣誉名录

表 01-02

获奖单位	荣誉名称	颁发单位	颁奖年月
红卫大队	全县农业生产先进单位		1978
浣纱村	绍兴市奔小康百强村		1993
浣纱村	诸暨市奔小康示范村		1995
浣纱村	绍兴市百强村		1997
浣纱村党支部	诸暨市先进基层党组织		2002
浣纱村	诸暨市文明村		2002
浣纱居民区	2014 年度关工“五好”先进村（社区）	诸暨市关心下一代工作委员会	2015.1
浣纱居民区	诸暨市文明村	中共诸暨市委 诸暨市人民政府	2017.2
	基层组织建设星级管理五星级	中共诸暨市委组织部	

荣誉证书

HONORARY CREDENTIAL

浣 纱 村 被评为2014年度关工“五好”先进村（社区）。

诸暨市关心下一代工作委员会

二〇一五年一月

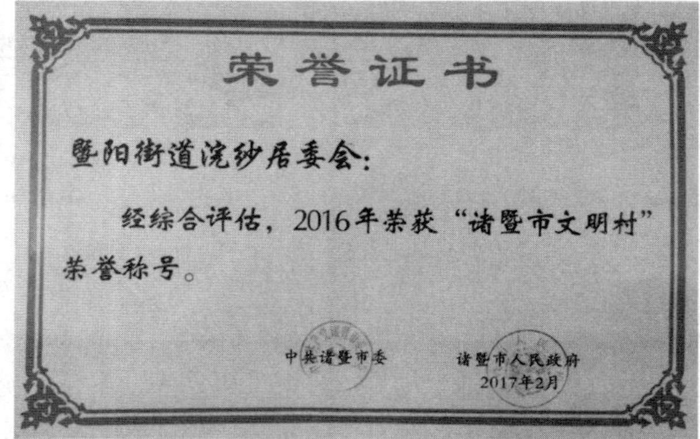
荣誉证书

暨阳街道浣纱居委会：

经综合评估，2016年荣获“诸暨市文明村”荣誉称号。

中共诸暨市委　诸暨市人民政府

2017年2月

第二章　村　民

浣纱村村民主要为东濒浣江，西依陶朱山，南接丫江杨、大樟树下一带，北至红旗路区域内的农民，曾号称半个城关。人口变化大，是一个移民村。

南屏路以北区域与非农户杂居，散住在解放南村、敦古堂里、火车站脚、红旗路采芹桥头、横街、万寿街、南门头、西门外等处；南屏路向南区域，为浣纱村主体，有山下杨、石塔头、下七年、高道地、三踏步、溪坑里、夏家坞等自然村落，另外在桃花岭、西竺庵、宣家、上庄、黄沙地塔等处有少量散居村民。原自北而南依次有 12 个生产队，1 队 2 队的村民散居于姚舍山脚南屏路以北之旧城西面，以第二代火车站周边最为集中；3 ～ 5 队散居于南屏路与南兴路之间，以南门外、石塔头和山下杨最为集中；6 ～ 12 队散居于南兴路以南，以溪坑里、夏家坞、三踏步、高道地和下七年最为集中。20 世纪 80 年代初期，又各自一分为二，为 24 个生产队，另有一个村属联营和农科队，经营管理村集体所有的山林、牧场，农科队主要担负农作物新品种的试验。1995 年土地延包后，整合为 7 个村民组。2020 年，有居民 724 户 1961 人，人口在 100 人以上的有周、赵、陈 3 个姓氏，主要宗教信仰是传统的道教和佛教。

第一节　人　口

人口数量

1961 年，浣纱大队总人口 1441 人。1980 年，红卫大队总人口 2102 人，其中：石塔头 312 人，三踏步 311 人，下七年 243 人，高道地 198 人，溪坑里 143 人，夏家坞 51 人，山下杨 438 人。

2020 年，浣纱居民区共有 724 户，总人口 1961 人，户均人口 2.71 人。其中：男性 934 人，占总人口的 48%；女性 1027 人，占总人口的 52%。

1961—2020 年浣纱村人口情况

表 02-01　　单位：户、人

年　份	户　数	人口数	男　性	女　性
1961		1441		
1962	413	1569	757	812
1963	402	1619		
1964	401	1664		
1965	407	1736		
1966	419	1794		
1967	419	1808		
1968		1885		
1969	423	1950		
1970	430	1998	964	1034
1971	435	2007		
1972	447	2030		
1973	446	2063		
1974	457	2090		
1975	457	2105		
1976	495	2114		
1977	502	2126		
1978	525	2123		
1979	525	2106		
1980	529	2102		
1981	563	2084		
1982	562	2093		
1983				
1984	598	2122		
1985	603	2052		
1986	611	1909		
1987	620	1626		
1988	580	1408		
1989	576	1250		
1990	581	1183	591	592
1991	581	1190	597	593
1992	571	1137	569	568
1993	565	1076	545	531
1994	558	1054	535	519

续表

年 份	户 数	人口数	男 性	女 性
1995	555	1035	520	515
1996	554	1025	516	509
1997	552	1020	515	505
1998	554	1016	512	504
1999	579	1003	509	494
2000	581	996	501	495
2001	576	982		
2002	569	985		
2003	572	988	493	495
2004	568	995	495	500
2005	564	1000	494	506
2006	576	998	493	505
2007	590	1006	494	512
2008	592	1017	495	522
2009	589	1019	498	521
2010	583	1019	502	517
2011	583	1020	499	521
2012	576	1022		
2013	573	1045		
2014	565	1066		
2015	551	1056		
2016	549	1076		
2017	728	1929	926	1003
2018	724	1947		
2019	723	1968		
2020	724	1961	934	1027

民族结构

浣纱居民中，除 1 人为韩国迁来的朝鲜族之外，其余均为汉族。

年龄结构

2020 年，浣纱居民区共有 60 岁以上老人 529 人，占总人口的 26.98%。其中：61 ~ 70 岁 248 人，71 ~ 80 岁 195 人，81 ~ 90 岁 74 人，90 岁以上 12 人。

1900—2020 年浣纱村长寿老人（90 周岁以上）名录

表 02-02

姓　名	性　别	生卒年月	所在村落
郑银娥	女	1900.1—2000.1	下七年
陈飚元	男	1900.8—1993.2	桃花岭
张云法	男	1904.2—2000.1	山下杨
姚又春	女	1908.7—2011.1	桃花岭
周才海	男	1911.9—2005.2	溪坑里
周香根	女	1915.5—2009.1	桃花岭
周林书	男	1916.10—2014.10	下七年
徐杏娟	女	1917.10—2013.8	下七年
杨姜仙	女	1919.9—2012.12	山下杨
周吉成	男	1919.12—2014.8	下七年
傅招菊	女	1921.10—	高道地
马芝英	女	1922.1—2016.8	三踏步
戚孝亚	女	1922.3—2017.10	三踏步
侯爱芬	女	1925.1—2017.9	三踏步
莫有琴	女	1924.12—	山下杨
王香琴	女	1926.1—	夏家坞
斯杏琴	女	1927.10—	下七年
俞银娟	女	1928.1—	山下杨
蒋松法	男	1928.7—	溪坑里
汪永明	男	1928.10—	山下杨
周凤英	女	1928.12—	高道地
刘瑞罗	女	1929.3—	浣纱新村
周吉夫	男	1930.1—	下七年
赵月波	男	1930.2—	山下杨
石香桂	女	1930.11—	高道地

人口管理

身份证　民国 20 年（1931）12 月，国民政府颁布《户籍法》，开展户籍登记和户口调查，掌握各地人口分布情况。

民国 30 年（1941），国民政府加强对壮丁的管理，颁布《国民兵身份证暂行条例》，规定凡 18 ~ 45 岁的役龄男子（必要时可前后各延伸 5 年，即 13 ~ 50 岁），必须领取国民兵身份证。

民国 35 年（1946），执行国民政府修正公布后的《户籍法》。次年 6 月，发放国民身份证。

中华人民共和国成立初期，考虑到当时社会安全，县城、乡镇一度实施通行证。凡需外出者由村出具证明，乡政府加盖公章，凭证通行，1952 年 2 月起取消。

1985 年 9 月，全国人大常委会颁布《中华人民共和国居民身份证条例》。实行身份证制度是中国户籍制度的重大变化，即从“以户为主”的管理模式向“以人为主”的管理模式转型。

1987 年，诸暨农村开始申领居民身份证，身份证有效期限为 10 年、20 年、长期三种。其中 16 ~ 25 周岁公民发给有效期 10 年的居民身份证，26 ~ 45 周岁公民发给有效期 20 年的居民身份证，46 周岁以上公民发给长期有效的居民身份证。凡未满 16 周岁公民，自愿申请领取居民身份证的，发给有效期 5 年的居民身份证。当年，浣纱村 16 周岁以上的公民均申领居民身份证。

2004 年 12 月起，第二代身份证陆续发放。第二代身份证采用非接触式 IC 卡技术制作，防伪性能提高，办证时间缩短，存储信息增多，有效期重新确定，发放范围扩大。

2012 年起，办理居民身份证需要登记指纹信息。

户口簿 1996 年起，登记发放中华人民共和国公安部印制的以户为单位的“居民户口簿”，用于登记住户人员姓名、曾用名、性别、民族、籍贯、出生日期、宗教信仰、身高、血型、文化程度、婚姻状况、兵役状况、职业等内容。居民参加社会养老保险、户口迁移、拆迁分房、婚姻登记等都需要户口簿。

第二节 姓 氏

浣纱村与一般聚族而居的村庄不同，很多姓氏在不同的历史时期迁入定居，来源众多，姓氏复杂。下七年、高道地、三踏步自然村首尾衔接，系周氏聚居地，间有杨、陈、楼等其他姓氏。山下杨原系杨氏聚居地，后裔大多外迁，由郦、赵、孙、周、王、马等十余姓杂居。石塔头原为南门赵氏奇四公派聚居地，现有赵、石、冯、边等姓。夏家坞和溪坑里主姓周，为三踏步周氏分支，间有王、陈、楼、余等姓。

2020 年，浣纱居民区人口 100 人以上的有周、赵、陈 3 个姓氏，20 ~ 99 人的有郦、杨、楼、张、王、孙、边、袁、郭、朱、俞、李、徐、何、蒋、寿、马、黄、曹、叶、章 21 个姓氏，10 ~ 19 人的有石、宣、冯、郑、金、吴、许、洪、斯、方 10 个姓氏，10 人以下的有桑、祝、姚、毛、孟、宣、汤、沈、戚、傅、蔡、夏、顾、钱、胡、丁、阮、骆、魏、董等姓氏。

2020 年浣纱居民区 10 人以上各姓氏人数

表 02–03　　　　单位：人

姓 氏	人 数	姓 氏	人 数	姓 氏	人 数	姓 氏	人 数	姓 氏	人 数
周	381	王	60	李	32	曹	22	金	16
赵	170	孙	47	徐	29	叶	20	吴	16
陈	167	边	47	何	28	章	20	许	15
郦	90	袁	44	蒋	28	石	19	洪	15
杨	77	郭	44	寿	25	宣	19	斯	14
楼	73	朱	38	马	23	冯	17	方	10
张	69	俞	36	黄	22	郑	17		

南门周氏

南门周氏源出北宋理学家周敦颐，周敦颐曾孙国子监博士周靖，以诸暨有中州风，徙居紫岩之盛厚里。靖子周亥为大理寺评事，孙周和为大理寺少卿，曾孙周谨为节度行军司马，生三子治、闇、恪。

宋嘉熙四年（1240），伯五公治、伯八公闾、伯九公恪，自紫岩迁南门，为南门周氏始迁祖。世系为：靖→亥→谨→治、闇、恪。周氏一族数传后分居移地，“择水而居，沿江而发”，溯浦阳江而上，凡周氏族居，多从三踏步发脉，有“沿江十里周”“周姓十八村”之说，分为四年、五年、七年和十年四派。留在南门的周氏以十年派为主，四年、五年、七年派俱全。

南门周氏外纪字第：诚笃百逸祥。

29 世开始万派同行字第：桥煦垂钧泉梓燮均锺涓槩縈在银汉松烿堂镄瀍柏烔壂鍸湲梁燕堅镀添榏照臺镠溢植焕坛锋滇楷烈坙铃澜模炳圯镜汧梗尧堞鈖溪楠煜坦锷湄标烋壐镨润橑烺睦锟漪榧燿圭铎涯桢煇城釦沵榦烛坚鐏浻楙焯地铻潍枌煌壤铭洞榆焰坊铨淇。

四年派　周大（行太三）四世孙周辛，行新三，留居三踏步故里守墓。世系为：靖→亥→谨→闇→文溢→必举→天泽→大→允恭→盛→瑾→辛。

四年派字第：祥仲慎伯文元尚太允义锦新郁（鉴）绍恭敬庄严芳茂端肃钦承懿（29 世始统一接万派同行字第“桥”）。

五年派　周文侃（行文三）曾孙周冕（行序一）、周致冲（行序二）居南门。世系为：靖→亥→谨→闇→文侃→德润→漶→冕、致冲。

山下周始祖周达（行序四）七世孙周富，字日新，行玄三十一。生子元相，行艮二十四，复迁三踏步村为祖。世系为：靖→亥→谨→闇→文侃→德润→漶→达→圣道→琏→德→美→麟→乐→富→元相。

山下周字第：祥仲慎伯文元尚序良礼武盛林茂玄艮方享庆齐汉桓炯承懿（29 世始统一接万派同行字第“桥”）。

七年派 周氏先祖周仕升，行辉五，明洪武年间因别业在五指山下，遂从南门徙居。周仕升有五子，长子周孟斌，行旻一。周孟斌有四子，次子周宗儒（字仲章，行昊二）复居南门，为南门下七年祖。后周仕升幼子周孟溥（行旻廿一）之孙周鲸（行升七十），周鲸之孙周元详（行详三十五），升九十六公之孙周元翰（行详八十五）复迁南门下七年。至 2015 年，有 70 户 228 人。

下七年周氏历世字第同五指山，为：祥仲慎伯文元尚太仁辉旻昊昇祖详瑞裕永享康宁显谟承烈（29 世始统一接万派同行字第“桥”）。至 2015 年，最新字第为“泉”。

十年派 南门荷花塘头周氏包括高道地、尖角山、庙后、上十二房、上十八房、八房、横埂顶、下园、下庄等。

周靖六世孙周淇，行兴六，字希谨，世居南门。其孙周务（字本立，行员十四）、周玉（字本蕴，行员十六）迁塘头，编十年坊役。世系为：靖→亥→谨→恪→文郁→茂林→淇→祯→务、玉。

伯九公周恪七世孙周钦，行巩二。周钦六世孙周伯敬，行嘉六，迁居高道地。世系为：靖→亥→谨→恪→文郁→茂林→淇→祯→务→华→钦→渭→楷→良策→升→如珩→伯敬。

周钦六世孙文礼，行嘉四十一，迁居尖角山，为尖角山始祖。世系为：靖→亥→谨→恪→文郁→茂林→淇→祯→务→华→钦→渭→橖→耿→逵→如圣→文礼。

周钦六世孙六世孙周有德，行嘉六十八；有文，行嘉又九十一，迁居庙后。世系为：靖→亥→谨→恪→文郁→茂林→淇→祯→务→华→钦→满→栋→焌→坝→如→有德→正茂→美琳→日升→长文、长发；满→槐→烛→庄→如霖→有文→士鳌→康龄→光顺→学宝。

十年派字第：祥仲慎伯文元兴福员琼巩准鸾高庸熙嘉彬琰奎镇灏钦承懿（29 世始统一接万派同行字第“桥”）。

南门赵氏

南门赵氏奉宋太祖赵匡胤长子燕王赵德昭曾孙赵世膺为始祖。《暨阳南门赵氏宗谱》载：“吾族南门赵氏自少师昌国公讳世膺者分封肇始。”赵世膺（1047—1120），太祖玄孙。太祖生德昭。德昭生惟忠。惟忠生从蔼。从蔼生世膺。世膺初名世永，亲叔赵从颢生子世枚早世，奉宗正寺帖文，以世永承嗣，改名世膺。官淮康军承宣使，赠少师、昌国公，卒谥孝恪。妻张氏，封秦国夫人，生 11 子。自后支派繁衍，散居于暨邑内外者，至今已传 30 余世，有 100 余村，统称南门赵氏。

赵世膺第四子令玲（1086—？），赠朝奉大夫，生子涛。赵子涛（1108—1194），官保宁军承宣使。淳熙十年（1183），知南外宗正司（在福建泉州，专掌太祖派下皇族事务）。光宗绍熙三年（1192）三月，帝御延和殿听政，以子涛为太祖之后而年又最长，袭封安定郡王。生伯橚。赵伯橚（1138—1220），举进士，复知南外宗正司，后当承袭安定郡王，辞老不就，朝论称其高致。皇帝下诏褒奖："尔独能辞王爵，节迈夷齐，可风末俗。"赠朝奉大夫。伯橚生师熙。赵师熙（1178—1252），奉议郎，嘉定三年（1210）预闽漕荐，十三年转临安府观察推官，改雷州盐税，次监海盐盐场，以考举及格改通直郎，签书宁国、平江等处节度官，通判通州。始居邑城南薰门，为南门之祖。世系为：世膺→令玲→子涛→伯橚→师熙。

南门赵氏永思堂字第：德惟从世令子伯师天添胜泰善员茂铨萬春（儒）生（松）至（相）昊（美）昌（橧）源深启景运本大裕华宗孝友常爱敬仁礼端肃雍。

浣江郦氏

郦文绍，字时敏，登进士，擢翰林学士，南渡时扈驾居山阴。郦文绍三子元亨，字惟干，举孝廉，授诸暨学正，因家焉，为浣江郦氏始祖。浣纱村郦氏分属长弄堂、横街、埂头、北门外、景三派等支派。

浣江郦氏字第：玺曾荣贵景友尊震泰乾坤秉萃豫恒升隆临观随复履需颐渐咸丰大壮同人贲师济坎解蒙。

山下杨倪杨氏

北宋龙图阁学士倪炤，因上书抗拒王安石新法而流窜新州。倪炤幼子倪顺，为防不测，遂改母姓杨氏，并改名顷，移居浦江金沙（今属诸暨马剑镇），故称倪杨氏。杨顷曾孙杨谊，字仲理，行千十三，为宋周王府郡马，敕赠河东郡公，配赵郡主，赠河东郡夫人。杨谊孙杨宾，行曾五，登南宋端平乙未科（1235）进士，除江西永宁令，为城南杨氏始祖。生二子：杨豪，号白峰，行荣一，太学生，配史南石刺史长女；杨杰，号梅峰，行荣三，元至大二年（1309）乡贡进士，历任饶州佥判，宣议郎，进阶奉直大夫，配史刺史次女。兄弟二人赘居于城南眠牛山下，祠据陶山之右，族衍浣水之滨。其后族居于城南、南门、湖水顶、江东、山下杨等地。世系为：顺（顷）→琼→佐→谊→克彦→宾→豪、杰。

城南倪杨氏字第：顺琼卸千辛曾荣祐瑞宗（贵）名（升）端（咸）伦（轩）怡（冕）经（环）祯（英）道礼永恺悌鼎盛河坊铉广耀熙嗥连吉昌。

第三节　计划生育

1949年前，生育处于无计划、无节制、顺其自然的状态，历代《诸暨县志》中有明嘉靖二十年（1541）南隅张氏妻生四胞胎儿子的记载。

20世纪50年代初，盲目搬用苏联模式，宣传“母亲英雄”，致人口增长失控。后来一些多子女育龄妇女曾采用安全期、中草药、避孕药具等方法进行避孕，开始实行结扎及人工流产。

1959—1961年，因三年自然灾害等原因，人口出生率处于低谷期。1962年起回升，推广金属节育环及避孕药具，医疗单位设立免费供应处。医生巡回下乡，施行结扎手术，放置节育环等。1963年起，提倡推迟婚龄，但自觉实行者甚少。

1971年起，国家开始实施计划生育政策，宣传“晚、稀、少、好”。1973年，提倡晚婚晚育。1979年后，大力提倡晚婚晚育和一对夫妇只生一个孩子，严格控制计划外二胎，坚决杜绝多胎生育，效果显著。开展节制生育工作，使无计划生育逐渐转向有计划生育。已生育二胎的夫妇，一方实行结扎（绝育）措施。

1982年9月，党的十二大把计划生育列为基本国策。同年12月写入宪法，提倡晚婚、晚育，少生、优生，有计划地控制人口。此后每年举行计划生育宣传技术服务活动，因人制宜落实各种节育措施。人口逐渐从增长型向静止型过渡。

1993年，浣纱村一未到结婚年龄的女青年由其姐代替结婚登记，发现后被依法处理，成为全市依法处理的首起欺骗婚姻案件。

2003年，落实《中华人民共和国人口与计划生育法》和《浙江省人口与计划生育条例》，调整和完善生育政策。2007年起，取消4年的生育间隔限制。同时实施优生优育，对独生子女进行定期健康检查，建立受检儿童健康档案，健全妇幼保健工作。实行婚前检查，建立孕产期保健卡。

2014年1月17日起，浙江省正式实施“单独二孩”政策，成为全国首个“单独二孩”政策落地的省份。

2015年10月29日，党的十八届五中全会公报提出，促进人口均衡发展，坚持计划生育的基本国策，完善人口发展战略，全面实施一对夫妇可生育两个孩子政策，积极开展应对人口老龄化行动。

第四节　村民生活

衣食住行

衣服　古代民间衣服，不论长袍短衫，一般都是斜襟（也叫大襟），马褂为对襟，扣用葡萄扣。

民国后期，男人多用长衫，先以“竹布”最风光，后有“印丹士林”，蓝色细纱布，“线呢”交织的为上乘。女人服饰“花哔叽”“花洋布”较流行。衣服上开始用胶木扣。成年农民穿的都是阔裤腰不开裆的“团团裤”，也叫“瞒裆裤”。六七岁以下小孩穿开裆裤，大多数农民以短裤过夏，夹裤过冬。

1949 年后，流行列宁装、中山装。阔裤腰改为狭裤腰，男开前裆，女开横裆，裤带也由传统的狭纱带改为穿裤襻的皮革带，拉链广泛应用于服装中。

“文化大革命”初期，在全国掀起清一色的绿军装，是当时的红卫兵之盛装，时间持续十余年之久。

20 世纪 80 年代，服饰以中山装、青年装、军便装、罩衫、喇叭裤、棉袄棉裤等为主，颜色大多为蓝、黑、灰。服饰的面料涤卡、的确良等，需凭票定期到供销社、商店购买。在农村，衣着的制作方式是把“洋车师傅”（裁缝师傅）请进家门。在城镇，则有专门为人量体裁衣的裁缝铺。随后，城乡居民的服饰发生较大变化，款式和面料多样化，“一衣多季”转向“一季多衣”，量体裁衣的少了，购买成衣的多了，衣着更趋个性化、时尚化、品牌化。

帽子　旧时，男人多戴缎子衬帽、夹帽，外用清一色缎子面料，内衬以布或绒，老百姓叫西瓜帽，老少皆宜。民国初期流行“罗宋帽”，即“毛线帽”，由绒线织成，有两翻、三翻之分，拉下可以盖耳，或可裹项颈，称“猢狲帽”。

1949 年前流行过呢制铜盆帽。1949 年后，人民蓝八角帽、有耳朵的棉帽（民兵帽）流行了 10 余年时间。至 20 世纪 60 年代，有呢制圆帽和东北人戴的风雪帽，风雪帽无帽舌，受到老年人的喜爱。

出门劳动时，多用草帽遮阳，男人用席草帽，妇女用宽边麦草帽，也有笠壳制的尖头凉帽和圆头油纸凉帽，具备遮阳和挡雨的双重功能。

鞋子　1949 年前，老百姓一般穿“木踢托”和布鞋。农民田间出门劳动都是光脚不穿鞋，寒冬腊月下田耕作、挖藕捕鱼都习惯于光脚。故每个人一年一双布鞋已很不错，穿到鞋底磨损，鞋帮穿头，再进行修补，最后还得把这双鞋钉上一副木制的底板在雨天代雨鞋使用，人们称高底鞋。那时很少有胶鞋和球鞋，有一种牛皮制成的叫钉靴，只有养群鸭的“牧鸭佬”要穿这种鞋，因他们不管“天晴落雨”每天都要出勤。

1949年后，逐渐有高、低帮解放球鞋。20世纪70年代初，盛行拖鞋、凉鞋、皮鞋，布鞋鞋底改为塑料底。90年代后，农民劳动时穿球鞋，休闲时穿皮鞋，寒冷时穿保暖鞋，天热时穿凉鞋，早晚穿拖鞋。

饮用水　从前，农家都备有一只水缸，一双水桶，一根“钩杠扁担”，每天清早先把水缸挑满备用。湖畈人家的饮用水取自水井，有时水质混浊，把水挑到水缸后，必须用“白矾”漂打一下，将水澄清。有些村中也把饮水、洗涤、禽畜活动分隔开来，有“吃水塘”“洗濯塘”“牛屙塘”之分。

1972年，诸暨县城镇建设委员会投资63.9万元，在西施殿建造第一自来水厂。1976年8月建成投产，日供水量为0.6万立方米。1986年，在鸮鹰山建造百立方米高位水池一座，以平衡管网压力，缓解用水高峰。2001年，原自来水厂报废，此后用城南水厂引自陈蔡水库水。

主食　因以种水稻为主，农家以米饭为主食。1949年前，倘遇大旱、水灾荒年之际，农民挨饿是常事，风趣话叫“早饥（鸡）晏饿（鹅）夜餐鳖（瘪）”，就是当时的写照。农业生产合作社到人民公社期间，虽然农业科技广泛应用，亩产量大大提高，但农民积极完成征购粮食任务后却所剩无几，吃饭问题尚未完全解决，特别是三年自然灾害加浮夸风、吹牛皮、放卫星，虚报粮食产量，老百姓肚皮吃不饱，逃荒者甚多。直到1981年土地承包到户后，农民千百年来的温饱问题才得到彻底解决。

菜蔬　菜蔬俗称“下饭菜”，也是绍兴人的叫法。旧社会，农民家的当家菜是九头芥干菜和萝卜丝，时鲜菜都是自己种，有南瓜、丝瓜、冬瓜称三瓜，毛豆、芋艿、鸡毛菜、螺蛳、苋菜梗、马兰头、茭白、菱蓬。因缺乏油料，少数人家吃红镬菜，即先将锅子烧红，不放油，直接把菜炒煸。鱼、肉、禽蛋是高级菜，富裕人家自腌的猪肉也要用来招待客人和手艺工匠。

1949年前，农家婚宴大体有两种，“十二碗头”和“十六碗头”。20世纪50年代，老百姓的生活只求肚皮饱，不想“下饭”好。60年代一元钱可以请客：半斤猪肉0.34元，半斤带鱼0.13元，一碗螺蛳0.02元，一块豆腐0.05元，一斤黄酒0.33元，一包雄狮牌香烟0.18元，就是招待一位客人的菜账。

20世纪80年代后，农村红白两事、庆典宴会之规模日见扩大。酒席动辄几十桌，冷盘热菜二三十个，鳖鳗虾蟹，牛羊鸡狗，山珍海味，糕点水果，应有尽有，大大超出了传统格局，互相攀比之风盛行，对于尚不富裕的家庭是个大负担。2013年，全国号召实行“光盘行动”，但因措施不力，收效甚微。2018 年，浣纱居民区响应国家提出的节俭设宴号召，抵制铺张浪费。

酒　酒是农民生活中不可或缺的一部分，几乎每户家庭都有饮酒者，以一日两顿者居多，早餐饮酒者绝少，个别以酒为生的每日三四顿亦有之。

从清代到民国，老百姓饮酒都以家酿为主，浣纱村农民一向以米酒为主，白（烧）酒次之。每年秋末，酿酒师傅会上门定放酒白药，于约定日期上门酿酒。家酿有用五石缸、十石缸，可供一年饮用。一般家庭自制蒸桶。1949 年后，政府对酒类实行专卖，禁止私酿，酒民们只得向酒店、供销社买酒。

20 世纪 60 年代，啤酒进入农村，当时很不习惯，初饮啤酒感觉有泔水气味，后为青壮年所青睐。80 年代起，各种瓶装酒占领了市场，导致坛装老酒被冷落，后市场上出现许多假冒伪劣瓶装酒，老百姓对瓶装酒降低了信任度。

烟　古时，农民自种烟草，称潮烟，条件好的用水烟管。民国初期，香烟开始出现。1949 年后，吸烟的人多了，多数吸 0.13 元一包的“大红鹰”，少数人吸 0.18 元一包的“雄狮”，个别吸 0.24 元一包的“新安江”，经济宽裕的吸“西湖”，简装蓝“西湖”每包 0.32 元，待客已算阔气，偶尔有“大前门”。另有起码的白壳“经济”烟，每包 0.08 元，品质低劣，几乎与“潮烟”相仿。

20 世纪 70 年代开始，市场上出现过滤嘴香烟，至 90 年代所有香烟都有过滤嘴。随着人们物质生活的提高，吸烟档次也相应提高，10 元 20 元的称低档，40 ~ 50 元的为中档。

烟　标

住　旧时，浣纱村区域内以茅草房为主，只有少数为砖瓦房，山下杨的王家台门、石家台门属较好的民居。20 世纪 70 年代，农村住房以二层砂墙木结构的瓦房为主，平房和草房也占一定份额，人畜共居一室的现象比较普遍。80 年代中期开始，住房条件不断改善，所建房屋逐渐以砖墙混凝土取代砂墙木结构。随后，钢筋混凝土框架结构的房屋逐渐出现。1994 年后，因受城市用地规划限制，停止审批宅基地和老房拆翻建。

室内装饰今昔变化很大。民国时期，稍富人家室内仅有八仙桌、太师椅、搁几、自鸣钟，寝室内有八脚大床、箱子小橱、三脚衣架、梳头盘、夏布帐子，床上有绣花枕头、丝棉绸被，桌上瓷器茶壶、镴壶瓶等。平民百姓多数为四脚大板桌，几条长凳，几把竹椅，三坛四甏，印花棉被垫稻草。至于孤老残疾者，一乘缸灶便是全部家当。1949 年后，青油灯改为洋油灯、美孚灯，竹丝灯（小蜡烛）改用手电筒，茶壶改用热水瓶。

1949 年到 20 世纪 70 年代，贫富差别缩小。改革开放后，农民开始转向务工、经商、办厂，收入多少和家庭负担轻重拉开了人们之间的生活差距，室内陈设就是这种差距的直观反映。

浣纱村村民的住宅内，有衣橱、被橱、食品橱、书橱、博古架、花架、高档红木桌椅、沙发、茶几、落地钟、空调、热水器、自动麻将桌、高级酒柜。厨房内旧式灶头已经淘汰，改用煤气灶、油烟机、高压锅、电饭煲、冰箱、冷柜、小厨宝、微波炉、电烤箱等。

室内开始注重功能区的独立设置和装饰。楼层多建前后阳台，外墙以水泥细砂粉饰，瓷砖马赛克贴沿，地坪多用水泥，并以涂料漆墙。卫生间是新建住宅的配套设施，兼有洗盥室的双重功能，配有抽水马桶、梳妆台、洗衣机等现代设施。

20 世纪 80 年代初，山下杨的袁文才购买 9 英寸黑白电视机，后 12 英寸、14 英寸黑白电视机逐渐进入农家。2000 年后，超平、纯平电视开始进入千家万户。2005 年，大屏幕液晶电视开始逐步普及。

行 从前，老百姓主要靠两条腿走路，脚穿草鞋。1949 年前，浙赣铁路虽然通过村旁，且设有车站，但一般老百姓没有能力享用这些交通工具。妇女很少出远门，长年在家烧茶煮饭，饲猪打狗，舂米磨粉，缝补浆洗，有的女人一生不出远门。

有钱人出门骑马坐轿，唯一使用的是“眠轿”。另一种“兜子轿”，用绳子吊三块板（靠板、坐板、踏脚板）在两根杠上，乡间去请郎中先生看病用，也有一般风流富绅偶尔乘之。

20 世纪 60 年代，下七年的周长富开始使用自行车，当时的自行车是 28 英寸高轮子。20 世纪 80 年代形成高潮，每家每户有自行车，沪产“永久”“凤凰”，杭产“钱江”“海狮”，绍兴“飞花”皆为当时名牌。90 年代，山下杨的陈钦华、孙培法购买“本田王”摩托车。

民间常说：“七十年代自行车，九十年代摩托车，现在个个小汽车。”即说明了农民生活质量的提高，更是生活节奏的飞跃。自周才尧等率先购入小汽车后，至 2020 年，浣纱居民区户均拥有小轿车超过 1 辆。

通信 1979 年，城乡居民家庭的通信方式以书信为主，部分村、学校、企事业单位装有手摇式电话机。20 世纪 80 年代中后期，下七年的周华富安装固定电话。90 年代初期，程控电话和无线寻呼系统开通，第一代移动电话“大哥大”开始应用。2000 年后，固定电话在全市居民家庭基本得到普及，使用移动电话的人数不断增多。从大哥大到小灵通，再到智能手机，上网玩 QQ、微信等，档次越来越高。家庭计算机的应用日渐普及，通信联系更加网络化。

粮油购销

购粮 1953 年 11 月起，国家实行粮食统购统销，粮油成为国家指定的一类商品。粮食征购由粮管所统一经营和管理。1956 年起，对农村粮食实行定产、定购、定销的“三定”政策。

1983 年后，改粮食统购为定购。1985 年起，国家不再统购余粮。

1993 年起，粮食以议价敞开收购。1996 年起，农民可用现金抵交征粮和购粮。

20 世纪 80 年代粮油定购价

表 02-04　　单位：元 /50 千克

项　目	1985 年	1987 年	1988 年	1989 年
早籼谷	15.50	17.00	17.00	17.00
晚籼谷、杂交谷	16.90	18.65	18.65	18.65
晚粳谷	18.80	20.55	20.55	20.55
晚糯谷	22.00	24.20	24.20	24.20
籼糯谷	17.70	22.15	22.15	22.15
小　麦	21.20	21.20	23.00	21.20
玉　米	15.70	15.70	17.30	15.70
标一早籼米	22.80	25.00	25.00	25.00
标一晚籼杂交米	24.80	27.40	27.40	27.40
标一晚粳米	26.60	29.00	29.00	29.00
标一晚糯米	31.00	34.20	34.20	34.20
标准面粉	27.00	27.00	29.40	27.00
标准粉面干	32.00	32.00	37.40	32.00
油菜籽	46.80	46.80	50.40	46.80
菜　油	138.00	138.00	148.40	138.00

续表

项　目	1985 年	1987 年	1988 年	1989 年
米　糠	5.95	5.95	6.50	6.50
米粞（乙级）	13.30	14.60	14.60	14.60
麸　皮	5.95	5.95	6.50	5.95

农业税　1949 年，田赋改称农业税，亦称公粮。田分甲、乙、丙、丁四等。每户纳税按占地多少分为 16 级，户田不足 2 亩的免征。起征点（2 亩以上不足 5 亩）每亩甲等田 50 斤、乙等田 41 斤、丙等田 32 斤、丁等田 22 斤。

1951 年，实行 23 级累进税制，取消免征点。1958 年，调整税率，全县平均税率 15.6%，1960 年，全县平均税率由 11.12% 下调至 10.3%。

1982 年，浣纱村实行家庭联产承包责任制后，农业税改以承包户为单位征收。按田亩分配到户，后改以货币形式交纳。

2005 年 12 月 29 日全国人大通过废止《农业税条例》，2006 年 1 月 1 日生效，沿袭两千年之久的“皇粮”征收终结。

凭票供应

1953 年国家实行粮食统购统销后，购买粮食必须凭购粮证和粮票，饭店用餐及购买其他粮食制品均需粮票，粮票有全国粮票和地方粮票两种。非农业户口人员，国家按定人定粮标准按时发放粮票。

1954 年起，棉布和棉花凭票供应，农民按年度领到布票和棉花票，每人每年一丈五尺。凡购买棉布、毛巾、袜子、汗衫、背心、棉毛衫、卫生衫等棉制品均需布票。国家对农民有奖励政策，凡出售一头毛猪，可获得奖售布票五市尺。另外，青年结婚可凭结婚证领到补助布票。

从 20 世纪 50 年代开始到 70 年代末，票证五花八门，除粮票、布票外，还有食油、棉花、食糖、食盐、煤油、肥皂、卷烟、酒、猪肉等票证，以及节日豆制品票。化肥、农药、农用薄膜等农业生产用品，也按计划供应。80 年代至 90 年代，化肥、农药分解到户。

农民惯称凭票供应商品年代称“票证年代”，是国家计划经济时代的特有产物。在物资紧缺，供不应求的情况下，以平均分配的形式，初步保证人民群众的最低生活需求。当时，国家为了防止通货膨胀，制定了某些商品的高价政策，如自行车、高筒靴、配制酒、水果糖、高级食品等，初叫高价商品，后称议价商品。

1993 年，放开粮食市场后，票证全部取消。

1960—2004 年间农民部分生活必需品价格

表 02–05　　单位：元 / 市斤

项　目	1960 年	1975 年	2004 年
猪肉（统价）	0.65	0.68	7.50
大　米	0.103	0.128	1.50
食　盐	0.145	0.145	1.00
白　糖	0.72	0.77	2.20
黄酒（散装）	0.32	0.34	1.50
豆　腐	0.05	0.05	0.50
花鲢鱼	0.28	0.32	4.00

计量沿革

容量　旧时，有一套专门用来计量稻谷的容器，叫斛、斗、升，1 斛为 5 斗，1 斗为 10 升。1 斗谷重 9 市斤，10 斗为石，3 石为一袋重 270 市斤。米店里用来量米用市斗，1949 年前 1 斗重 16 市斤，1949 年后改为 15 市斤；1 斗为 10 升，1 升为 10 合。酒、酱店用的计量工具叫“吊”，有一斤吊、半斤吊，以及 16 两制的四两吊、二两吊，酱油吊、老酒吊、烧酒吊各有规格。因为这些容器为锡制故易损易漏，弊端甚多。1953 年起，稻谷、大米一律改用衡器（秤）。食油、煤油等开始用售油器。

衡量　1949 年前，使用木杆秤。小的叫手秤，以两起花，有 20 斤、30 斤、50 斤等。旧时有 16 两秤（1 斤等于 16 两）、24 两秤（1 斤等于 24 两）。16 两秤换算比较麻烦，用斤求两有口诀：

一退六二五，二一二五，三一八七五，四二五，
五三一二五，六三七五，七四三七五，八作五，
九五六二五，十六二五，十一六七五，十二七五，
十三八一二五，十四八七五，十五九三七五，十六成斤。

50 斤以上称“扛秤”，以斤起花，有 100 斤、200 斤、300 斤、500 斤。

南货店用盘秤，有 1 斤、3 斤、5 斤等。盐店用盐秤，是一个铜制的畚斗形秤盘。1959 年起，手秤相继改为“十两秤”“公斤秤”，扛秤改为“磅秤”。

中药店用戥子，以“分”起花，以“钱”画线。1983 年起，药店以“克”计量，

10 克约等于 3 钱。

度量　度量的尺子,旧时有“三元尺”,也叫老尺,1 市尺等于三元尺 9 寸。1949 年后,改为市尺，1 米等于 3 市尺。

1960 年起，鞋子以大小逐档分码，成人一般穿 37 ～ 42 码，43 码以上为特大号。后改为公分制，换算方法为：码数 ÷1.6 ＝公分数，公分数 ×1.6 ＝码数，或（公分数－5）×2 ＝码数。

老年人福利

20 世纪 80 年代，有老年生活补贴。2006 年 8 月 25 日，根据诸暨市政府《关于优待老年人的实施意见》，浣纱村年满 60 周岁的公民，不分性别、职业、民族、宗教信仰，均可办理“浙江省老年人优待证”。60 ～ 69 周岁老年人办绿卡，70 周岁以上老年人办红卡。60 ～ 69 周岁老年人凭卡在旅游景点（向公众开放景区）享受门票半费。70 周岁以上老年人可享受医疗方便优待，在旅游景点（向公众开放景区）享受门票免费，并可免费乘坐城市公交汽车。

20 世纪 90 年代开始，浣纱村对属于农村户口的 55 周岁以上女性、60 周岁以上男性村民，给予每季度 500 元的老年生活费。

社会救助

在浣纱村，自古就存在乐善好施的事例。清《国朝三修诸暨县志》载：“庠生赵光仁，乐善好施，捐以所置田一百八十九亩入儒学，备三年文武各生科举路费。”“义冢，南隅土名苎萝山脚，计地三亩（《经野规略》)。广孝阡，南隅二堡‘愚’字一百二十八号，土名白洋山，计山四亩；又‘愚’字一百三十一号，土名大贝山，计山五亩六分，俱知县蔡杓捐立（《楼志》)。”

残疾人救助　残疾人由于生理和心理上的缺陷，属弱势群体。旧时，他们的就业和生活得不到法律保护，属社会最贫困阶层。1949 年后，政府重视改善残疾人生活，并为残疾人安排力所能及的工作。

2012 年起，政府免费为残疾人体检，对困难残疾人进行救助。免费让残疾人全部参加新型农村合作医疗，享受医疗保险待遇。

2020 年，浣纱居民区共有残疾人 26 人，春节给予每人 700 元的生活补贴。

五保户救助　旧时，村民较为贫困，加上自然灾害、疾病等的发生，村里的鳏寡孤独老人生活无着者甚多，他们最为困苦，生活得不到保障。

1949年后，政府关心特殊困难户，并给予临时救济，发放救济款和物资。1957年农业生产合作化运动后，对无子女的老人实行合作化养老模式，对生活无依无靠的鳏寡孤独老人给予“五保”（保吃、保穿、保住、保医、保葬）。全年供应口粮每人250千克以及柴草，每月发给零用钱1 ~ 3元。

1982年起，“五保”供给标准相当于当地一般社员实际生活水平。1994年完善“五保”供养政策，对五保户实行定期定量补助。

低保户救助 1998年，诸暨市政府下发《诸暨市城乡最低社会保障制度实施暂行办法》，规定符合最低生活保障标准的居民为低保户，家庭人均收入相当于全市同期最低生活保障标准1.5倍为低保边缘户。最低生活保障标准年800元。市镇资金配套比例为5 ∶ 5。2007年起，低保对象统筹费用由政府负担。

2020年，浣纱居民区纳入最低生活保障线低保户的为孙才兴、周梢国、周红良3户3人，政府按月发给生活费用，使他们的生活得到应有的保障。

社会保险

商业保险 民国25年（1936），诸暨县邮政局曾一度办理人寿保险，但其时村民尚无保险意识。

1951年，中国人民保险公司诸暨县支公司成立后，办理财产强制保险、普通火灾保险、牧畜保险、旅客强制保险等。1958年，县保险公司并入税务局，保险业务停办。

1981年，保险公司委托农业银行、农村信用社开始经办农村家庭财产保险、企业财产保险业务。1985年，业务范围扩大，开办企业财产及附加盗窃保险，家庭财产及附加盗窃保险、机动车辆保险、母婴平安保险、驾驶员意外保险、车船旅客意外保险、简易人身保险、独生子女健康保险等。浣纱村有部分村民参保。

1985年起，办理中小学师生平安保险，每人每年缴纳保险费4元。1994年起，每人每年8元。1996年起，每人每年20元。1998年起，每人每年32元。2008年，每人每年50元。2009年起，每人每年80元。2018年起，每人每年100元。

2007年，根据《诸暨市人民政府办公室关于开展政策性农村住房保险工作的实施意见》，开始对全市农村居民实施住房财产保险。采用“农户自愿参保，政府补助推动，保险公司市场运作”的原则，全面推进政策性农村住房保险，符合对象的农村住房实施100%参加保险。农户每户每年投保额为1.8万元，交纳保险费每户每年10元，其中农户交纳3元（低保户由市财政补助），省财政补助3元，市财政补助4元。

城乡居民养老保险　1989 年 1 月 1 日起，实施现职村支部书记、村主任社会养老保险制度。同时，开始办理城乡居民个人养老保险业务。全村凡年龄在 16 周岁以上的居民均参加保险。月交保险费不低于 5 元。

职工基本养老保险　1994 年 10 月起，乡镇企业职工实行养老保险。凡乡镇企业、村办企业、有条件的联户办企业、个体企业从业人员，以及乡镇的工办人员均为参保对象。按照养老金保险条款，采用一次性交纳或按年交纳方式。保险费支付由国家、集体、个人三者承担，乡镇企业职工养老保险费按企业实际职工工资总额的 15% 提取，职工个人提取最高以不超过应交余额的 20%。领取养老金的年龄定为男 60 周岁、女 50 周岁的次月开始，按缴费标准分档享受养老保险待遇。2005 年起，养老保险待遇连年增长。

第五节　宗　教

浣纱村民的主要宗教信仰是传统的道教和佛教。民国 10 年（1921）后基督教开始传入。

道　教

范蠡庙　又称范蠡坛、范相坛、范相庙、陶朱公庙，在距相见桥往南 150 米的范蠡岩前。南宋《嘉泰会稽志》载："范相庙在县东南五里，盖祀越相范蠡。""俗称陶朱公庙，即陶朱乡土谷神。每岁，社会奉祀甚隆。"清《国朝三修诸暨县志·建置志·坛庙》载："范相庙，在南门外长山之南，范蠡岩下。"庙内有宋吴处厚撰《陶朱公庙碑》。明末清初吴伟业有诗《谒范少伯祠》，曹溶撰有诗《范少伯祠》。部分遗址，1973 年成为诸暨绢纺织厂厂址。

胡公庙　位于胡公台上。清《国朝三修诸暨县志·山水志》载："相传明初胡大将军大海守暨，驻营于此，故名。上有庙，或谓肖将军像，而俚俗岁以八月十三赛之，则为宋胡公则矣。"胡公庙遗址犹在，庙基二进，皆磐石，高低错落。后进台基之岩壁上凿有佛龛，内有石雕肖像。今肖像无存，仅存痕迹。1971 年，其上建诸暨县电视发射台。

天后宫　又称天妃宫，位于南门上水门口，疑为清时闽帮烟业所建。坐东朝西，建筑面积 260 平方米。曾作为一座村校，初小年级均在一个教室上课。诸暨火车站拆迁时拆除。

水神庙　又称张神殿，俗呼老相公殿，在南门外靠江边，祀静安公张夏。小道士湖水入浣江处旧时建有出水闸，庙跨其上（现南兴路东头）。不存。

红庙　即城南二帝庙，在三踏步，位于苎萝一村和苎萝三村之间。内供汉刘备、关羽二像，右配祀宋岳武穆岳飞，左配祀明杨忠愍杨继盛（1516—1555）。清《国朝三修诸暨县志》载："经三踏步，有里社曰红庙，跨道而立。庙下以赵家畈埂为路，屡被冲决。"庙前系通南乡大路，对面有广场，可供搭台演戏。庙不知毁于何时。红庙之上有地称南坛者，即清代社稷坛遗址，不存。

佛　教

大雄教寺　位于长山之麓，不存。大雄者，佛之德号也。佛有大力，能伏四魔，故名大雄。《法华经·涌出品》曰："善哉善哉，大雄世尊。"南宋《嘉泰会稽志》载："大雄寺在县西一里，梁普通六年（525）大智禅师建，号法乐寺。会昌废，大中二年（848）重建，改报国寺。后改赐今额。"明万历《绍兴府志》载："在城中山麓。吴赤乌年间（238—251）建。梁普通年间改名法乐寺。唐会昌五年（845）废。大中二年改报国寺。后改今额。寺中旧有琉璃井、琉璃轩、先照楼、铜佛殿。"清《国朝三修诸暨县志》载："寺僧于寺后隙地盖平房多楹，称为乾房，盖乾明观遗址也，有杂姓细民赁居之，粤寇之乱并毁，寺僧无孑遗，细民或有藉赁私占基地者，转辗变迁，遂无遗迹。光绪戊戌知县沈宝青集邑绅清丈大雄寺基存档，围筑墙垣，以防侵占。""万寿街，在南城，当上门水之冲，西通大雄寺。寺有万寿宫，故名。"宋姚宽有诗《宿诸暨大雄寺》，杨杰有《琉璃轩》诗。明代黄溍有诗《题先照楼》，郑天鹏有诗《大雄寺题壁》。

上省教寺　位于长山之麓，不存。吴赤乌年间（238—251）建。清《国朝三修诸暨县志·山水志》载："陶山，即陶朱山……山下有上省教寺，见明隆庆《诸暨县志》。其支峰曰翠微。"宋汪藻曾夜宿上省教寺，有诗《阻溪涨宿诸暨县上省院》。

翠峰教寺　位于长山麓大雄教寺左，不存。南宋《嘉泰会稽志》载："净观寺在县西一里，唐天祐元年（904）建，乾德三年（965）吴越给翠峰院额。有范蠡祠，相传云范蠡宅也。山上有鸱夷井，寺有仁宗朝赐经二藏。又有范文正公题诗石刻。"相传旧有"藏经之殿"四字，唐皮日休所书。殿后《墨竹》，宋刘叔怀所画。宋范仲淹有诗《题翠峰院》和《赠翠峰几公山主》。

地藏殿　主供地藏王菩萨，在南门外，不存。

西竺庵 也称西竺禅院，位于陶朱山麓，白阳尖支脉翠微峰下。始建于明末清初，坐西朝东，依山而建。有正屋 7 间，两廊侧屋 10 间，大厅 3 间为殿，东面以围墙封闭，山门朝北位于东北角，上悬匾额，周边是祀田。

康熙《诸暨县志》载："在长山之麓，里人生员赵学贤延僧道觉建，置田三十余亩，永供香火，康熙中僧海涌增修。"赵学贤在此烹茶会友，颐养天年，时与陈于朝、陈洪绶父子过往甚密。清《国朝三修诸暨县志》载："《苎萝山稿》一卷，明陈于朝撰。于朝尝读书苎萝山之西竺庵，是编皆当时作也。"又载："西竺庵，明季诸生赵学贤建，鼎革，逃禅于此，陈老莲与之友，常过访之，遗迹犹存。"郭肇有诗《西竺庵访老莲遗迹》。《诸暨民报五周纪念册》载："城西门外至西竺庵一带，春二三月，新绿渐生，杂花互发，邑中人士啸朋提榼，买醉于花阴翠藤间。"

康熙二十二年（1683），赵学贤次子赵尔彪题刻"西竺禅院碑记"一方，内云："西竺禅院，先君子用伯公奉佛养真所也。……窃效香山遗韵，高士陈章侯莫逆友，时一过访，辄醉而去，题其室曰'三摩地'。凡门而堂，以及两庑，先君之所题咏，皆章侯手书。先君静修于此，屈指三十余年。"陈洪绶所题匾额"三摩地"，木制有边框，紫底黑字。另有"西竺禅院""莲台上品"等，民国间毁于大火。抗战时，庵内大钟被挪至县城中水门上，作为防空警报器使用。

光绪五年（1879）六月二十八日，有天台轿夫死，送棺寄场，失火，自蜂窝形延烧至西竺庵。

民国 28 年（1939）4 月 11 日，因日寇空袭频繁，诸暨县战时政治工作队第六次全体会议第三次大会由城区转移至西竺庵召开。时任县长夏高阳出席大会并作了《诸暨政工队现阶段的中心任务》的讲话，县党部金锡涵、抗卫会章启宇、周萌、杨实甫和余宗恺，以及政工队员 57 人参加了会议。会议明确了任务，检讨了政工队的前期工作，还讨论了关于编练纠察队、充实保民大会等提案 16 项。"文化大革命"时，西竺禅院碑记、赵学贤塑像等残存印记被毁。

濮乾远《陶山草堂随笔·郊外尼庵》载："西竺庵在桃花岭脚，明代旧物，低檐矮屋。解放前有农民居住，六十年代，余见时，侧屋已残垣断壁，荒凉不堪。尚留有石碑一块，剥蚀漫漶，依稀尚能看出有关陈洪绶曾读书于此字迹，现已无迹可寻，闻有农户建屋居住。"2007 年，残存建筑被拆迁，建造丰球桃源别墅小区，只有"三摩地"字迹拓本尚存于五泄禅寺。

基督教

《诸暨民报五周纪念册》载："民国10年（1921），天主教购得南门外三踏步山地数亩，周荣山为中。初以天主为最盛，后为耶稣所掩，非以人民信仰有变易，以其挟而行之之势有盛衰，又诱引之方法有巧拙也。英教士赁居南门外石塔头，日入城宣教。"

第三章　村级组织

村级地方组织形式，历来变化不大。宋设乡、里，元承宋制。明清两代实行里、甲制。中华民国时期，推行保、甲制度，强化“联保连坐”。中华人民共和国成立后，实行民主建政，通过直接选举产生村级基层政权组织。1954 年 9 月，《中华人民共和国宪法》和《地方各级人民代表大会和地方各级人民委员会组织法》规定，村委会不再作为一级政权机构，而作为自我教育、自我管理、自我服务的群众性自治组织。

第一节　村民委员会

组织沿革

秦时，建立亭、里制度，50 户为 1 里，10 里为 1 亭，设里长、亭长。

汉代，乡以下设里（什、伍），100 家为 1 里，1 里领 10 什，1 什领 2 伍，1 伍率 5 家。什设里魁，伍设伍长。

隋、唐时期，100 户为 1 里，设里正。里下设村，设村正。里正和村正不通过选举，多为富户或为无实授官职在乡人士充任。村正的职责是稽查来往过客止宿和辖内人众去向，协助里正核查户口、监察是非、催征赋税等。

宋代，城内为厢，郊外设乡，乡领都，都领里，全县 122 里。里设里长（里正）。

元袭宋制，全县 181 里。里下设社，每 50 户为 1 社，社长 1 人，管理农桑及社内治安。

明洪武十四年（1381），里下设甲，110 户为 1 里，里长由其中丁粮最多的 10 户轮流担任，10 年一轮。其余每 10 户为 1 甲，里设里长，甲设甲首，负责民政、教化、赋税、争讼等。规定每甲须有 10 丁，随时准备赴役。

清雍正六年（1728），推行顺庄编里法，全县共编顺庄556个。宣统三年（1911），推行地方自治，废都、里，设乡、村。

民国元年（1912），乡以下基层组织沿袭清代顺庄制度。17年6月，废顺庄制，实行街村制，村落区域均为村。9月，街村制改为里村制。19年，《县组织法》规定，100户以上的村为乡，下设闾、邻，25户为1闾，5户为1邻。23年，乡镇以下废闾、邻，设保、甲，以户为单位，设户长。10户为1甲，设甲长。10甲为1保，设保长。实行“联保连坐”。35年，5保以上的大乡镇设保长联合办事处，在保长中公推一人为主任。保甲整编后，实施《联保联坐法》，推行“连保切结”和“连环保结”等控民措施。

1949年5月，废保甲制，随后成立城西、城南和三踏步3个农民协会，设会长、副会长。是年10月，浙江省政府发布《关于目前建立乡村政权暂行组织的指示》，开始建立乡村人民政权，废除保甲制。1954年9月，《中华人民共和国宪法》规定村委会为群众自治性的村民组织，不作为一级政权，是乡镇的辅助机构，村主任协助政府工作。是年，成立城西、连丰、五一、苎萝、浣纱5个初级社，设社长、副社长。1956年，合并为浣纱高级农业生产合作社。1961年，成立浣纱大队，设大队长、副大队长。1966年，改为红卫大队管理委员会，设大队长、副大队长。1969年，改为红卫大队革命委员会，设主任、副主任。1978年，又改设大队长、副大队长。1981年10月，复称浣纱大队管理委员会，设大队长、副大队长。1983年，改为浣纱村民委员会，设主任、副主任。

1988年6月起，实施《中华人民共和国村民委员会组织法》，选举产生村民委员会主任、副主任、委员。

2006年9月，改为浣纱居民委员会，设主任、副主任。

浣纱村历任主要领导名录

表03-01

组织名称	任　期	正　职	副　职
城西农民协会	1949.7—1952	陈继校	楼巨浩
城南农民协会	1949.7—1952	赵月焕	翁月英
三踏步农民协会	1949.7—1952	马焕堂	周芬芸
城西村	1952—1954	陈继校	楼巨浩
城南村	1952—1954	许永夫	孙清安
三踏步村	1952—1954	马焕堂	周绍炳
城西初级农业生产合作社	1954—1956	边永高	楼巨浩
连丰初级农业生产合作社	1954—1956	许永夫	赵月焕
五一初级农业生产合作社	1954—1956	周经伟	赵华球

续表

组织名称	任　期	正　职	副　职
苎萝初级农业生产合作社	1954—1956	翁月英	赵志文
浣纱初级农业生产合作社	1954—1956	周贤祥	楼云夫
浣纱高级农业生产合作社	1956—1961	周永山	
浣纱大队管理委员会	1961—1966	周永山	
红卫大队管理委员会	1966—1969	周永山	
红卫大队革命委员会	1969—1978	边永高	周永山（1972 止） 石成国　郦文祖 周友品
	1978—1981.10	赵永堂	周友品　周才泉
浣纱大队管理委员会	1981.10—1983	马伯成	周才泉　郦国均
浣纱村民委员会	1983—1988	马伯成	张文校　周月英
	1988—1991	周财校	赵德林　周祖根 周月英
	1991—1993	周华富	
	1993—1996	周财校	
	1996—2002.12	赵友新	
	2003—2005	孙培法	
	2005—2006.9	周财校	
浣纱居民委员会	2006.9—2013.12	周财校	
	2013.12—2020.9	周财校	

生产队和村民小组

生产队　20 世纪 60 年代至 80 年代初，生产大队下设若干生产队。各生产队设生产队长。

村民小组　2006—2020 年，浣纱居民区共设 7 个村民小组。新一届村民委员会成立后，即组织召集各组村民小组会议，选举产生村民小组长。

村民小组长的选举程序为：召集推选会议，由新一届村民委员会成员主持；村民小组会议应有该组选民过半村民参加；提名候选人，由参加会议的本组村民以无记名投票方式，等额提名小组长候选人；无记名投票；计票；宣布当选。

村民小组长的任期与村民委员会相同，每届三年，可连选连任。补选的村民小组长任期至本届村民委员会届满为止。

村民小组长的职责：收集本组村民的建议、意见，并向村委会反映；向本组村民传达村委会作出的有关决定；协助村委会办理本村的公共事务和公益事业。

村民代表　村民代表由各村民小组推选若干人担任。名额为每5—15户推选1名，名额总数由村民会议决定，但总数不得少于35名。

村民代表的任期与村民委员会相同，即每届三年。补选的村民代表任期至本届村民代表会议届满为止。

村民代表的职责：参加村民委员会召集的村民代表会议，讨论决定村民会议授权的事项与本组村民联系，反映村民的意见和建议；会议作出决定后，负责向本组村民传达，动员村民认真遵守和执行；向本组村民和村民小组负责，并自觉接受村民监督。

2020年浣纱村村民代表名单

陈经本　周荣胜　郦佳宝　宣美清　周文千　王正浩　陈纪福　杨满花
赵晓阳　周苗炎　楼志苗　马天勇　张仲庆　陈利平　冯忠欢　周国芳
周　坚　王林军　齐满英　陈少妹　周芬燕　郑小雅　周顺法　赵国良
郭叶飞　王彩飞　杨　珊　袁菊萍　周　杰　郦国平　孙丽莉　赵欲名
胡婉芳　郑华清　袁冬朵　孙培建　郦　毅　朱中明　周培良　杨芝红
王柳燕　周燕君　翁月英　周光培　戚华球　周财良　周伟龙　楼惠琴
周月英　周红星　杨万祥　周伟平　周财校

第二节　村务管理

村务公开

1990年开始，浣纱村每年清账理财，张榜公布。1998年3月，浙江省民政厅发布《关于进一步建立健全村务公开制度的通知》，指令各地做好村务公开工作。同年10月，省委办公厅和省政府办公厅转发省委组织部、省民政厅《关于在我省农村普遍实行村务公开和民主管理制度的实施意见》，指令各地民政部门推行以财务公开为重点的村务公开。

村民委员会实行村务公开制度。村民委员会及时公布相关事项：村民会议、村民代表会议讨论决定的事项及其实施情况，国家计划生育政策的落实方案，政府拨付和社会捐赠的救灾救济款物的发放情况，村民委员会协助政府开展工作的情况，涉及本村村民利益、村民普遍关心的其他事项。

一般事项至少每季度公布一次，财务收支情况每月公布一次，涉及村民利益的重大事项随时公布，接受村民监督。

财务管理

人民公社时期，生产大队设会计、出纳，大队会计负责全大队财务和大队工分拨付等，出纳管理现金收支。生产队相应设会计，会计负责该队财务、编造实物分配、现金分红方案，又设现金保管员，负责现金收付。

1982 年下半年，因为原有生产队的体制还在，而且蔬菜上市等都需由生产队统一结算给农户，为此浣纱村设立 2 个统一的会计制度，由 2 个专职会计和 2 个专职出纳统一分两片管理 24 个生产队的账目。1985 年后，蔬菜、粮油等相继放开，专业会计和出纳的工作相继转移到土地征用方面。至 1995 年，全市统一改为以村为核算，撤销专业会计和出纳。

村经济合作社建立后,村级财务实行会计代理制度为核心的“八统一”规范化管理。即集体资产所有权、资金使用权、财务审批权不变的前提下，对村级财务管理实行“统一任用、统一记账、统一入库、统一内容、统一形式、统一程序、统一时间、统一建档”的规范化管理。达到财务收支透明化，票据管理规范化，民主监督全程化，管理手段电算化。2005 年后，实行会计代理制。村设文书。

附　件：

浣纱村村规民约

（2017 年 9 月 8 日经村民会议表决通过）

第一章　总　则

第一条　为全面深化基层民主法治建设，促进解决农村基层治理中的实际问题，培育和倡导富强、民主、文明、和谐、自由、平等、公正、法治、爱国、敬业、诚信、友善的社会主义核心价值观，促进家庭和睦、邻里和洽、家园和美，保障村民群众安居乐业，加强基层政权建设，根据《中华人民共和国宪法》《中华人民共和国村民委员会组织法》和有关法律、法规、政策，经全体村民讨论通过，制定本村规民约。

第二条　坚持党的领导，坚持法治、德治、自治相结合，培育和践行社会主义核心价值观和当代浙江人共同价值观，倡导爱国敬业、诚信友爱、崇德向善，传承优良传统文化，树立良好村风民风。

第三条　本村村民应当自觉遵守本村规民约。党员村民要带头遵守本村规民约，充分发挥先锋模范作用。

第二章　村民与村股份经济合作社

第四条　本村所有的集体房产、公墓、固定财产、存款、现金、债权债务均由村股份经济合作社统一经营并负责管理。村股份经济合作社一切活动必须遵守《浣纱居民区村级股份经济合作社章程》。

第五条　户籍在本村的公民都是本村村民。2014 年 9 月 30 日以后新增的本村村民（因继承、受让、买入等原因持有股权除外）不享有村股份经济合作社股东权利。

第六条　股份经济合作社股东享有的各项福利待遇和村日常开支，按“三资”管理规定，经股份经济合作社董事会或股东代表大会讨论通过后，由村股份经济合作社支付。

第三章　三资管理

第七条　村股份经济合作社经营和管理的各项集体资产，属于全体股东共同所有，要严格遵守财务制度，确定财务审批手续和审批人，现金实行专人保管，财会人员必须账目清楚，做到日清月结，并建立好会计档案。

第八条　实行财务公开制度，按月上墙公布，每月由村级股份经济合作社监事会进行一次清账理财工作，并接受上级三资部门监管。

第四章　美丽家园

第九条　积极配合参与“五水共治”“三改一拆”“四边三化”，共建美丽家园、共创美好生活。

第十条　共同遵守国家土地管理法规和村庄整体规划，严禁违法占地和乱搭乱建。

第十一条　维护村容村貌，搞好环境卫生，房前屋后保持环境整洁卫生，无杂物堆积；认真做好包卫生、包绿化、包秩序“门前三包”；提倡实行垃圾源头分类、减量处理、定点投放，严禁乱倒乱扔垃圾杂物；不散养家禽家畜；积极支持配合美丽乡村建设，自觉爱护绿化以及公共文体设施，严禁在绿化带种菜；村内车辆文明、有序停放，勿影响他人出入。

第五章　婚姻家庭

第十二条　遵循婚姻自由、男女平等、尊老爱幼原则，共建团结和睦的家庭关系。

第十三条　夫妻双方在家庭中地位平等，应互尊互谅，共同承担家庭事务，共同管理家庭财产，反对家庭暴力。

第十四条　子女应尽赡养老人义务，关心老人、尊重老人。外出子女要经常回家看望父母。父母应尽抚养未成年人子女和无生活能力子女的义务，不虐待儿童。

第十五条　倡导文明新风、喜事新办、丧事俭办，不铺张浪费，不盲目跟风攀比；不搞封建迷信活动，不搞宗派活动。

第十六条　弘扬尊老敬老的美德，发挥榜样的正能量作用。

第六章　殡葬改革

第十七条　实行殡葬改革，提倡移风易俗，厚养薄葬。凡本村村民遗体一律火化，禁止骨灰再行入棺土葬，骨灰应进入公墓统一安放。

第十八条　村在凤凰山建有公墓，村民火化后可将骨灰统一有序地安放在公墓（村办手续）。每穴公墓可安放二人骨灰。原籍村民需安葬在本村公墓的，收取成本价1750元。

第七章　平安建设

第十九条　支持配合和积极参与“网格化管理、组团式服务”，发现安全生产隐患、社会治安问题、食品药品安全隐患、环境污染问题、各类矛盾纠纷以及各种可疑人员、违法犯罪行为，应及时告知网格员、村民小组长或村干部。

第二十条　建立健全治保调解巡防组织，切实做好本村的治安工作，争创平安社区，深入开展法制教育，创文明之风，做文明村民；提倡用协商办法解决各种矛盾纠纷，依法理性表达利益诉求，不得无理信访、越级信访和集体上访，不得闹事滋事、扰乱社会秩序。

第二十一条　搞好安全生产工作，注意防火防盗，注意交通安全；严格执行劳动安全网格全方位检查；自觉服从对易燃、易爆、剧毒等危险物品，和枪支、弹药、管制刀具的管理；严禁在双禁区域内销售、燃放烟花爆竹。

第二十二条　自觉维护社会秩序和公共安全，弘扬正气，敢于同各种不良现象和违法犯罪行为作斗争，凡见义勇为者村集体出资予以奖励。

第二十三条　大力发扬主人翁精神，积极参与平安村创建活动，积极参加平安志愿者、义工、义务巡逻等群防群治活动；积极履行各种义务，主动参与道路、交通、学校等公益事业的修建维护工作，依法服兵役和参加民兵组织。

第二十四条　主动做好平安宣传，加强对出租房的管理，村民之间、村民和租户之间要相互提醒帮助，教育监督，不沾“黄赌毒”，不参加邪教组织、不参与传销活动，严防发生火灾、生产、交通、溺水等安全事故。

第二十五条　村民出租房屋供他人居住的，应按照《浙江省居住房屋出租登记管理办法》的规定，主动向公安机关或受公安委托的服务管理机构办理出租登记，出租的房屋应当符合建筑、消防、治安等方面的要求，承租人为流动人口的，同时应将承租人员信息报送给公安机关或受公安委托的服务管理机构。出租人应加强对居住出租房的日常管理，与承租人签订租房协议，督促承租人遵守消防、治安等相关法律法规，保持环境卫生干净整洁。出租人发现承租人在出租房屋内从事违法犯罪活动的，应主动将有关情况及时报告给公安机关和相关职能部门。出租人违反本村规民约有关居住出租房屋管理规定的，应当立即改正。经指出后仍不改正的，视情扣除村民部分福利待遇，取消年度文明家庭、五好家庭、平安家庭等评选资格；情节严重的，取消年底村级福利。

第八章　民主参与

第二十六条　积极参与村级民主管理，珍惜自身民主权利，坚持从本村公益事业发展和全体村民共同利益出发，认真提建议、作决策、选干部。

第二十七条　严格遵守村级组织换届选举纪律，自觉抵制拉票贿选等违法违纪行为，不以个人关系亲疏、感情好恶、利益轻重为标准进行推荐和选举。

第二十八条　应推选奉公守法、品行良好、公道正派、廉洁自律、热心公益、具有一定文化水平和工作能力的人员担任村干部。

有以下情形之一的，不能确定为村级组织成员候选人（自荐人），如果当选，当选无效：

1. 被判处刑罚或者刑满释放、缓刑期满后未满五年的；

2. 违反计划生育未处理或者受处理后未满五年的；

3. 涉黑涉恶受处理未满三年的；

4. 受到党纪处分尚未超过所受纪律处分有关任职限制期限的；

5. 丧失行为能力的。

有以下情形之一的，不宜确定为村级组织成员候选人（自荐人），如果当选，本人应当主动辞职：

1. 煽动群众闹事、扰乱公共秩序的；

2. 有严重违法用地、违章建房行为拒不整改的；

3. 长期外出不能正常履行职务的；

4. 有辞职承诺情形的；

5. 被评为不合格党员的；

6. 道德品质低劣，在群众中影响较坏的。

村干部在任职期间存在下列情形之一的，应予以辞职：

1. 不贯彻执行党委、政府决策部署的；

2. 不执行村级党组织的决定，或村民（代表）会议的决定、决议，造成恶劣影响或严重后果的；

3. 创业承诺事项不能按时兑现，或在年度考核中评定为不称职等次的；

4. 参与赌博、嫖娼、打架闹事等违法活动，造成恶劣影响，或因涉嫌犯罪被立案侦查的；

5. 不执行村干部坐班、值班等规章制度，造成恶劣影响的。

第九章　民政优抚

第二十九条　军烈属、低保户、残疾人的民政补助待遇按上级规定切实执行，遇有其他困难，及时商量解决。

第三十条　对本村贫困户的慰问照顾，年终根据情况由村两委会讨论解决，遇特殊情况及时解决。

第十章　福　利

第三十一条　浣纱村股份经济合作社社员年过男 60 周岁，女 55 周岁，由村级股份经济合作社按季发给每人养老金 500 元（根据村经济情况经股东代表会议通过可适当增减）。

第三十二条　村股份经济合作社股东年终股份分红由村股份经济合作社董事会视村级经济状况制订收益分配方案。

第十一章　附　则

第三十三条　凡违反本村规民约的，经村两委联席会议商议后，由村民委员会对行为人酌情作出批评教育、公示通报、责成赔礼道歉、恢复原状或赔偿损失等相应处理决定。

第三十四条　本村规民约自村民代表会议通过之日起施行，如有上述条款未涉及的特殊情况，由村两委会讨论决定。本村规民约打印成册每户一份，分发到户，本着公平、公正、公开的办事原则赋予村两委会具体实施，望全体村民自觉遵守。本规约由村两委会负责解释。

第三节　其他村民组织

村级股份经济合作社

1984 年，实行政企分设，成立浣纱村村级经济合作社。

2014 年 12 月 20 日，完成股份制改革，成立浣纱居民区村级股份经济合作社。按股份分配后，股东固定，社员（股东）跟户口脱钩。

浣纱村村级股份经济合作社负责人名录

表 03-02

组织名称	任　期	社　长	副社长
浣纱村村级经济合作社	1984—1987	周依才	周华富　周财校
	1991—1993	周财校	
	1993—1996	周培根	
	1996—2001	赵贤光	
	2001—2002.12	赵友新	
	2003.1—2006.9	赵贤光	
浣纱居民区村级经济合作社	2006.9—2008.5	赵贤光	
	2008.5—2011.5	周菊兵	
	2011.5—2013.12	王正浩	
	2013.12—2014.12	王正浩	
浣纱居民区村级股份经济合作社	2014.12—	王正浩	

调解委员会

旧时，民间纠纷多由族长、士绅调解评议。民国初，村中有调解组织息讼会，由当事人出“茶果费”，邀请地方士绅调解。其后，乡建立联合自治会组织，调解民间纠纷。民国 20 年（1931），根据《区乡镇坊调解委员会权限规程》规定，建立调解委员会。

1950 年，建立调解委员会，调处民间纠纷。1953 年起，村治保组织增加调解职能，改称治保调解委员会。1958 年，乡镇调解委员会改称调处委员会。

1966 年，由于受“文化大革命”的影响，治保调解组织无法正常工作。

20 世纪 70 年代，治保调解组织逐步恢复，大队调解组织建设得到加强，推广“枫桥经验”，化解各种民事纠纷，确保地方平安。

1992 年起，浣纱村组织村干部参加各类普法培训班，提高依法治村意识，并结合村实际情况，订立《村规民约》《村治安条例》《村禁赌规定》。同时，健全治保调解组织，创建“四无”（无民间纠纷激化酿成的自杀事件、无刑事案件、无群众性械斗、无集体性上访）。

2018 年，浣纱居民区成立调解委员会，周苗炎为调解委员会主任。

公共事业组织

计划生育组

组　长：俞金凤

应急抢险队

队　长：周荣胜

副队长：杨万裕

队　员：冯中欢　郦　毅　边培国　边永海　桑贤根　周伟龙　周伟群　周生培

2020 年浣纱村村务监督委员会人员配备情况表

表 03-03

姓　名	性　别	出生年月	政治面貌	职　务
马天勇	男	1971.8	党　员	主　任
周文千	男	1949.5	群　众	委　员
周芬燕	女	1955.9	群　众	委　员

附　件：

诸暨市暨阳街道浣纱居民区村级股份经济合作社章程

第一章　总　则

第一条　为规范股份经济合作社运作，促进本社集体经济发展，切实维护和保障全体股东的合法权益，根据《浙江省村经济合作社组织条例》及有关法律法规和政策，结合本社实际，制定本章程。

第二条　本社定名为诸暨市暨阳街道浣纱居民区村级股份经济合作社。社址设在诸暨市暨阳街道浣纱居民区。

第三条　本社由原浣纱居民区村级经济合作社通过集体资产（经营性净资产）股份合作制改造而成，是以股权为纽带、股东为成员的股份合作经济组织。

第四条　本社各项集体资产，属于本社全体股东共同所有。

第五条　本社基本职能是生产生活服务、资产经营、资产管理、资产积累和收益分配。

第六条　本社接受上级党委、政府和农村集体资产管理部门的指导监督，并在法律法规和政策范围内开展经营活动。

第二章　股　东

第七条　享受全额人口股，承认本社章程和履行股东义务的，为本社社员股东。不享受全额人口股，承认本社章程和履行股东义务的，为本社非社员股东。

第八条　本社股东享有以下权利：

1. 凡年满十八周岁并享有独立民事行为能力的社员股东享有选举权、被选举权和表决权；

2. 有按股分配的权利，但对本社财产没有直接处置权；

3. 有向本社提出改进经营管理方法和监督经营管理活动、财务收支的权利；

4. 享有对本社董事会提出质询、批评和建议的权利；

5. 享受本社提供的生产、生活服务及各项福利的权利；

6. 本社解散后，经核算依法分得本社的剩余财产。

第九条　社员股东和非社员股东均应履行以下义务：

1. 自觉遵守国家的法律、法规和党的各项方针与政策，做到依法行事；

2. 必须遵守本股份经济合作社章程和各项制度，执行社员股东（代表）大会和董事会的各项决议；

3. 关心本社的生产、经营和管理活动，维护本社的合法权益；

4. 按其所持有股份份额为限，依法承担相应的经营风险。

第三章　股权设置与量化

第十条　本股份经济合作社的清产核资情况、股权设置、股本（股份）量化依据、股权享受对象界定及股权管理，根据《浣纱村农村集体资产股份合作制改革实施方案》规定实施。

第四章　组织机构

第十一条　本社设社员股东（代表）大会、董事会、监事会。

第十二条　社员股东大会是本社的最高权力机构，由本社十八周岁以上的社员股东组成，依照《浙江省村经济合作社组织条例》和本章程行使职权。

第十三条　社员股东大会行使下列职权：

1. 通过、修改本社章程；

2. 选举和罢免董事会、监事会成员；

3. 审议和批准董事会、监事会的工作报告；

4. 审议和批准本社发展规划、资产经营计划、重大投资决策、年度财务预决算报告和集体资产经营管理方案；

5. 审议和批准收益分配方案；

6. 审议和批准董事会、监事会成员的报酬方案及资产经营责任考核办法；

7. 讨论审议本社的分立、合并、终止事项；

8. 讨论、决定其他重大事项。

第十四条　本社社员股东代表大会，经社员股东大会授权行使职权。

1. 社员股东代表大会由全体社员股东代表组成，本社设社员股东代表 50 名；

2. 社员股东代表由具有选举权的社员股东中推荐选举产生，第一届社员股东代表由本届村经济合作社社员代表直接过渡；

3. 社员股东代表任期每届五年，可连选连任。

第十五条　社员股东（代表）大会每年至少召开一次会议。有十分之一以上有选举权的社员股东提议或者董事会、监事会提议，应当召开临时社员股东（代表）大会。

社员股东（代表）大会实行一人一票表决制。

召开社员股东大会应当有十八周岁以上具有选举权的社员股东过半数参加。所作决定须经应到会社员股东过半数通过。

召开社员股东代表大会应当有三分之二以上社员股东代表参加。所作决定须经应到会社员股东代表过半数通过。

第十六条　董事会是本社常设机构，对本社社员股东（代表）大会负责。

1. 董事会设成员七名，由社员股东（代表）大会选举产生。董事会设董事长一名，副董事长一名，由董事会在其成员中选举产生，董事长是本社的法定代表人，董事长或副董事长兼任总经理；

2. 董事会每届任期五年，可以连选连任，董事在任期届满前，社员股东（代表）大会不得无故解除其职务。

第十七条　董事会实行社员股东（代表）大会领导下的董事长负责制，是社员股东（代表）大会的执行机构和日常工作机构。若董事长有特殊情况，不能履行其职责，由副董事长主持董事会工作，若董事长、副董事长均不能履行职责时，可从董事会其他成员中产生一人主持董事会工作。董事会必须严格执行社员股东（代表）大会通过的决议，向社员股东（代表）大会报告工作，对社员股东（代表）大会负责，接受监事会和本社社员股东的监督。

（一）董事会行使下列职权：

1. 召集、主持社员股东（代表）大会，并向社员股东（代表）大会报告工作；

2. 执行社员股东（代表）大会通过的决议；

3. 拟订本社发展规划、资产经营计划、集体资产经营管理方案和集体资产处置方案；

4. 对重大投资项目进行可行性论证，提出投资决策方案；

5. 拟订本社财务管理制度，拟定年度财务预算、决算方案；

6. 拟定收益分配方案或弥补亏损方案及资产经营责任考核方案；

7. 选举和更换董事长、副董事长；

8. 决定内部经营管理机构的设置，根据需要聘用必要的经营管理人员，并决定其报酬事项；

9. 制定本社的基本管理制度；

10. 提议召开临时社员股东（代表）大会；

11. 其他应由董事会决定的事项。

（二）董事长行使下列职权：

1. 主持社员股东（代表）大会和召集、主持召开董事会会议；

2. 组织实施董事会形成的决议，并向董事会报告；

3. 社员股东（代表）大会确定的其他职权。

（三）董事会定期召开会议。董事会会议必须有三分之二以上董事会成员出席方可举行。董事会作出决议须经全体董事过半数通过。

第十八条 监事会是本社常设的监督机构，由社员股东（代表）大会选举产生，对社员股东（代表）大会负责。

1. 监事会成员三名，设监事长一名，由监事会在其成员中选举产生。监事会每届任期五年，可以连选连任。监事会成员不得由董事会成员及其近亲属、本社财务人员担任。

2. 监事会定期召开会议。监事会应有三分之二以上的监事参加方可举行。监事会形成的决议须经全体监事人数半数以上同意方能生效。

3. 监事会会议由监事长召集和主持，监事长因特殊原因不能履行职务时，由监事长指定的其他监事代为召集和主持。

第十九条 监事会必须严格执行社员股东（代表）大会通过的决议，向社员股东（代表）大会报告工作。

监事会行使下列职权：

1. 监督本社章程的执行情况；

2. 监督社员股东（代表）大会决议执行情况；

3. 对董事会及工作人员的工作行使监督职能，提出建议和批评意见；

4. 每季度（月）至少审查一次本社财务，并向股东公布；

5. 必要时提议临时召开社员股东（代表）大会；

6. 选举和更换监事会主任；监事会可以向社员股东（代表）会议提出要求罢免不称职董事的建议。

监事长或者监事会成员代表有权列席董事会会议。

第五章 选举与罢免

第二十条 社员股东代表、董事会、监事会任期届满，应当及时举行换届选举，遇到特殊情况需要提前或者延期的，须经乡镇人民政府（街道办事处）批准，报县（市、区）农村集体资产管理部门备案，提前或者延期一般不超过六个月。

第二十一条　社员股东代表选举按照第二十一条执行，社员股东代表连续三次没能参加社员股东代表大会的，经董事会或监事会提议，可进行免职。届中个别社员股东代表调整，由原代表所在小组在有选举权的社员股东中重新推选产生，其任期到本届社员股东代表任期届满止。

第二十二条　董事会、监事会选举在乡镇（街道）的具体指导下，由合作社选举委员会主持。选举委员会由主任、副主任、委员共若干人组成，由社员股东大会或者社员股东代表会议推选产生。选举委员会成员名单应当及时公布并报乡镇（街道）备案确认。选举委员会成员被确定为董事会、监事会成员正式候选人的，其选举委员会的职务自行终止。选举委员会成员不足三人的，所缺名额应当及时补足。选举委员会行使职责至新一届董事会、监事会召开第一次会议时止。

第二十三条　选举委员会履行下列职责：

1. 宣传有关法律、法规；

2. 制定选举工作方案、选举办法；

3. 组织和主持投票选举；

4. 总结和上报选举工作情况。

第二十四条　董事会、监事会成员正式候选人及其近亲属不得担任监票人和计票人。

第二十五条　选举结果经选举委员会确认有效后，当场宣布，并报乡镇人民政府（街道办事处）和县（市、区）农村集体资产管理部门备案。

第二十六条　上一届董事会应当在新一届董事会产生之日起二十日内，将公章、证明书、机构代码证、办公场所、办公用具、财务账目、固定资产、工作档案及其他有关事项，移交给新一届董事会。

第二十七条　本社五分之一以上有选举权的社员股东联名提出罢免董事会、监事会成员要求的，可以在乡镇人民政府（街道办事处）指导下启动罢免程序。罢免董事会成员由监事会召集并主持社员股东（代表）大会投票表决，罢免监事会成员由董事会召集并主持社员股东（代表）大会投票表决。同时罢免董事会、监事会成员的，报请乡镇人民政府（街道办事处）帮助召集并主持社员股东（代表）大会投票表决。

罢免董事会成员的，应当书面向监事会提出罢免要求，写明罢免理由；罢免监事会成员的，应当书面向董事会提出罢免要求，写明罢免理由。董事会或监事会应及时将罢免要求报请乡镇人民政府（街道办事处）指导。

联名罢免人数及理由经调查核实属实的，董事会或监事会应当在接到罢免要求之日起三十日内召集并主持社员股东大会投票表决。若罢免人数未达到法定要求或罢免理由不成立的，董事会或监事会应当在接到罢免要求之日起三十日内书面告知提出罢免要求的社员股东。

罢免结果应及时报乡镇人民政府（街道办事处）和县（市、区）农村集体资产管理部门备案。

第六章　资产经营与管理

第二十八条　董事会在依照国家法律、法规、决策以及本章程规定的职权和程序，采取多种形式的经营活动，确保资产保值增值。

第二十九条　董事会在开展资产、资源发包、租赁等产权交易事项时，应统一到乡镇（街道）农村集体产权交易中心交易，并依法签订合同，及时收取承包金、租赁金。重大工程项目必须按有关规定程序进行公开招标。

第三十条　本社建立集体资产登记制度，每年清查核对一次，并将结果向全体股东公布，认真做好股权登记造册与归档工作。

第七章　财务管理与收益分配

第三十一条　严格执行财政部制定的《农村合作经济组织财务制度》《村集体经济组织会计制度》，严格遵照和贯彻乡镇（街道）制定的村级民主化、规范化要求，接受上级业务主管部门的指导，切实加强财务管理和会计核算。

第三十二条　认真做好财务逐笔公开工作，坚持勤俭办社方针，严格控制非生产性开支。董事会、监事会成员的直系亲属不能被聘为本社财务主管人员。

第三十三条　本社正确处理国家、合作社和股东三者关系，实行同股同利，搞好收益分配。分配原则应基于村经济合作社股份合作制改革中内部分配机制的改革制度，即股改后的“股份”或“份额”作为集体收益分配依据，分配方案由董事会制定，报乡镇（街道）审核同意，经社员股东（代表）大会讨论通过后方可执行。

第八章　附　则

第三十四条　本章程经第一届社员股东（代表）大会审议通过，自 2014 年 12 月 20 日起生效，并送暨阳街道办事处、诸暨市农业农村局备案。

第三十五条　本章程由诸暨市暨阳街道浣纱居民区村级股份经济合作社董事会负责解释。

第四章　党群团体

1956 年中国共产党浣纱高级社支部委员会成立后，党组织日益壮大。至 2020 年，中共浣纱居民区总支部委员会有在册党员 89 人。

1949 年，农民协会筹备会建立。是年底，妇女会成立。2010 年，浣纱居民区老年人协会成立，有会员 260 余人。

第一节　中国共产党

组织概况

1956 年，中国共产党浣纱高级社支部委员会成立，边永高为首任书记。1966 年，改为中共红卫大队支部委员会。1981 年 10 月，复改中共浣纱大队支部委员会。1984 年，改为中共浣纱村支部委员会。2002 年，被评为诸暨市先进基层党组织。

2006 年 9 月，改为中共浣纱居民区支部委员会。2017 年 9 月，改为中共浣纱居民区党总支委员会。

2015 年，党支部书记王正浩被评为 2014 年度诸暨市“十大”村（居）党组织好书记和 2014 年度诸暨市优秀共产党员。2016 年 6 月，被评为绍兴市优秀党务工作者。2017 年，获“省千名好支书”称号。

浣纱村党组织历任主要领导名录

表 04–01

组织名称	任　期	书　记	副书记
中共浣纱高级社支部委员会	1956—1961	边永高	
中共浣纱大队支部委员会	1961—1966	边永高	
中共红卫大队支部委员会	1966—1978	边永高	
	1978—1981.10	蒋松法	
中共浣纱大队党支部委员会	1981.10—1982	蒋松法	赵章明
	1982—1984	周志伟	赵章明
中共浣纱村支部委员会	1984—1988	周才泉	周依才
	1988—1993	周华富	赵章明
	1993—1996	周培根	石成国
	1996—2006.9	赵贤光	赵友新（1999—2002）
中共浣纱居民区支部委员会	2006.9—2008.5	赵贤光	
	2008.5—2011.4	周菊兵	
	2011.4—2013.11	王正浩	
	2013.11—2017.9	王正浩	
中共浣纱居民区总支部委员会	2017.9—2020.9	王正浩	

2020 年浣纱居民区党员名单

周　剑　郦满朵　王正浩　孙培信　周菊兵　郑丽娟　周依波　周祖良
俞金凤　孙培灿　周依才　邱焕银　周华富　周和平　袁莎莎　俞灿生
陈　盛　郭丽琴　楼祝良　钱志兰　赵章明　许向中　翁月英　张明仙
周利秀　袁培焕　周月祥　陈玉书　冯棋燕　王叶飞　戚华球　石根洪
许航敏　陈科峰　郦成龙　周飞跃　陈　琼　祝燕云　郦国均　楼倩羽
周伟龙　陈平书　石成国　陈伟康　赵晓阳　赵　娜　何尉明　徐水东
石昌国　王裕良　杨　昆　孙燕萍　蒋松法　冯　烨　周月英　郦柯光
郑华清　赵泉光　赵文甲　马晨玉　郦国平　周云鹤　赵贤安　余　挺
陈永华　周利萍　石宗才　袁惠林　周荣胜　周庞凯　周志刚　周　麒
孙培法　周栩如　周　楠　周裕仁　王正天　陈锦琪　谭丽萍　周裕青
叶　峰　郦　璟　马天勇　朱松池　朱阳纬　周妍婷　郦　毅　吴慧英
孙浩楠

党员活动

1991 年 6 月 27—28 日，组织党员到嘉兴南湖、桐庐、富阳等地学习考察。

1994 年 5 月 1—5 日，组织党员到江苏省南京长江大桥、华西村、苏州等地学习考察。

1995 年 9 月 25—30 日，组织党员到舟山、宁波、奉化、新昌等地学习考察。

1997 年 4 月 18—24 日，组织党员到北京市学习考察。

2001 年 6 月 22—23 日，组织党员到江西省上饶集中营等地学习考察。

2002 年 7 月 1—3 日，组织党员到江西省井冈山等地学习考察。

2004 年 5 月 25—31 日，组织党员到山东省青岛市等地学习考察。

2012 年 6 月 28 日，组织党员到同山镇丽坞底村学习考察。

2013 年 6 月 30 日，组织党员到诸暨商贸城、诸暨影视城、浙江农林大学暨阳学院学习考察。

2014 年 7 月 1 日，组织党员到店口镇侠父村学习考察。

附　件：

党员结对联系服务群众制度

为进一步紧密党员与群众的关系，充分发挥密切联系群众的优良传统，永葆共产党员的先进性，特制定本制度。

一、全体党员要提高对党员联系群众制度重要意义的认识，保持与发扬党的密切联系群众的优良传统，积极地宣传群众、动员群众、组织群众，全心全意地依靠群众，真心实意地为群众服务。

二、每个党员要积极、主动、认真地开展与群众谈心活动，每个党员至少联系 1 ~ 2 名群众，定期与群众进行联系，主要任务是了解群众的思想、工作和生活等情况，向他们宣传党的路线、方针和政策，做好思想工作，为群众排忧解难。

三、按照党总支部的工作分工，正式党员要及时联系、培养、考察入党积极分子，对他们进行党性知识教育，帮助他们提高对党的认识，发扬优点，改正缺点，尽快成长。对要求入党的积极分子，至少谈话两次，做好记录，掌握思想动态，并及时向党总支部汇报情况。

四、要经常了解群众对党员、党总支部工作的批评和意见，凡是正确的意见，就应当向党总支部反映，认真采纳。一时难以办到的，要耐心地讲清道理，做好解释工作。凡是错误的意见、无理的要求，要进行说服、教育、引导群众正确对待。做到坚持原则，秉公办事，密切关心群众，维护群众正当权益。

五、要充分发挥桥梁纽带作用，对于上级的规定、部署，要带头执行，模范遵守，对群众的意见和要求要认真听取，及时处理，或及时向村（居）党总支部汇报。

六、党员每月向党总支部汇报一次联系群众的情况，总支部每半年进行一次总结。支部要把党员联系群众的情况进行记录，并将其作为评选优秀共产党员的条件之一。

第二节 群众团体

中国共产主义青年团

1950 年，城南村和三踏步村分别成立中国新民主主义青年团支部委员会。团员们积极参加村自卫队、土改、农会等组织，进行开荒种地，生产自救，破除迷信。组织成立业余剧团，宣传党的方针政策。

1955 年，响应诸暨县第二次团代会的号召，“向科学进军”。

1957 年，改称中国共产主义青年团（简称“共青团”）支部委员会。

1966 年，“文化大革命”后，共青团组织一度瘫痪。

20 世纪 70 年代初，团组织恢复，开展形式多样的义务劳动，以及“学雷锋，树新风”等活动。80 年代，团支部进一步健全“三会一课”制度，做好吐故纳新工作，开展“坚定信念跟党走”的主题活动。90 年代，团支部把“跨世纪青年工程”作为工作重点，参加文明村创建活动，开展争做“星火带头人”和“青年岗位能手”。

2000 年后，团支部加强对青年志愿者队伍建设，搭建青年创业者和知名企业家之间的桥梁，助力青年创业腾飞。

2018 年，动员团员青年参加全国文明村创建活动，划分责任区域，团员青年自觉参加思想教育、环境整治、文化传承等活动。

浣纱村历届共青团支部书记：朱德明、陈伟平、周志刚、王正浩、马天勇。

妇女联合会

妇女会活动 1950年，成立妇女组织，发动妇女宣传“青年参军，抗美援朝”活动，参加土地改革运动。在农业互助合作化和人民公社化时期，妇女们积极参加农业集体生产劳动，充分发挥“半边天”的作用。

1971年起，大队妇女会向群众宣传计划生育政策，做好计划生育工作，落实各项计生措施。20世纪90年代起，村妇女会组织开展“五好文明家庭”“巾帼文明示范岗”创建活动。

2000年起，妇女们参与办厂、经商等经济建设活动之中，成为振兴经济的重要力量。同时开展文明家庭创建活动。村妇联举办“家政知识”“妇幼保健”“科学育儿”“家庭美德教育”等培训班，促进家庭和睦，提高家庭生活质量。

2015年，开展“好媳妇”“好婆婆”评选活动，倡导敬老爱幼的礼义村风。2017年，开展“文明户”“卫生户”评选活动，配合全国文明村和省卫生镇创建。

妇女会干部 1950—2006年，村妇女会设主任。

浣纱村历届妇女会主任：翁月英（1950—1984）、周月英（1984—2000）、俞金凤（2000—2006）。

2006年9月至2017年5月，俞金凤任浣纱居委会妇女会主任。

2017年5月，村妇代会改为村妇联，设主席、副主席、执委，妇联干部兼任计生服务员。俞金凤任浣纱居委会妇联主席。

老年人协会

2010年，浣纱居民区老年人协会成立，驻地为浣纱南路81号。2014年10月，搬迁至市南路20号新建的村办公楼。共设7个组，有会员260余人。下设腰鼓队、舞蹈队等专业文艺队伍。腰鼓队队员24人，有23只腰鼓和1对镲，每逢周二、四上午在篮球场活动。舞蹈队队员20余人。

浣纱居民区老年人协会理事会成员名单

表 04-02

届 次	职 务	姓 名	性 别	出生年月	是否党员
第一届 （2010—2017.8）	会 长	翁月英	女	1935.1.9	是
	副会长	周依波	男	1947.9.8	是
		张文校	男	1945.12.23	否
	理 事	陈经本	男	1940.11.27	否
		郦成龙	男	1940.4.7	否
		赵德昌	男		是
		戚华球	女	1956.7.13	是
		陈永华	男	1950.7.18	是
		周钦贵	男	1951.1.30	否
		周依才	男	1948.6.29	是
第二届 （2017.8— ）	会 长	翁月英	女	1935.1.9	是
	副会长	周依波	男	1947.9.8	是
		张文校	男	1945.12.23	否
	秘书长	郦成龙	男	1940.4.7	否
	理 事	陈经本	男	1940.11.27	否
		戚华球	女	1956.7.13	是
		陈永华	男	1950.7.18	是
		周文千	男	1948.9.9	否
		周依才	男	1948.6.29	是
	会 计	周庞凯	男	1992.12.3	是
	出 纳	陈丽加	女	1984.12.8	是

2020 年浣纱居民区老年人协会会员名单

表 04-03　　单 位：人

组 别	姓 名	人 数
一 组	葛文英 陈纪福 寿彩琴 陈经本 曹士英 齐满英 张银爱 张仲庆 何国利 孙培芬 赵章明 郦以景 赵培金 楼春英 蒋冬朵 方根翠 陈经汉 张银凤 俞满琴 陈庆华 张亚美 孙瑶芳 袁金安 李友法	24
二 组	周金浪 杨满花 陈德华 袁仕良 丁妙珍 吴水芳 赵社雄 王文娟 毛彩华 张文校 楼华珍 杨杏花 寿美珍 袁月英 洪浦根 陈桂英 曹仕海 袁裕良 寿花珍 宣招凤 孙华安 寿彩香 郦成龙 祝彩英 赵章年 郦国平 陈裕华 孙培法 陈莲芝 邱招球 石金花 赵永夫 赵月波 翁纪亚 杨华荼 赵国森 杨招琴 孙美红 周祖根 赵国良 杨妹妹 郭婉贞 郦国均 楼琴儿 朱招娣 郦文祖 俞水根 赵永定 楼佩凤 张志华 莫友琴	51

续表

组　别	姓　名	人　数
三　组	章金娜　任信官　傅淑芳　朱中明　周芬燕　冯秀燕　周利秀　李仲旺 陈信元　徐志绿　边泉龙　王菊英　郭云焕　俞秋燕　陈信建　冯伯信 何冬芬　边芬朵　边立信　何玉琴　周佳珍　石昌国　张信花　赵武生 石兴国　孙伯青　郦小英　孔雪珍　郭丽芳　赵德林　蒋月琴　钱月英 赵菊球　赵如德　胡婉芳	35
四　组	周信夫　方丽英　周吉夫　翁月英　周长夫　斯花英　赵先校　周华富 周林校　郭杏林　杨雪均　周书才　陈美华　赵志春　金绿园　朱金美 张欢琴　李忠良　石招英　赵志安　王荷英　陈叶根　胡菊英　周月英 寿志华　周章信　阮双英　周志伟　李兰菊　徐月琴　周爱芬　杨吉生 杨太生　蒋幼芬　赵志文　曹杏英　金香珍　周志英　周月祥　周招凤 戚华球	41
五　组	周银木　周阿山　胡新燕　郑满朵　周凤英　李爱文　周忠波　屠招亚 周守贤　黄美姣　楼忠良　周绿燕　陈芬罗　周忠和　周珠凤　傅文婉 周茶红　楼松江　郭芬琴　周国芳　楼松权　郑小亚　郑华清　赵桂珍 张火水　杨志红　周姣朵　周云浩　周书茂　周国选　周普选　庄贤花 周忠桥　楼芝英　周伟均　蒋仲水　石香桂　陈永华	38
六　组	方芙首　宣月英　张罗青　周清云　吴琴苏　戚宝朵　周文千　王雅苏 俞珠琴　姚锦华　陈潮清　陈潮美　周文启　楼志明　陈　琦　楼志刚 周顺法　周钦贵　戚孝亚　袁冬朵　周忠法　邢秋亚　周良相　周裕仁 周绍善　周桂芳（小）　周汉清　周定海　吴喜春　周定泉　周友乔 周友标　侯爱芬　方中英　周友燕　宣幼芬　周绍才　孙珠凤　周裕松 章梦英　周裕清　赵明华　周爱玲	43
七　组	周依波　周依根　周依忠　俞永英　周依才　楼玉英　姚玉林　张夫才 王香琴　周福寿　楼幼照　蒋松法　王雅琴　周书苗　阮如英　周国炎 楼惠琴　陈清华　边夏红　陈根华　楼芬雅　周善新　王裕培　周桂英 周和章　楼祝良　边秋珍　周国琪　朱爱丽　马秋罗　周冬珍　周招朵 黄杏莲　赵秋英	34
合　计		266

附 件:

浣纱居民区老年人协会章程

第一条 本团体的名称诸暨市暨阳街道浣纱居民区老年人协会。

第二条 本团体的性质由居民自愿组成以及由居委会举办，主要在居民区内活动，以服务居民、满足居民的不同需要为出发点，以自我管理、自我服务、自我教育、自我娱乐为目的的公益性或互益性群众自发组织。

第三条 本团体的宗旨以服务老年人为宗旨，确立以“老年人为本”的服务理念，团结带领广大老年人参与社会主义物质、精神、政治文明建设，代表老年人的利益，反映老年人的要求，维护老年人的合法权益，为提高老年人的生活和声明质量服务，遵守宪法、法律、法规和国家政策，遵守社会道德风尚。

第四条 本团体的备案机关是诸暨市暨阳街道办事处；主管单位是诸暨市暨阳街道浣纱居民委员会。

第五条 本团体的住所：诸暨市暨阳街道市南路20号；活动场所：暨阳街道浣纱居民区。

第六条 本团体的业务范围：

（一）做好老年人思想政治工作，宣传《老年人权益保障法》，教育和引导老年人践行社会主义核心价值观；

（二）密切联系老年人，依法代表和维护老年人的合法权益；

（三）协助上级老龄机构和居民区“两委”开展老龄工作；

（四）组织开展为老服务、老年互助和有益身心健康的文体活动；

（五）承担政府购买服务，受有关机构委托，承担为老服务项目；

（六）在自愿和量力的情况下，组织老年人参与经济和社会发展，开办经济实体。

第七条 会员享有下列权利：

（一）本团体的选举权、被选举权和表决权；

（二）参加本团体的活动；

（三）获得本团体服务的优先权；

（四）对本团体工作的批评建议权和监督权；

（五）入会自愿、退会自由。

第八条 会员履行下列义务：

（一）拥护本团体的章程；

（二）执行本团体的决议；

（三）维护本团体的合法权益；

（四）完成本团体交办的工作；

（五）向本团体反映情况，提供有关资料。

第九条　本团体的最高权力机构是会员大会，会员大会的职权是：

（一）制定和修改章程；

（二）推选负责人；

（三）审议负责人的工作报告和经费使用情况；

（四）决定会员入会；

（五）决定终止事宜；

（六）决定其他重大事宜。

第十条　本团体负责人必须具备的条件：

（一）坚持党的路线、方针、政策，政治素质好；

（二）热心为会员服务；

（三）具有完全民事行为能力。

第十一条　会员大会须有三分之二以上的会员出席方能召开，其决议须经到会会员半数以上表决通过方能生效。

第十二条　对本团体章程的修改，须经会员大会审议通过。

第十三条　本团体的财产必须用于章程规定的业务活动，本团体的财产和合法权益受法律保护，任何人不得侵占、私分、挪用。

第十四条　本团体备案事项发生变更的，须经会员大会表决通过，负责人应自会员大会通过决议之日起 10 日内向备案机关申请办理变更手续。

第十五条　本团体完成宗旨或自行解散、终止的，须经会员大会表决通过，并于会员大会通过决议后 30 日内，向备案机关申请办理注销备案手续。

第十六条　本团体经备案机关办理注销备案手续后即为终止。

第十七条　本团体终止后的剩余财产，应在镇乡人民政府、街道办事处和居委会的指导下，用于居民区社会组织所在区域的相关事业，不得挪作他用。

浣纱居民区老年人协会活动中心管理制度

为确保老年活动中心有一个良好环境，让老年朋友更好地参加学习，开展文娱活动，真正做到老有所学、老有所乐、安度晚年，促进社会主义文明建设。特制定以下制度，望大家共同遵守。

一、居民区活动中心是老年人学习、娱乐、健身、交流思想、建立友谊、加强团结、消除孤独、扩大交往的理想园地。

二、开展有益老人身心健康的活动，讲文明、讲礼貌，遵纪守法，严禁聚众喧闹、斗殴、赌博等违法乱纪行为。

三、爱护报纸杂志，阅毕请放回原处，不得将报纸杂志和书籍等乱涂乱画、损坏、剪裁或随意带走。

四、棋牌、电视、健身器材等公共财物请予以爱护，损坏照价赔偿，凡公共财物一律不外借，使用后请及时归还。

五、保持室内外清洁卫生，不随地吐痰，乱扔果皮纸屑、烟头、茶沫。

六、请自行保管好随身携带财物，谨防失窃和遗忘。

七、管理人员负责受理当天事宜及室内外环境卫生，请自觉服从管理人员管理。

八、活动开放时间：每天上午8：00—11：00，下午2：00—4：00。

浣纱居民区老年人协会

第五章　水　利

早在明代万历年间（1573—1620），知县刘光复对包括诸暨城区段浣江在内的浦阳江流域进行调蓄、疏浚、培埂、修闸，并著有《经野规略》一书。民国时期，成立诸暨县疏浚浦阳江委员会、浦阳江水利参事会等治水机构，疏浚淤沙，修复决口，培修险段，以遏制洪水。中华人民共和国成立后，在浣纱村区域内培筑堤防、修建涵闸、修筑水库、建造电排等，用来防灾、灌溉、排涝，水利建设取得丰硕的成果。

第一节　堤　防

1950 年 6 月，为避免洪水淹没浙赣铁路路基，以浣江西岸为重点，择要超高 1.5 米，堤顶加宽 3 ~ 4 米。

1992—1993 年，由诸暨市水电局联合城关镇政府负责实施，投资 110.9 万元，完成浦阳江西岸黄砂公司至西施亭段标准堤 176 米，为重力式挡墙，顶设混凝土栏杆。

1997 年 4 月，诸暨市政府投资 750 万元，完成浦阳江西岸浣纱桥至南门段 509 米，为 1997 年度十大市长督办工程之一。

1998 年 10 月至 1999 年 1 月，市政府总投资 280 万元，完成浦阳江西岸小道士湖标准堤西施亭至浣纱桥段 398.5 米。堤顶高程 16.3 米，顶设钢筋混凝土栏杆。其中 236 米为新筑重力式挡墙，162.5 米在原标准堤墙外面拼一层浆砌石挡墙。考虑与西施亭景观的协调，全段表面用条石砌筑，其中 46 米用钢筋混凝土结构向河道方向挑出 1.5 ~ 2 米。堤脚 10.5 米高程以下设宽 0.7 米、高 0.27 米踏步 5 档。标准堤建成后，西施亭至浣纱桥公路宽度从 9 米拓宽为 12 米，西施亭至诸暨市人民医院两边人行道各 2 米，诸暨市人民医院门口至浣纱桥两边人行道各为 3 米。

第二节 涵 闸

五湖闸

系城南五湖出水闸，清《国朝三修诸暨县志》有“北流经五湖闸，有范蠡岩旁二溪，穿入湖中，汇上下散流，至湖埂出闸来注之”的记载。1955 年重建，宽 0.9 米，高 1.55 米，闸门采用钢筋混凝土平板，启闭方式为自关门。

南门闸

系小道士湖出水闸，清《国朝三修诸暨县志》有“又北流经水神庙，庙跨南门闸，以祀静安公张夏，俗呼老相公殿。有陶山上下溪水并赵家畈水由道士湖出闸来注之”的记载。1966 年重建，宽 2.5 米，高 2.5 米，闸门采用钢筋混凝土平板，启闭方式为自关门。

第三节 灌溉和排涝

灌 溉

1956—1958 年，建造白杨水库（在范蠡岩外侧大岭子岗）、西竺庵水库、王家水库，黄泥塘、夏家坞山塘。

1959 年上半年，“大跃进”运动大兴农田水利，在范蠡岩山脚下，原夏家坞村后 150 米处，今金泰花园西面建造夏家坞水库，负责人楼荣富、周荣巨。水库长 70 米，宽 50 米，深 5 米，受益范围为夏家坞畈农田。

1969 年，建造上、下片沿山电灌。南北两片各建有源自浦阳江的灌溉渠道，其中一条起点在石塔头村埂外，走向为沿南市路向西，穿过华侨公寓、都市枫林小区之间，至西门路下穿黄砂支线向南延伸，再右转穿过浙赣铁路，沿市南路 20 弄至陶朱山脚，北转至黄泥塘（即富润老年康乐中心门口水塘），通过四级机埠提升，全长 3 千米。

排　涝

五湖和石塔头有两个电排站，确保雨季排涝。五湖电排站提升后仍在发挥城区排涝作用，石塔头电排站则改建成污水提升站，而四通八达的排水渠皆成为暗沟，大雨时节南门一带容易积水，当与此有关。

五湖电排站　1964 年 9 月建成，排涝面积 2.04 平方千米，配功率 215 千瓦电机 3 台，总装机容量 645 千瓦，设计排涝流量 2.6 立方米每秒，受益田亩 1240 亩。1995 年 9 月改建，配功率 80 千瓦电机 2 台和 55 千瓦电机 1 台，总装机容量 215 千瓦，设计排涝流量 2.6 立方米每秒。

石塔头电排站　又称小道士湖电排站，地处老城区小道士湖。原装机 55 千瓦 1 台，受益田亩 331 亩。1994 年 6 月洪水，城区小道士湖 820 户居民住宅内涝受淹后，决定重建石塔头电排站。工程按城市排涝标准设计，排涝面积 1.63 平方千米，安装 28ZLB-70 型泵 3 台，配功率 80 千瓦、45 千瓦电机各 2 台和 155 千瓦电机 1 台，总装机容量 405 千瓦，设计排涝流量 4.18 立方米每秒，供电变压器 250 千伏安和 160 千伏安各 1 台，总投资 400 万元。工程由诸暨市城建委实施和管理，诸暨市水电设计室设计，诸暨市建筑工程有限公司承建，1995 年 3 月建成。

第四节　抗洪抢险和水利支援

1949 年前，对堤埂的防洪抢险原则上按受益田亩分段落实，形成圩长负责制。圩长的本职除负责堤防的培修管理外，更重要的是须担负起抢险任务。一到汛期，如发生险情，圩长发动和组织本段湖民，不惜一切代价抢救。

民国 11 年（1922）8 月，洪峰水位为 14.96 米。1956 年 8 月 1 日，强台风袭境，风力在 12 级以上，暴雨倾盆，洪峰水位为 14.87 米，为 1949 年后最大水灾。

1977 年 7 月，红卫大队党支部书记边永高带领城关民工营参加陈蔡水库建设。

第六章　农　业

浣纱村土地较少，人均不足半亩，陶朱山低丘缓坡一直向外延伸，形成许多低小丘陵，翠微峰起起伏伏、断断续续与苎萝山相连，而山下杨与陶朱山之间则有覆掌山、眠牛山等，范蠡岩也延伸至庙山，再加上浙赣线、黄砂支线两条铁路贯穿全村，因此少有大面积连片耕地，耕作条件一般，但农业生产却不落下风。红卫大队曾在1978年的群英大会上，被评为全县农业生产先进单位，党支部书记蒋松法出席大会并上台领奖。

白阳尖一直往南，经小岭子岗、大岭子岗、范蠡岩，有十里长山之称，沿山桃李满地，小岭子岗有茶山果园，小乔木和灌木丛漫山遍野。东面西施殿后有赵氏大塘、养鱼塘顶，下七年和石塔头有红庙塘、埂下塘莲藕成片。20世纪50、60年代，每逢春节来临时，社员上山整松枝、砍柴，老农挖藕，从鹭鸶湾请来师傅用渔网打鱼，将所得的鱼、柴、藕分给社员过年。

第一节　农业体制

土地改革

1949年5月诸暨解放，随后建立以贫雇农为核心的农民协会，分为城西、城南和三踏步3个农民协会。1950年，中央人民政府颁布《中华人民共和国土地改革法》，实行“耕者有其田”。根据各家土地拥有等情况，划分地主、富农、中农（上中农、中农、下中农）、贫农（雇农）等阶级成分。执行土改政策，没收地主的土地和财产，分配给贫雇农，颁发新的土地证和房屋证。

农业合作化

互助组 1953年，组织农民成立互助组。临时互助组一般在农忙时建立，农闲时解散。以工换工，以畜换工，互通有无，以解决劳力、畜力、工具的不足。一般不记账，互相以工找齐。

常年互助组的劳力统一安排，有记工不算账和记工算账两种形式。前者以工换工，工日相抵后，余者由欠方以其他形式补偿；后者又有耕畜记工与人畜换工之分，均于年终结算，将钱或粮找齐。常年互助组常年固定，土地、大牲畜等主要生产资料仍为私人所有。使用时按评议折价，组员参加集体劳动生产，设立记工员、保管员，田头评分、晚上记工。常年互助组开始有少量集体积累，能够进行小水利设施的整治，改善生产条件。也有的贯彻“自愿互利，民主管理，等价交换”三大原则，实行劳力、畜力、农具三互助。计酬多采用以工换工、互不记账，或死分死记、相互找补等形式。土地所有权不变。

初级农业生产合作社 1954年，由互助组转入初级农业生产合作社，成立城西、连丰、五一、苎萝、浣纱5个初级社。

高级农业生产合作社 1956年，由城西、连丰、五一、苎萝合并为浣纱高级农业生产合作社。

人民公社化

1958年10月，浣纱高级社属红旗人民公社第二大队。人民公社实行政社合一，工、农、商、学、兵五位一体，统一领导，统一计划，统一核算，统一分配，初期仿照军队建制，组编为营、连、排，后来改为生产大队、生产队。

1958年，实行人民公社生产资料公有制。在劳力管理上，搞大协作，实行大兵团作战。提出“亩产万斤”，放农业“卫星”。

1959年，改以生产大队为核算单位，由生产大队统一分配收益。

1960年，因粮食严重不足，农民营养不足，生活贫困，出现重度饥荒，并出现很多浮肿病和非正常死亡。是年下半年，公社开始纠正“五风”（即共产风、浮夸风、命令风、瞎指挥风和特殊风），对经济利益受到损害的社员进行退赔。

1961年7月，公社体制调整，撤销区级人民公社，大队改为“政社合一”的人民公社。以生产队为基本核算单位。

1966年“文化大革命”开始后，批判商品经济，限制发展家庭副业和集贸市场，生产布局上“以粮为纲”，推行“政治评分”。

农村联产承包责任制

1982年下半年起，浣纱村实行以家庭为单位的联产承包责任制。因人多地少，需要国家供应粮，以及部分农户全部种植蔬菜，为此所谓以户为单位的土地承包责任制，实质上是分田到户，各生产队将田地都彻底分给各户，包括生产队的仓房和农具等。生产队的经济作为给各农户的生产资金，也全部分给各农户。

第二节　农业生产

基本情况

出旧城南门，当时仍以田畈地塔为主，俗称小道士湖，有中央畈、赵家畈、宣家畈、夏家坞畈、石塔头畈等，均属浣纱村，可种植水稻和蔬菜等作物。

1949年后，政府重视农业生产，提出“农业是国民经济的基础，粮食是基础的基础”。1958年，继续贯彻“以粮为纲”的方针和农业“八字宪法”（土、肥、水、种、密、保、管、工），促进农业生产发展。

20世纪50年代，推广双季稻，间作改连作。60年代推广矮秆稻，使用化肥、农药。70年代推广杂交稻，发挥杂交优势。80年代推广高产模式栽培、病虫害综合防治、配方施肥三大技术，促进粮食生产新的突破。

2006年起，政府取消农业税。2007年起，取消牧业税、农林特产税。

种植业

浣纱村传统上以水稻种植为主，20世纪80年代后，逐步以蔬菜种植为主。丘陵旱地及农户自留地兼种蔬菜，供应城区居民。粮食类种植主要有水稻、大小麦、番薯、玉米、豆类等，豆类有大豆、豌豆、蚕豆、绿豆、赤豆、黑豆等。油料作物有油菜。水田种植水稻，生产队时期，晚稻收割后，部分农田种植大小麦、油菜等春花作物；旱地种植大小麦、番薯、玉米、豆类等。在范蠡岩内侧小岭子岗辟有大片茶园，间种黄花菜，另有几十亩油茶，当时都是不可多得的农副产品。分田到户后，茶园荒废，油茶大多被人当作风景树挖走。

水稻新品种推广 明清时期，水稻品种有猪毛簇、黄光头、七月糯、霜降糯、香粳糯、红壳糯、杭州糯等。民国时期，籼稻有早新、毛早稻、罗尖、紫阆早等29个品种，粳稻有腰子煞、猪毛簇、黄光头、杭州糯、丹阳糯等16个品种。1919年，引进西洋糯。20世纪20年代推广南稻，30年代推广“6506”。

20世纪50年代，早稻良种有早三倍、叶里杆、短黄、南稻，以早三倍、叶里杆最好，产量均在190千克以上，比其他品种亩产增加10千克以上。晚稻良种有黄光头、宁波佬、猪毛簇，以猪毛簇最高，产量在200千克以上，比其他品种高15千克。

1959年引进矮脚南特号。1963年引进中籼广场矮五号、六号，作晚稻栽培，以及晚粳农垦58。60年代至70年代，推广的水稻品种，早籼有：矮南稻、团粒稻、原丰早、广陆矮四号、科梅、莲塘早、早三培、陆财号等；中籼有：南塘矮十六号、广场矮五号、六号、早金风五号、广选三号、红梗等；中粳有：船二稻、东方红一号、农垦39、南粳11、京行63等；糯稻有：台中育、双糯一号、红壳糯、西洋糯、桂糯80等；晚粳有：农垦58、农虎五号、猪毛簇、新太湖青等。

1976年，开始引进杂交水稻，应用于晚稻生产。20世纪70年代至80年代，主要推广的水稻品种早籼有：二九青、浙幅302、二九丰、二九圭、广陆矮四号、辐8-1号、原丰早、科梅、先锋一号、双科一号、四梅二号、国香一号；杂交早稻有：汕优21；晚粳有：秀水27、秀水46、秀水48、湘虎25、农虎3-2、农垦58；糯稻有：双糯四号、祥湖25、祥湖84、祥湖93；杂交晚稻有：南优2号、汕优6号、汕优28、汕优64等。

新技术推广 长期以来，浣纱村区域在农业生产的种植业和养殖业等方面，不断引进新技术，培育新品种，淘汰劣质品种和陈旧技术，改变农业产业结构。

1953年，普遍推广深耕密植。双季水稻地区，以推广改良小株密植为重点；单季作物地区，大批改良双季水稻。早稻实行小丰产方密植，多数田亩进行燥田施放磷钾肥。试种落谷稀、盐水选种，勤灌、浅灌等在互助组作重点或部分试验后，进行大面积技术推广。

1956年，双季稻大力扩展，连作稻增加，水稻适时早播，半旱秧田先进技术得到推广。同时开展农业技术革新活动：订出先进的技术革新操作规程；使用双铧犁，合理施肥，全面保证密植程度；适时完成车船化；农业中学变成农业技术的指导站；加强秧苗的培育管理。

1957年，农业技术的推广项目有：改变耕作制度，主要是扩大双季稻、三熟制、高产作物；早稻提前播种6～7天；增强磷肥、钾肥，防止倒伏；选用良种，以早三倍，南稻、猪毛簇、黄光头等主；大力推广半旱秧田，用落谷稀培育壮秧；合理密植；防止病虫。

1958年，开始在早稻早熟品种田进行假植。

20 世纪 70 年代初，早稻迟熟面积扩大，为取得迟种高产，推广两段育秧。开展以耕田、治虫、灌水为中心的生产改革运动。

1975 年，“二减一增”技术扩大推广后，常规品种均以一段大秧取代。

1976 年，利用杂交水稻优势后，两段育秧又引用到杂交晚稻上。开始为沙床两段秧，后来搞小苗带土两段秧，最后改为中苗两段秧。

双季稻推广 诸暨双季稻起始于宋代，多数为间作稻。民国 24 年（1935），诸暨县被省农改所列为双季稻推广区十二县之一。诸暨县政府把推广双季稻列入年度行政计划，成立办事处。设立推广点，推广早稻“早生”、晚稻“晚香”。1949 年后，诸暨县政府把改变耕作制度列入发展粮食生产的重要内容。开展单季改双季、间作改连作等工作，实现连作化，完成单改双、间改连、低产改高产的任务。

大小麦 旧时，大小麦种植较少，品种有松蒲麦、大白麦、芒大麦、裸大麦等，亩产在 100 千克。1949 年后，种植面积有所扩大。人民公社时期，按比例种植，一般占耕地面积的 30%，后引进“矮秆红”“浙农 5 号”等良种，亩产提高到 150 千克。

1970 年起，小麦主要品种有“浙麦”1 号、2 号，“扬麦”3 号、5 号。大麦有“早熟”3 号、5 号。亩产又有所提高。后产业结构调整，大麦基本上绝种，小麦少量种植。

肥料和农药

农家肥 浣纱村区域在 1949 年后，耕作制度改变，肥料需求量大增，原有的农家肥料远不能满足农业生产的需求。20 世纪 50 年代，大力宣传“庄稼一朵花，全靠肥当家”，发动广大群众和中小学生大积肥料，同时扩种紫云英，发展养殖水葫芦和革命草，与河泥堆积作基肥。南门料栈保障了蔬菜肥料供应，城里公厕、居民的粪水，都由环卫工人收集，运送到料栈囤放，以 0.06 元每千克出售给菜农。70 年代，始行早稻草还田，用作晚稻基肥。90 年代，由于使用收割机，稻草还田面积达 90%。21 世纪始，农家肥仅用于小块旱地上。

施土肥

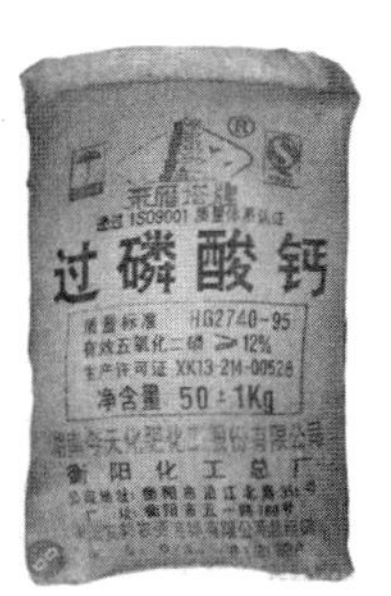

过磷酸钙

化肥 民国18年（1929），诸暨县城内金广丰杂货店开始经营德国狮子牌肥田粉。民国22年，诸暨县生康、胡天和两家商行共经销化肥600吨。1933—1936年，全县使用化肥906.7吨，其中硫酸铵667吨，过磷酸钙72.6吨，重过磷酸钙9.5吨，磷酸二钙2.8吨。20世纪50年代，农村化肥用量仍然很少；60年代起，化肥使用逐渐增加；至70年代后期，全县氮肥基本解决。

根外施肥 1972年，生产队对早稻用磷酸二氢钾溶液进行根外施肥试验，获增产效果，第二年施用范围由水稻扩大到紫云英、麦类、油菜、番薯、玉米等。其原料由氮、磷、钾肥，发展到铝、硼等微量元素。对水稻和紫云英施用磷酸二氢钾溶液进行根外施肥的效果，得到浙江省农业科技大会和农业部的肯定，并在全国大面积推广。

农药 20世纪50年代，推广"六六六"粉农药治螟，取代传统的插烟茎、撒烟末等治虫方法。70年代推广"1605"等有机磷剧毒农药治虫。至1984年，禁止使用"六六六"。80年代后，农药在国产化的同时，也辅助进口。

农药种类以有机氮、有机磷、激素类为主。进入21世纪，逐渐趋向高效、低毒、广谱。以防治对象而论，可分杀虫、杀菌、除草、灭鼠几大类，常用农药杀虫剂有杀虫双、杀螟粉、速来威、叶蝉散、甲铵磷、杀灭菊、呋喃丹。杀菌剂有托布津、多菌灵、富士一号、三环唑、稻瘟净、克瘟散、井冈霉素、"402"。除草剂有除草丹、丁草铵。灭鼠剂有敌鼠钠盐、磷化锌。生产调节剂有乙烯利2、4–D钠盐。

农技植保队伍

1964年开始，各生产大队以生产队为单位组织植保组，是公社植保站专业农技人员指导下的一支农业科技队伍。为贯彻"预防为主，综合防治"的方针，植保员的使命是及时测报病虫害发生情况，使用有机磷农药进行喷杀，防治农作物病虫害，达到"稳、准、狠，治早、治少、治了"的目的。植保员同时还发挥农业科技推广作用。

农机具

传统农具主要有：犁、耙、耖、稻桶、打稻机、风车、手拉车、喷雾器、麦磨、捣臼、踏碓、磉子头、石箩、箩络、箧篮、畚斗、蚕架、蚕匾、粪桶、料勺、浇缺、秧络、秧稍、钉耙、苗骑、苗推（苗套）、锄头、铁扎、泥铣、木铣、扁担、畚箕、夯柱、草杠、泥络、水车、蓑衣、笠帽、篮箈、镰刀，等等。

1958年8月，诸暨县委下发《关于开展农具改革运动的意见》，提出当年9月实现农业半机械化目标。生产大队建立技术革新和农具改革领导小组，开展农具改革和推广新式农具的群众运动。当时生产出重达几百斤的双轮双铧犁等农机具，但由于双轮双铧犁既重又笨，不适合湖区耕作，于 1961 年停用。

1968 年，开始使用手扶拖拉机和电犁耕田。1975 年后，拖拉机广泛使用，电动打稻机开始使用。

1981 年，国家允许农民私人购买拖拉机，拖拉机数量激增。20 世纪 90 年代起，新型方向盘拖拉机、收割机、插秧机等大型（配套）农业机械应用于农业生产，农村基本上实现了机械化。

山下杨的石捣臼

第三节　林　业

浣纱村西依陶朱山，东面山林起自胡公台，向南至范蠡岩一带，均属浣纱村所有，森林资源较为丰富。早在春秋时期，苎萝山已盛产“苎”与“萝”两种植物。民国 17 年（1928），在苎萝山营造中山纪念林。28 年 3 月，居民在西施殿一带植树种花。

1952 年，开始绿化陶朱山，主要树种为松、杉、毛竹等，经济林开发也有相当规模，曾被城关镇政府评为林业生产先进集体。20 世纪 90 年代末，从企业下岗回村的高道地人周明贤，承包改造为果园，并种植香榧。范蠡岩外侧大岭子岗到摇橹湾，主要是竹林，有毛竹、早竹、雷竹、金竹、象牙竹，白阳山水库脚有一片红心李。王家水库上有柿子林，西竺庵下面一带则是梨园，往北山脚是连片板栗，到桃花岭又有一片红心李和毛竹园。往南石油仓库后福建山上，当初是桑园，后改种毛竹，城关镇的机关干部植树节时也来种植。陶朱山下梯田的田塍上，栽有红心李，是城南邱马村人种的，当初大办食堂，邱马村粮食不济，得浣纱村友情支援，后来以每条田塍栽上红心李答谢。山上的柴草

浣纱村获得林业生产先进集体的奖品

树木，因为封山育林，只能有计划地砍伐，没有经济收入，供村民煮水烧饭尚显不足。

1981 年，落实山林承包责任制，颁发山林权证。

1992 年 5 月，诸暨市政府确认浣纱村山林两块，面积共 1841 亩，其中虎头山 350 亩，白杨山 1491 亩。

2019 年 3 月 7 日，浙江荣泽市政园林有限公司完成浣纱居民区林地调查，拟使用林地面积为 2.7684 公顷，立木蓄积量为 33 立方米，涉及 9 个森林二类小班。

2019 年 3 月浣纱居民区林地现状调查表

表 06-01

小班号	面积（平方米）	森林类别	森林资源		备 注
			蓄积量(立方米)	幼树（株）	
63、64	2971.00	公益林	5	92	
42、45	7129.69	公益林	13	213	毛竹 250 株
20、21	4157.00	公益林	6	134	
12	5648.34	公益林	5	173	
6、10	7832.48	公益林	4	241	

第四节 副 业

20 世纪 60、70 年代，浣纱村经济发展一直在全县名列前茅，其中第五生产队的分红曾突破 2 元每天，是全县的明星小队，而大队党支部书记边永高也身兼城关镇党委委员，地位举足轻重。随着城区蔬菜需求量不断增加，第五生产队被上级指定为蔬菜生产专业队，后逐步扩展至全村。1985 年，山下杨菜农赵章年种菜和养猪结合，养猪 33 头，年内出售 22 头，承包菜田 6.18 亩，科学种菜，亩净收入 1000 元，其中 0.5 亩种南京早椒 1300 株，收入 1600 元，全年共计收入 12 700 元。到 20 世纪 90 年代中期，水稻种植大幅减少，成为蔬菜基地。县农技站经常派员到田间地头，传授种菜技术，答疑解惑。

家 畜

旧时，浣纱村以养水牛耕田。1949 年后多为集体饲养，每个生产队养 2 ~ 3 头，由专人放牧。20 世纪 80 年代起，因先进农机具的推广和使用，牛逐渐失去耕作功能，饲养量迅速下降。有的改养菜牛以供应市场。

大队联营在王家水库边建有牧场，养猪为主，兼有绵羊。养猪为农家主要副业，传统品种有“两头乌”“岩头乌”“龙游乌”等。1960 年后，传统猪种饲养量减少，改养瘦肉型“长白种”。“长白种”生长快，个体大，体重可达 150 千克。后引入“约克”杂交猪。20 世纪 70 年代至 80 年代，农户一度饲养“供港猪”，能获得较大经济效益。

生猪主要出售给国家，少量自宰食用。曾有一段时期，生猪自宰须经相关部门批准。20 世纪 90 年代起，出现养猪专业户，松散式农户饲养量逐渐减少。有少数农户饲养羊，以山羊为主。

家 禽

家禽主要有鸡、鸭、鹅，传统以户养为主，每户一般饲养 5 只以上，多供自家食用。20 世纪末，村民周志刚承包竹园，饲鸡养鹅，种菜放羊。

蚕 桑

种桑养蚕为农民传统副业。养蚕必先栽桑，旧时，房前屋后、江滩、山坡、平地、田塍遍植桑树。传统土蚕“诸桂”产量不高，每张蚕种产茧 15 ~ 20 千克。

20 世纪 60 年代农业学大寨时期，村民们战天斗地，石坎高砌，改造十几亩大寨田，用以栽桑养蚕。土地承包后，由集体饲养改为家庭分散饲养，蚕茧产量相对稳定。21 世纪起，蚕桑业渐渐式微。

第七章 工业 商贸

旧时，浣纱村的传统手工业有木匠、砖匠、篾匠、漆匠、厨师、弹花匠、裁缝、理发等。中华人民共和国成立后，浣纱村各生产队的一项重要收入是劳动力输出。市区的一些企事业单位，因工作需要临时用工，经常到村中招人，相关的生产队就会抓住机会赚些外快，一般采用收入归生产队，然后给被派出去的劳力记工分的方式。也有一些成建制的队伍，比较有名气的是火车站的装卸队，因为车皮装卸大多靠人力，所以队员个个都是身强力壮，非一般人能够承受，但福利也比较好，负责人石成国也在各方面积攒了比较好的人脉，在村民眼里是一个能人。20世纪70年代后，浣纱村先后创办茶叶加工厂、浣纱丝织厂、诸暨县食用菌菌种场、诸暨浣纱机械电子厂等企业。

2000年后，浣纱村经济结构以营业房租赁收入为主。2014年，村级集体经济收入516.93万元，居民人均可支配收入31 026元。2020年，浣纱居民区村级股份经济合作社经营收入508.37万元，发包及上交收入5.30万元，投资收益91.80万元，补助收入15.74万元，其他收入6.62万元，收入合计627.83万元。

第一节 传统手工业

旧时，传统手工业称为百作手艺，学手艺要拜师傅，先办“拜师酒”，学徒期一般为3年，学徒期内，徒弟收取的报酬归师傅所有。学徒期满，再办“谢师酒”，师傅要送徒弟一套齐全的工具。有的3年学徒但技术未精，还得跟师傅学一段时间，称为“过堂”或“半作”。

浣纱村的传统手工业有木匠、砖匠、篾匠、漆匠、厨师、弹花匠、裁缝、理发等。除理发、铁匠等个别设有相对固定的场所，一般的手工业者均走村串户营生。

20 世纪 80 年代后，传统手工业受到工业化的冲击，许多手工产品被现代化产品所替代，村内部分手工业消失，大部分工匠转业。

农具制作

犁、耙、耜、耖是役使牛力耕作中的重要农具，以铁、木制作。这些农具的制作，有不同于一般木器的特殊技术和工艺流程，特别是犁，一般木匠不会装犁。有的装犁匠本身就是耕田师傅，在长期的生产实践中，不断丰富和完善制作技能。

舂米碾米

舂米和碾米是最古老的粮食加工方式，可以说自从先民将野生稻谷作为粮食开始，最简单的稻谷脱粒技术——舂米，已经有了雏形。稻作栽培化后，其应用更是迅速普及，不过这项技术的改进却非常缓慢。虽然后来有了脚踏的踏碓，仍需依靠人力进行，直至彻底被机器所代替。

踏碓利用杠杆原理，制成踏碓一副，在重臂的一端装上一个石磔子头（比手工的要大），力臂一端装上踏墩，供脚踏操作，石臼（稍倾斜）也比手工舂米臼要大。舂米工具有：石臼、直形的铁碗磔子头、角尺形的石磔子头（打锥）、直柄的直团磔子头、风车、篾箩、筐箩（白篮）、大勺、团匾、糠筛、米筛、畚斗、掸帚、拨米钩等。

手工技艺

浣纱村在历史演变过程中，出现过许多手工技艺人才，传承和弘扬古老的手工艺术。

木匠 木匠是一门很古老的手艺技术，人们尊春秋战国时期墨子的学生公输班（习称鲁班）为木工的祖师。木匠分为粗木匠和细木匠。粗木匠又称大木匠，擅长于建筑房屋，细木匠主要专做家具之类，也包括少数木雕工艺的精细木匠。其实，所谓“粗”“细”也是相对的，大部分木匠粗细都会做，就细木匠而言，制品五花八门，几乎涉及人们生产、生活的方方面面，种类不可胜记。车匠属细木一类，是专门制作水车的工匠。

砖匠 又称泥水匠，是民间修建工匠的通俗叫法，也即懂得砌砖放线的瓦匠。经常和石灰、水泥、砖块、砂石打交道，主要从事房屋的修建、道路的修理、地面的平整等。

篾匠 又称篁匠，是用竹子编制各类器物的匠人，是百家手艺之一。主要制作淘箩、菜篮、石箩、团箕、簸箕、米筛等家什用具。20 世纪 80 年代后，随着科学的发展，可替代竹器的塑料制品大量出现，篾制品几乎淘汰。篾匠被迫改行换业，另谋生路。2010年后，随着人们环保意识的增强，篾制品又逐渐有了一定的市场，篾制工艺品也开始受到人们的欢迎。

木 匠

篾 匠

漆匠 油漆材料以土漆、桐油为主，沿用几千年。熬桐油是技术活，熬嫩无光，熬老报废。主要是油漆家中的雕花床、大衣柜、八仙桌、椅凳等家具。

厨师 旧时代人们称厨师叫伙夫、厨子、厨役等，是以烹饪为职业、以烹制菜点为主要工作的人。农村的厨师一般从事红白喜事的烹饪工作，按酒菜的桌数计价。

架子工 是指用扳手、榔头等搭设工具，将钢管、夹具和其他材料，搭设操作平台、安全栏杆、井架、吊篮架、支撑架等，且能正确拆除的人员。从业者须有较强的空间感，有准确的分析推理判断能力，手指、手臂、腿脚灵活，动作协调，身体健康，能适应高空作业。

弹花匠 手工弹花（絮）的工具是弹弓、木榔头、圆竹箕、圆形木盘。用红绿彩绒堆出“鲤鱼跃龙门”“喜鹊登梅”“鸳鸯嬉水”等图案，勾勒出“百年好合”“花好月圆”“一生平安”“吉祥如意”等字样。随着时代的发展进步，弹棉花大多已经废弃了笨重的大木弓，而改用脚踏弹棉机，市场逐渐萎缩。

裁缝 也叫“缝衣匠”“成衣匠”，古代叫“缝人”“缝工”“成衣人”等。清代顾张思《土风录》载：“成衣人曰裁缝……盖本为裁剪缝缀之事。”旧时，裁缝师傅均靠手工，男女皆可。量体、裁衣、缝制是裁缝的基本功，手艺好的师傅男女款式都能制作，如女人的对面襟、旗袍、丝棉袄，男人的背心（马夹）、长衫、团团裤等，会盘直纽扣、盘纽扣、双盘纽扣、葫芦纽扣等。

屠宰工 指宰杀牛、羊、猪、狗等牲畜或整理牲畜肉准备出售的人，也指卖肉商人。

理发师 俗称剃头师傅。旧时，剃头师傅上门服务，按年计算，俗称“包头”，有洗头、剃须、烫发、染发等服务。

浣纱村手艺技工名录

表 07-01

工　种	姓　名
木　匠	周建根　张培昌　张富瑞　邵祝波　邵全中
砖　匠	周校泉　石昌国　陈信根
篾　匠	周绍炳　周友桥　周友标　周忠法　周裕仁　俞长清
漆　匠	周安康　周依才
厨　师	周月成　周全兔　陈友良　郦百万　周月祥　朱小定　马伯明
架子工	周文启　周仁友
弹花匠	叶才相
裁　缝	周本木
屠宰工	陈继校　周伟平
理发师	周源正

第二节　企　业

1962 年，浣纱大队成立新农副产品加工厂。

1968 年，红卫大队在福建山开办采石场，主要开采块石，负责人周根法。配备有轧石机，负责人为杨胜。

1974 年，红卫大队在边永高带领下，首先在南门闸附近新建一所院子，内有平房数间，开办农具修配厂，内设车辆修理、锯板、锻工、补胎、手车队运输（手拉车 20 辆，中型拖拉机 1 台）、钢材（线材）拉丝等业务，并附有钟表修理和理发。石塔头村附近设有一个水泥预制场，赵志文负责。有粮食加工厂，开展碾米、磨粉、搡年糕等业务，搡年糕除本村人，四邻八乡都慕名而来，每年晚稻收割后，经常可以看到路上等待搡年糕的手拉车排起长队，等到后半夜是常态。建设滨江花园时被拆迁到高道地，逐渐衰落。

1976 年，在福建山建茶叶加工厂。

1981 年，成立浣纱招待所。

1982 年，建立浣纱预制场。

1984 年，村里利用原联营牧场的房屋，新建浣纱丝织厂，最多时有四五十台织机。是年，新建浣纱建筑队。

1985 年，在南门头建浣纱商场。

浣纱村综合服务企业情况一览表

表 07-02

项　目	内　容	从业人员
车辆修配	手拉车、自行车	周长富　周　行　周裕青　郦文建
锯　板	木材加工	周培根　周维正　朱明建
锻　造	铁器制造加工	郦国平　周定灿
外胎胶补	轮胎热胶	周均权　赵光幼
线材加工	钢材拉丝	张仲庆　宋　江
废品收购	收购金属、纸板	周芬云（负责人）　翁月英
拖拉机运输	中型拖拉机运输	周纪良　李奇龙
手车队运输	手拉车运输	赵志文（队长）等 20 人
旅　社	住　宿	翁月英
饭　店	餐　饮	周月祥
茶　厂	制　茶	赵月焕（负责人）
钟表修理（私营）	手表、闹钟等修理	陈　敏
理发店（私营）	理　发	周源正

诸暨县食用菌菌种场

1975 年，红卫大队在桃花岭创办菌种场，有蘑菇房 2 间。1977 年，成立红卫蘑菇场，从轻工业部食品研究所引进 12067、12051、5-176 多支蘑菇母种。1978 年，改名为浣纱菌种场，场长赵月焕，副场长郦祖培、周依根、张仲兴 3 人负责销售生产供应，会计郦成龙，出纳楼玉英，菌种选育制作由周依波负责，栽培由周文光、王裕培负责。1981 年秋，经选育培养，筛选一支高产优质菌种“浣纱 -176”，具有菇型圆大，肉厚粗壮，产量高及耐水、耐肥、耐温、抗逆性强等优点，从单产每平方尺 0.25 千克提高到平均 1 千克。是年，菌种在全县推广，单产提高 40%。1978—1983 年度，获诸暨县优秀科技成果二等奖。

1985 年，改名为诸暨县食用菌菌种场，占地 20 余亩，厂房 70 余间，有消毒室、接种室、培养室、栽培室等，固定场员 40 余人，在 2—6 月制种时用工 200 余人。一级母种销往四川、江苏、安徽、湖北、福建、上海等 13 个省市，栽培种销往省内新昌、嵊县、天台、仙居、富阳、嘉善、乐清、宁波、金华等 30 个县市，鲜菇销往杭州、宁波罐头食品厂以及乐清等地，罐头销往美国、日本、澳大利亚等国家。3 月 25 日至 4 月 15 日，参加浙江省农副产品加工、保鲜、贮藏、包装技术交流会。是年，获浙江省农业先进集体和 1985 年度浙江省科学技术进步奖三等奖。1988 年，获商业部科学技术进步四等奖、浙江省优秀科技成果三等奖。

培育菌种

1989年4月，组建城关浣纱水泥砌块厂，实行“一套班子，两块牌子”的生产经营模式。是年，蘑菇麦粒菌种制种及栽培试验获绍兴市优秀科技成果三等奖。因经济制裁影响，对外出口受到冲击。1990年，棉籽壳制备蘑菇菌种及栽培试验获绍兴市优秀科技成果二等奖。1992年12月，“12051”蘑菇新菌种的选育和中型生产试验获轻工业部科技进步三等奖。是年，罐头和菌种销售不佳，菌种场面临停产。1993年12月，蘑菇香菇等食用菌罐藏新菌种的选育、栽培和加工技术的研究获中国轻工业科学技术进步奖三等奖。

诸暨市食用菌菌种场荣誉录

表07-03

荣誉名称	颁发单位	获取时间
浙江省农业劳模单位	浙江省人民政府	1982
蘑菇浣纱-176菌株选育和栽培管理获诸暨县1978—1983年度优秀科技成果二等奖	诸暨县人民政府	1984
蘑菇罐藏新菌种浣纱—176选育获1985年度浙江省科学技术进步奖三等奖	浙江省人民政府	1985
蘑菇“砻糠、人造泥”复土技术试验获省科技成果四等奖	浙江省人民政府	1988
蘑菇罐藏新菌种浣纱—176选育获科学技术进步四等奖	商业部	1988

续表

荣誉名称	颁发单位	获取时间
蘑菇麦粒菌种制种及栽培试验获优秀科技成果三等奖	绍兴市人民政府	1989
棉籽壳制备蘑菇菌种及栽培试验获优秀科技成果二等奖	绍兴市人民政府	1990
“12051”蘑菇新菌种的选育和中型生产试验获轻工业部科技进步奖三等奖	中华人民共和国轻工业部	1992.12
蘑菇香菇等食用菌罐藏新菌种的选育、栽培和加工技术的研究获中国轻工业科学技术进步奖三等奖	中国轻工总会	1993.12

诸暨浣纱机械电子厂

1992 年 6 月，浣纱村与诸暨机床厂签订协议，合资组建诸暨浣纱机械电子厂，厂址设于浣纱村桃花岭原诸暨市食用菌菌种场场址，合资期限为 1992 年 7 月 1 日至 2002 年 6 月 30 日，共计 10 年。诸暨机床厂以设备、技术、电力折价 40 万元，现金投入 15 万元，合计 55 万元，占总股份的 55%；浣纱村以场地、厂房、电力折价 30 万元，现金投入 15 万元，合计 45 万元，占总股份的 45%。1993 年 3 月，再次商定由诸暨机床厂委派章作邦、舒英钢、黄宇华任董事，浣纱村委派周华富、周培根任董事，章作邦任董事长，周培根任副董事长。董事会委派黄宇华、陈永华为正副厂长。同年 8 月 8 日，浣纱机械电子厂建成投产。2003 年 10 月，与诸暨机床厂合资结束。2013 年 10 月，场址被诸暨市旧城改造办公室征收。

附　件：

诸暨浣纱机械电子厂合营章程

第一章　总　则

第一条　为发展城镇工业、振兴诸暨地方经济，充分发挥诸暨机床厂（以下简称甲方）的产品专业优势和城关镇浣纱村（以下简称乙方）的地方优势，合资创办股份企业，制订本章程。

第二条　企业名称：诸暨浣纱机械电子厂。

第三条　企业法定地址：诸暨市城关镇浣纱村桃花岭（原食用菌种场部分场地）。

第四条　企业性质：集体。是集股投资的生产经营实体，为企业独立法人，实行独立核算，自负盈亏。

第五条　合营原则：共同出资，精诚合作，股权平等，同股同酬，利益共享，风险共担。

第二章　经营宗旨和经营范围

第六条　经营宗旨：以加强横向经济协作，发展地方工业，振兴诸暨经济为基本思想，认真贯彻执行国家产业政策、法律法规，发挥行业优势和地方优势，提高行业自配和外协加工能力，寻求本企业适销对路的机电产品，提高经济效益，达到企业的自我发展，使合营双方有较好的经济收益。

第七条　经营范围：机械加工、五金电器、电子产品。

第八条　经营方式：制造、加工、销售。

第三章　投资比例和出资方式

第九条　合营企业注册资本为 223 万元。

第十条　甲乙双方按 5.5 ∶ 4.5 比例出资。其中：甲方 122.65 万元，以机械设备和现金形式投入，占注册资本总额的 55%；乙方 100.35 万元，以厂房、场地和现金形式出资，占注册资本总额的 45%。

第四章　董事会

第十一条　合营企业成立董事会，由甲三乙二五人组成，甲方出任董事长，乙方出任副董事长，每届任期三年，可连选连任。

第十二条　董事会为合营企业最高权力机构，决定生产经营等一切重大事宜。对下列事项应由双方董事同意方可决定：

1. 任免厂长、副厂长，并实施工作业绩考评奖惩；

2. 制定生产经营决策纲要和企业中长期发展规划；

3. 审议和批准厂长提出的重要报告；

4. 年度财务审计，确定利润分配方案；

5. 修改企业章程；

6. 合营企业注册资本的增减或转让；

7. 其他应由董事会决定的重大事宜。

第十三条　董事长为合营企业的法定代表人，董事长因故不能履行职责时，可临时授权副董事长或其他董事代行其职权。

第十四条　董事会议每年至少召开一次，由董事长召集并主持。经三分之一以上董事提议，董事长可召开董事会临时会议，会议记录应归档保存。

第五章　经营管理

第十五条　合营企业实行董事会领导下的厂长负责制，厂长、副厂长由董事会聘任，财务会计由甲方委派，财务出纳由乙方委派，由董事会考评聘用，任期三年。

第十六条　厂长职责

1. 执行董事会议的各项决议，组织领导日常生产经营活动，实施企业经营管理工作，保证年度计划的完成，对董事长负责；

2. 根据实际需要，本着精干高效原则，确定内部机构，招聘企业职工；

3. 制订年度计划和总体工作思路，定期向董事会汇报工作，报告财务情况和重大生产经营决策方案；

4. 制订企业生产经营管理的各项制度和岗位经济责任制。

副厂长分管厂长委托的工作，当厂长不在时行使厂长职能。

第十七条　甲乙双方进入合营厂的人员，原则上按投资比例搭配，但要根据工种需要由厂长进行考评录用。随着企业发展，可以向社会招工，在同等条件下乙方人员优先录用。

第十八条　合营企业全体工作人员一律实行股份合同制，对不称职的职工，厂长有权解聘，报董事会备案，事后按投资比例补员。

第十九条　董事会对厂长进行业绩考评，发现有营私舞弊和不称职现象，经董事会决定，可随时撤换。副厂长由厂长考评，对不能配合好厂长工作的，经厂长向董事会提议，由董事会免职。

第六章　利益分配和企业财务

第二十条　合营企业在依法交纳各项税金和提取规定的各项基金后的利润，按双方在注册资本中的出资比例享受利益分配。

第二十一条　合资企业每年分配利润一次，每年会计年度后三个月内公布利润分配方案和双方应得利润额。

第二十二条　合营企业的会计年度从每年一月一日起至十二月三十一日止，合营企业上一个会计年度亏损未弥补前不得分配利润，上一个会计年度未分配的利润，可并入本年度利润分配。

第二十三条　为加快合营企业自我发展，头三年可分利润的50%留存企业作为生产经营发展基金。

第二十四条　合营企业的财务会计按国家有关政策规定办理，定期向董事会提交财务报告。

第二十五条　合营企业财务接受董事单位的监督和审核。

第七章　合营期限

第二十六条　合营期限为十年。营业执照签发之日为合营企业成立之时。

第二十七条　甲乙双方在合营期内不得中途退股，若一方要将股份的全部或部分转让，须提前六个月报董事会讨论决定，另一方有优先获得转让的权利。

第二十八条　合营期满，经一方提议，董事会议一致通过，可向审批机构申请延长合营期限。

第二十九条　合营双方如果一致认为终止合营符合各方最大利益时，可提前终止合营，但需要董事会议通过。

第三十条　合营期满财产处理：合营期满终止，应依法进行清算，清算后财产或债权债务按双方投资比例进行分配或承担，并注销登记。

第八章　违约责任和争议解决

第三十一条　有下列行为之一的，视为违约：

1. 未按规定出资，逾期三个月；

2. 中途退出合营；

3. 以各种方法妨碍合营，影响企业生产经营活动；

4. 其他行为造成合营企业严重损失的。

第三十二条　任何一方违约应承担下列责任：

1. 继续执行合营章程；

2. 赔偿因违约给对方造成的实际损失；

3. 按投资额5%向对方支付违约金；

4. 违约方在确定责任后十五天内支付上述赔偿金和违约金。

第三十三条　有关合营中发生的一切争议，双方应通过董事会友好协商解决，如果协商不能解决，由工商行政管理部门经济合同仲裁委员会仲裁，任何一方对仲裁不服，可在法定期限内向人民法院起诉。

第三十四条　在仲裁或审理过程中，除双方有争议正在进行处理部分外，本章程应继续履行。

第九章　附　则

第三十五条　本章程为甲乙双方合营准则，必须遵照执行，其补充、修改和解释权均属董事会。

第三十六条　本章程由董事会一致通过生效。

第三十七条　本章程一式六份，正副本具有同等效力。

第三十八条　本章程于1993年4月28日董事会讨论通过。

诸暨市城关西施电器厂

1994年，浣纱村村民孙培建自筹2000元资金，在浣纱南路150号创办诸暨市城关西施电器厂，主营业务是生产应急照明充电灯。1997年，从国资委购地10亩，自建厂房4800平方米。1998年，注册“范蠡”“丰立”两个商标，一个防溢防爆的充电灯壳体获得国家新型实用专利。

第三节　商　贸

清代，在南门外水神庙南，面朝浣江一带，因铁店较多，故名铁店街。

民国时期，出南门，有马才能茶店、曹万昌饭店、恒源油行、徐永和灯笼店，三踏步有广兴糖坊。

1952年7月，在三踏步新建粮仓85间。

20世纪80年代，有名的有南门茧站，往南有几爿小店，如米行、炮仗店和南货店等。

最南端的铁路黄砂支线通车后，变成黄砂公司及其堆沙场。西面因靠近铁路，便于交通，建办过一些仓库和工厂，如毛猪仓库、石油仓库、粮油厂、肉联厂、西门仓库和车辆厂等。

村民周顺法在相见桥边开一小杂货店，名为“相见桥小店”，另有金莲清经营的三踏步小店，周才泉经营的三踏步综合店等。

南门头

第八章　文　化

浣纱村历史悠久，早在春秋时期，即有先民在此地繁衍生息。在漫长的历史长河中，也创作了不少文艺作品，留下了宝贵的文化遗产，尤以丰富多彩的西施文化享誉海内外。中华人民共和国成立后，浣纱村的群众文化事业有了新的传承和发展。

第一节　文化艺术

著　述

杨豪　《白峰诗集》，已佚。

杨杰　《梅峰集》，已佚。

杨承惠　《长啸集》，已佚。

黄邻　《诸暨志》，已佚。

陈于朝　《苎萝山稿》，明万历四十三年（1615）刻本，六卷附录一卷。《自得斋稿》，已佚。

张夬　《苎萝志》，明崇祯六年（1633）刊本，八卷。

路迈　《苎萝志》，卷内又称《苎萝西子志》，明崇祯十年（1637）刊本，八卷。

杨学溥　《古今文钞》《历朝诗汇》《续朱子纲目》，已佚。

周瑾　《地理指迷》，已佚。

周善培　《言文一贯虚字使用法》，上海民友印刷公司，1914年6月初版。

《周易杂卦正解》，文通书局，1948年6月初版。

《辛亥四川争路亲历记》，重庆人民出版社，1957年9月第1版。

余重耀　《遁庐诗文稿》，福建漳州印刷局，1934 年版。

（明）陳子朝　撰
苧蘿山藁六卷附錄一卷
明萬曆四十三年陳洪緒陳洪綬刻本

书　法

上海黄氏家祠记　民国 4 年（1915）3 月作，纵 150 厘米，横 70 厘米。黄庆澜撰，上署“诸暨周嗣培拜书”。

《上海黄氏家祠记》

刘肇亿功德碑 民国17年（1928）10月，华商公议会等八社团组织为慈善家刘肇亿在大连立功德碑，藏旅顺日俄监狱旧址博物馆，质地汉白玉，纵215厘米，横81.5厘米，厚21厘米。碑文共899字，由周善培记、周嗣培书。

赵予仁墓志铭 民国20年（1931）12月，周善培撰，周嗣培篆盖并书丹。共35行，行37字。出土于河北省蠡县。装裱尺寸65厘米×64厘米。

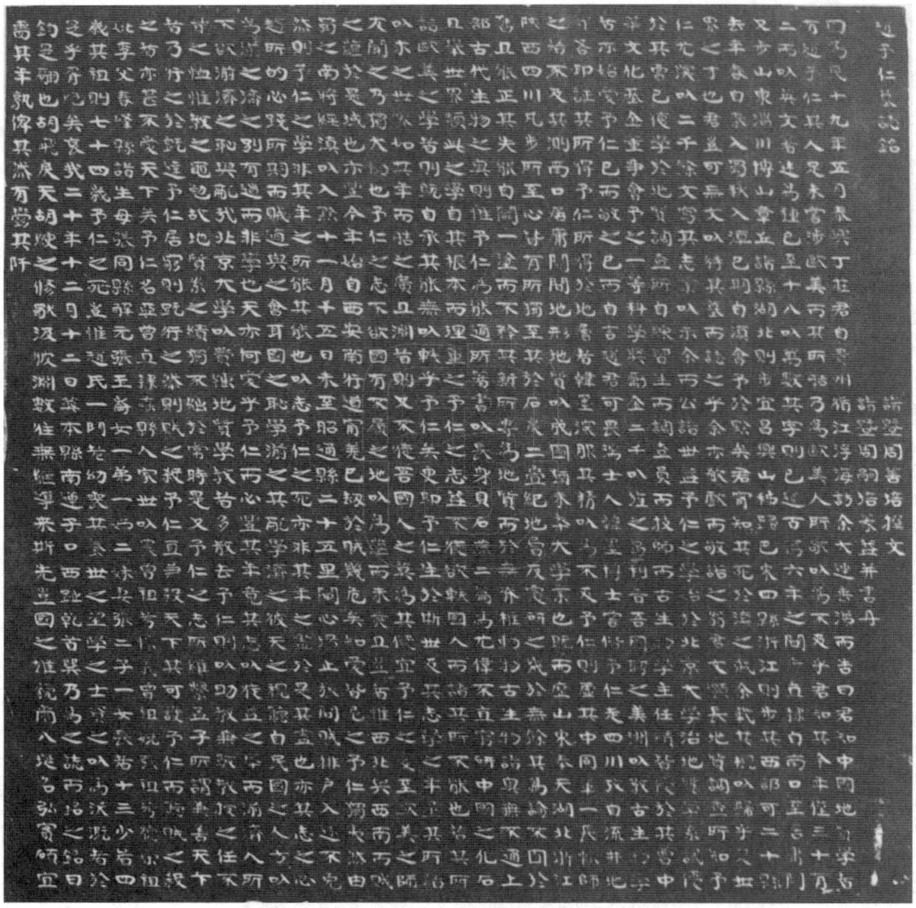

赵予仁墓志铭拓片

场 馆

诸暨县立图书馆 位于苎萝山北麓。民国5年（1916），由楼蔷庵倡建，至民国8年建成，共有图书7万余卷。28年，日军进犯诸暨，馆舍被焚。

档案室 浣纱居民区档案室设于市南路20号居委会办公楼3楼，室内有档案馆2组，灭火器1只，温湿度计1只。由居民区党总支书记分管，文书兼任档案员。

1985年，进行第一次档案整理，由陈实、赵月桂、董华英等离退休人员整理1966—1985年的档案，历时49天，按档案类别、保管和年限分别合并成卷，分永久卷7卷，长期卷9卷，短期卷295卷，共计311卷。第二次由市档案馆监督指导科派遣的吴伦整理1986—1995年的档案，历时45天，按诸暨市档案局要求分年度、级别保管期限立卷，分永久卷50卷，长期卷22卷，短期卷153卷，共计225卷。第三次由村民戚华球、周裕仁整理1997—2000年的档案，历时29天，分永久卷9卷，长期卷8卷，短期卷60卷，共计77卷。三次共计整理档案613卷，其中永久卷66卷，长期卷39卷，短期卷508卷。2001—2005年，每年整理一次，共有会计档案63卷，其中保管期限25年的5卷，15年的58卷。2005年后，由城中管理处会计代理。2001—2007年，有文书档案41卷，其中永久卷15卷，长期卷10卷，短期卷16卷。

浣纱村整理归档的文件材料，主要有村两委会的会议记录、人事任免、机构设置、表彰、人口和农业统计年报、粮食和经济分配方案、政策、田亩、自留地清册、党员接收、组织调动、户口迁移、山地房权协议、征地协议和批复、土地权属、农户建房用地申请和审批、各类承包合同、基建、上级文件等。

从业人员

1990年4月后，因土地征用，浣纱村有6位村民招工进入诸暨市电影公司工作。

浣纱村进入诸暨市电影公司人员情况一览表

表08-01

姓　名	出生年月	工作情况
楼全照	1950.2	1990年4月以土地征用工至电影公司，先后在人民电影院、苎萝影城工作，2010年3月退休
楼伯林	1958.1	1992年12月招工后留职停薪。1996年1月至苎萝影城，2007年至放映队工作
郦明浩	1964.10	1990年4月以土地征用工至电影公司，先后在电影公司经营部、诸暨剧院电影队、人民电影院等处工作
许明桥	1971.11	1990年4月以土地征用工至电影公司，先后在经营部、影视厅、放映队工作
楼　峰	1973.3	1992年12月至电影公司，先后任驾驶员、超市员工。后至苎萝影城、文化局等处工作
陈　勇	1974.4	1990年4月以土地征用工至电影公司，先后在电影公司经营部、苎萝影城、人民电影院等处工作

第二节　名胜古迹

西施古迹

西施殿　古称西子祠，又名浣纱庙，俗称西施殿，祀西施，在苎萝山北麓。唐时已具规模，后毁。明崇祯五年（1632），知县张夬重修，改名西子祠。清道光二十二年（1842），店口陈延鲁捐资重建，并捐田以备修葺。咸丰十一年（1861），毁于兵燹。民国 18 年（1929），陈锦文等集资再修，成正厅 3 间。23 年，陈蔚文主持修复殿堂左右两配庑，曰“南厅”“北阁”。抗战初期，被日机炸毁，此后日渐荒芜。

1986 年 9 月，诸暨县政府开始重建西施殿。至 1990 年 10 月 7 日落成开放，建有门楼、西施殿、红粉池、古越台、苎萝亭、西施长廊、夷光阁、荷花池等。1999 年 5 月，公布为诸暨市第三批文物保护单位。

西施殿依山而建，为重檐歇山型古建筑。正殿三间两弄，坐北朝南，“西施殿”匾额，由著名书画家刘海粟题字。殿区所用 1.2 万余件建筑构件，均为征集于民间的明清时期的木雕、石雕原件，基调典雅古朴。殿中西施塑像，高 2.8 米，风姿绰约，后妃装束，系中国美术学院雕塑系诸暨籍教授傅维安创作。

古越台　在西施殿右前方，依山而筑，正对门楼，建筑物一间二弄，置于高台之上。“古越台”三字为上海书法家韩天衡所书。台中奉有越王勾践像，谋臣文种、范蠡分立两侧，上悬“卧薪尝胆”匾额。

红粉池　在古越台前。唐代诗人皮日休诗云：“越王大有堪羞处，只把西施赚得吴。”红粉池像一面镜子，正对古越台，有让勾践照一照“堪羞处”之意。

碑廊　在苎萝亭西，古越台右侧。陈列西施画像碑刻和歌咏西施的诗词书法碑刻 43 方。画像作品有明《苎萝志》刊载的西施像、清王玉樵《西施浣纱图》，有当代著名画家戴敦邦、华三川、顾炳鑫等人的作品。书法有于右任、赵朴初、钱君匋、谢维柳、程十发、苏步青、何浩天等名人大家手迹。此外，还有日本书画家的作品。

苎萝亭　碑廊下有苎萝亭，为八角三重檐造型，内置三层，逐级登高，可浏览西施故里概貌及远眺诸暨市区，向南则可极目勾乘山。底层环廊立有 8 根民间征集的青石柱，柱头装饰木雕牛腿，支撑挑角。

西施长廊　在苎萝亭旁，长廊门楼上“天下第一美人”长匾，辑自毛泽东手迹。长廊内以连环画形式，陈列西施从出生到长成美艳绝伦的浣纱女，被勾践遣送入吴，吴亡后随范蠡泛舟五湖的民间传说故事。

夷光阁　在西施长廊之东，苎萝山东头南侧缓坡上。因西施名夷光而得名，是一座糅以牌坊和楼阁造型的建筑。基部设正方形须弥座基，周围石栏，台座正中立有16根民间征集的青石圆柱，承托整座阁楼。阁顶为传统重檐造型，中置牌坊连接，整座楼阁气势宏伟。牌坊正中“夷光阁”三字，辑于书圣王羲之书法。

西施亭　旧称浣溪亭，又名浣纱亭。在苎萝山南麓东侧，浣纱溪畔。旧志载：“浣溪亭，在苎萝山麓”，“咸丰辛酉毁于兵”。民国间，里人捐资复建，易名浣纱亭。亭后营屋三间，悬“浣纱亭”匾额，据传为王羲之所书“浣纱”拓刻石碑，并挂“浣纱成古迹，救国出真人”楹联，系陈锦文撰，陈蔚文书。1952年，作为浦阳江浚江捞沙委员会办公地点，后被拆毁。1981年，诸暨县文物管理委员会于浣纱石上方重建，名西施亭，亭额由著名书法家王个簃题写。

浣纱石　在苎萝山东麓浣江之畔。为西施浣纱处，旁有西施殿、浣纱亭。石紧邻崖壁，古朴硕大，壁上镌“浣纱”二字，传为东晋书圣王羲之所书。南北朝《会稽记》云：“诸暨苎萝山，有西施浣纱石。”今旁镌书法家沙孟海所书“西施浣纱处”。1981年5月，公布为县级重点文物保护单位。1984年底，为便于游览观瞻，在浣纱石周围修筑了栈道和栈桥。《中国名胜辞典》列有条目。

相见桥　相传为纪念杨司马与范蠡在此相见而得名。位于三踏步村往南100米，今浣纱中学东，江山里小区西，文昌路与浣兴路交叉口以北50米处。桥由长5米，宽高均为0.5米的8块石板铺成，总宽4米。洪水流过桥通向浦阳江，桥上道路是诸暨通往金华、义乌大路，称上八府大路。在农业学大寨时，因做电灌坑、机耕路而拆毁。

祠　堂

南门赵氏宗祠　堂号“永思堂”，俗称南门祠堂。位于诸暨县城南门万寿街和诸暨剧院之间，祠堂坐西朝东，面对南大街（即城墙），占地面积7.5亩。

明洪武初年，南门赵氏族人在万寿街建造三间家庙。到清代顺治年间，赵学贤重修，到康熙年间规模进一步扩大，乾隆年间重修，到嘉庆初年重建，至嘉庆十四年（1809）结束，一共花费6800两白银。祠堂田产众多，主要用来操办祭祀和助学。赵氏子弟上学都不用自己交钱，有学谷可以帮助。中华人民共和国成立后，被没收为公产，原址部分作为南门粮站，诸暨剧院占据部分，已荡然无存。

浣江郦氏宗祠　堂号“永思堂”，俗称郦家祠堂，位于诸暨县城横街南面。南宋绍兴十五年（1145），朝廷任命郦元亨担任诸暨学正，遂迁居诸暨，建造郦氏家庙于县城，是为诸暨郦氏最早的宗祠。至元末明初，郦氏家庙由于长年失修，逐渐荒废。明代前期，郦氏家庙已经完全坍塌。明嘉靖末年，族内长老郦生、郦琥、郦界等6人，率领族人购得城中背市面湖之地，各家出资出力，决定动工兴建郦氏宗祠永思堂。始事于明万历五年（1577），越五年，于万历十年落成。中堂楼五间，南向；厅东西向，各三间；前为正门，大厅内祭祀郦姓始祖考妣，其余祖先以序排列。别院有二，左院右院各有厅房三间，每岁三祀，清明、七月望、冬至，同姓者居左院，异姓者居右院。清顺治年间，族内长老郦伯任、郦心培等人，带领族人进行扩建，营造乡贤祠、祧庙各三间。乾隆中期，永思堂已经破损严重，族内长老郦毓理、郦欣、郦毓鹏等6人，联合族人筹集财力，重修中厅五间，以及东西两厅所有厢房院落，自乾隆四十三年（1778）二月开工，至四十七年十一月竣工，耗银4300余两。同治元年（1862），永思堂在太平天国战火中被摧毁。同治三年，族内长老郦如俊、郦邦濡、郦之瀛等14人，复聚集族人重建，于同治八年十月开工，至十一年十月告竣，耗银8000余两。光绪二十七年(1901)夏季，连日大雨，浦阳江水暴涨，从城墙坍塌处直冲永思堂，宗祠损毁严重。郦步云、郦应等17人，分头向各房各村筹集银两建造永思堂，自是年八月动工，至二十九年十月告竣。

民国27年（1938）9月8日，永思堂遭日军飞机轰炸，门墙倒塌、堂屋尽毁。35年，郦氏宗族的族长郦述先召集诸暨各地宗亲开会讨论，重新整修永思堂，首先树立宗祠大门，紧接着修建堂屋以及中厅侧室，最后修建节孝两祠；郦祠湖前石栏倾倒，乃凿立石狮22尊，象征浣江郦氏22个房派。37年，永思堂重建竣工。

1952年后，永思堂长期无人管理，被政府部门使用多年。1982年，部分被拆毁，改建成诸暨总工会办公楼。1996年，永思堂门前的22尊石狮子，被搬运到诸暨博物馆、西施殿陈列。2009年，剩余部分在旧城改造中被全部拆毁。

南门周氏大宗祠　位于南门临江南屏路口，始建于雍正八年，由丰江周周梅芳等捐银助谷发起建造，为南门周氏总祠堂。光绪元年（1875）夏，周晓园等负责重修。抗战时期，被日军炸毁。

周氏宗祠　位于高道地自然村，为南门周氏十年派宗祠。坐西朝东，连进三斟全部用石柱，建筑雄伟。祠堂门口大路通往金华，大门两旁各有一对石狮子。大门上方挂着黑底金字牌匾一块，长2米，宽1米，上有“周氏宗祠”四个大字，上款有“汝南周爱莲堂”字样，下款是“周善培题”。后厅用来摆放周氏祖宗牌位，逢年过节祭祀祖先，设立香案。中厅用来周氏长辈商量家族大小事务，调解民事纠纷。前厅南北两侧设包厢，中间天井用来农闲时搞文体活动，逢年过节搭台做戏，南北厢房供长辈、妇女、小孩观看，年轻力壮者在天井观看。

20 世纪 50 年代，改为三踏步村校。“大跃进”时期办大食堂，供全大队村民吃饭。1977 年浣纱小学扩建改造时拆除。

山下杨杨氏宗祠　为诸暨倪杨氏千十三公派祠堂，堂号“翼善堂”，始建年代失考。嘉靖年间，祠堂破败不堪，杨吉等慨然倡议修缮祠堂，族人踊跃捐金助田，经过三年修缮而成。至雍正年间，狂风肆虐，祠堂又被摧残，杨嘉彩聚集族人重修祠堂，当年秋季动工，到第二年的冬季完工，祠堂又修缮如新。乾隆二十三年（1758）冬，祠堂又呈现颓毁现象，成九公带头倡议再修祠堂。同治年间，杨继芳与炯斋、晴麓等兄弟 5 人，各捐出英银 200 枚，带头倡议修缮，经三月修缮完成。光绪二十九年（1903），因积宗祠历年余资而陆续购得田 27.5 亩作为祠产，作为祭祀岁修及文应庙敬神值年之用。民国 35 年（1946）2 月，成立祠产管理委员会，由曾五公派下各房裔孙代表，选举族中之贤能并关心族事者 12 人为委员，组织理监事委员会。翼善堂祠堂尚存时，城南杨氏必于清明齐集于宗祠祭祖。抗战时期，祠堂遭日寇践踏，前半进倾塌，祠内物件荡然无存。1949 年曾经再次修缮，一侧是烧饭间，另一侧是商议厅，当中是大厅，后面是放神主牌位间。门前有下马石和旗杆石。中华人民共和国成立后，祠堂随即被土改，房产分给两个生产队当作仓库，后大都分配给私人，面目全非。

山下杨杨氏宗祠残体

坊　宅

巫里　在南门外。清《国朝三修诸暨县志·坊宅志》卷四十一载：“《越绝书》：巫里者勾践徙群巫，出于一里。《乐史环宇记》：诸暨县巫里，勾践得西施之所。”

社稷坛　在县南三里，宋政和年间（1111—1118）建，时“依新式增筑坛五”，附雷风雨师。后分别迁西墉之外和城北，元迁城西南四里长山下，明迁城西北。清重建于城南三里，“坛西向，高二尺一寸。陛四出，各三级。外缭以垣，立门四，门涂以朱。由北门入，埋石柱于正中近南处，长二尺五寸，方一尺，上露圆尖”，“每岁于春秋二仲上戊日致祭”。清末废，“城南三里红庙之上有地称南坛者，即其遗址”。

风云雷雨山川坛　在城南四里，明洪武三年（1370）知县田赋建，“坛南向，高二尺一寸。陛四出，前陛五级，后与左右皆三级。缭以周垣，立门二。设缭坛于东南隅”。后废，坛址无考，疑为元之社稷坛改建，当在西南城外长山之下。

范邻坊　在南门外，又名采莲坊，元代改为菱亭坊，以近范相坛得名。不存。

铁店街　在南门外水神庙南，面江，旧多铁肆，故名。

全有堂　在南门外，为明代翰林典籍，监察御史黄邻故宅。宋濂撰有《全有堂箴并序》。不存。

御史坊　在南门外全有堂前，为明代黄邻所建。不存。

临津坊　在南门外三里许义津桥范相祠侧。不存。

夫子巷　在临津坊东。不存。

茅家步　西施、郑旦旧居。不存。

浣溪坊　又名范川坊，在浣江边，其西南江边有浣溪亭。不存。

石庭山里　在苎萝山西。康熙《诸暨县志》载：“石庭山，陶朱乡，去县城南不一里，形甚小，石皆紫色。堪舆家谓县之印山，不宜锤凿云。”不存。

芝山坊　在县西南三里芝山，原名义开坊，唐县令郭密之以山多芝草，建芝山亭并改名，又名灵芝坊。不存。

学士第　又名学士里居，在三踏步，宋绍定五年（1232）进士、翰林学士承旨周恪故宅。不存。

守一道人故居　在三踏步，明周瑾旧宅。不存。

石塔头石亭和石牌坊　名不详。位于石塔头村中，系清道光八年（1828）所立，亭有石柱 4 根，上有图腾，中有碑石，上书“江浙两省巡抚御史兼管军饷盐务”，并有“圣旨钦褒”额。石牌坊高大过屋，8 只石狮拱卫 4 柱，牌坊上有精美石雕。“破四旧”时亭和牌坊被拆，石料填入江堤。1997 年浦阳江建标准堤时部分出土，有 4 只石狮被移至原诸暨市人民医院内。

“古苎萝村”牌坊 在苎萝村村口，始建年代失考。为木结构，上覆盖山坡顶，阴阳合瓦。民国 14 年（1925）曾修缮，牌坊阑额上横书“古苎萝村”四个大字，为当时诸暨县知事汪莹所书。不存。

遁庐 即余重耀（铁珊）私邸，俗称余家大屋，为一幢四合院。抗战时期，国民革命军多寻找寺庙及大院为驻地，看中余家大屋，准备入驻。余铁珊闻讯急告顾祝同，顾即发“第三战区司令长官司令部顾问余住宅，任何一切机关部队学校团体一律不准占用”之手谕，见者悚然。中华人民共和国成立后，先后改建为城关镇小、城关中学的主体。不存。

幽涧别墅 位于幽人涧。民国 2 年（1913），南门赵炜堂建，作晚年休息之所。其子懋勋、赞勋等撰有《炜公幽涧别墅记》，叙四时景致。不存。

郑氏别墅 在城西南桃花林武陵径桃花最盛处，环垣洞门，风趣幽艳，每岁三月，城中裙屐络绎于道。不存。

古 墓

王羲之墓 据传苎萝山有书圣王羲之墓，据西吴悔堂老人著《越中杂识》载：“晋右将军王羲之墓，在诸暨县南五里苎萝山，孙绰作碑记，王献之书之，今已不存，或云在嵊之金庭山，或云在会稽云门山，俱无迹可考。”王荣紘有诗《苎萝山寻王右军墓不获》，冯至有诗《王右军墓》。

赵师熙墓 在胡公台下幽人涧附近。清《国朝三修诸暨县志》载，胡公台“登降有岭，下有宋宗室、奉仪郎赵师熙墓”。不存。

周恪墓 在苎萝山原诸暨市人民医院后门附近。1957 年前后，人民医院建造职工宿舍，涉及周恪墓。周善培得知后，请时任浙江省省长周建人斡旋，周建人表示“既然是建设所需，拆了就拆了吧”，于是巨冢被毁。

周澳墓 在桃花岭。周澳为周恪曾孙，从三踏步迁居山阴，系伟人周恩来、鲁迅先祖，过世后归葬桃花岭。不存。

周完二公墓 在苎萝山东麓，1972 年建诸暨第一自来水厂时被毁。

栾凤墓 在苎萝山。清《国朝三修诸暨县志》载：“又有明初知州栾凤墓，今无访。”不存。

毛元章墓 清《国朝三修诸暨县志》载：“陶朱公庙前缘山南流经上山头（又名毛家山，有宋翰林学士山阴毛元章墓，前有墓表。案：《乾隆府志》及《山阴县志》俱载，毛元章墓在城南四里，临大路，名上山头，妻赵氏祔，不言何邑。而其志茔域所在，皆与吾邑确符，惟失注“诸暨”二字耳)。”不存。

傅国英墓 在苎萝山顶偏东。整个墓室与四周地坪，均用外国进口的水泥浇筑，墓碑由谭延闿题写。左侧为其弟傅国俊墓，右侧为护卒傅申仁墓。傅国英，字聘之，暨南街道荷香畈村人，早年响应孙中山革命，与江浙等地光复会、同盟会联络，秘密组织会党。民国元年（1912），江南光复，参加蓝天蔚、钮永建等组织的北伐队。南北议和后，奉浙江都督蒋尊簋命，任省会警察局督察，继奉派诸暨任警察署长，筹建国民党组织，奔走于沪杭苏皖间，与钮永建、陈英士、王金发等联络，共谋反袁，成立浙东讨袁军。傅被推为前敌司令，统率农民、工匠、学生起义军5000余人，于民国5年4月12日在石佛半爿山出发，当夜攻占县城，成立浙东军政府，诸暨宣告独立。时浙江巡阅使屈映光已为袁世凯收买，诬傅以“土匪扰民”罪，遭逮捕杀害。北伐成功后，国民党中央决议傅国英作革命烈士公葬。国民党元老于右任、胡汉民、蔡元培、张静江、陈果夫等均致挽词。1972年建诸暨第一自来水厂时被拆毁。

孙钦亮墓 民国22年（1933），盖县财主孙钦亮去世，葬于陶朱山东麓诸暨火车站旧址，1951年迁桃花岭。

蒋志英墓 民国30年（1941）4月19日，抗日将领蒋志英在海门（今台州市椒江区）牺牲。次年，其兄蒋伯诚托付各县协助，将蒋志英灵柩运回诸暨，安葬于苎萝山西施殿之侧，由其子蒋慕严具名立碑。不存。

金石碑铭

浣纱摩崖 在苎萝山东麓，濒临浣纱江畔，坐西北朝东南，“浣纱”二字为东晋书圣王羲之所书。崖壁高360厘米，宽570厘米。竖书阴刻，字径50厘米 ×57厘米，笔势飞搴。旁镌书法家沙孟海所书“西施浣纱处”。

唐张处士故亡妻倪氏墓志铭 1996年4月，诸暨文史专家杨士安在诸暨市区城南海越公司液化气仓库花圃发现，后捐赠诸暨市博物馆。志石高44厘米，宽44厘米，厚9.5厘米。麻砂石质。首题“唐张处士故亡妻倪氏墓志铭并序”，正书18行，行20字。

释文：唐张处士故亡妻倪氏墓志铭并序　布衣鲁存古撰

昔有张氏者，即承晋以来分派，望出清河。高祖讳□□，曾祖讳□，皇祖讳兰，皇父讳明。处士即承嗣子，芳名曰行简。立性冲和，于家履孝。义有断金，纵心南北。好乐琴樽，过于瓯越。振起早岁，辞亲出吴。年冠之初，娶琅琊倪氏，下居此邑立籍，则为暨阳人也。倪氏，皇考讳伦□□之女也。夫人适于君子，则为处士之妻。夫人内穆外和，夙规礼则，何期修幸不长，以咸通八年岁在丁亥九月四日终于郊亭坊私第也，享年四十有六。育一女曰宝娘，泣血何申？五情贯烈，勤勤孝道，粉身何逮？卜期先远，当祀十月十九日甲申之晨，窆于陶峰之东原，长山之里，礼也。买陈、裴二姓之地。处士达知浮世，名有归期，自易致建造双坟，□后永为长归之宅，丙首之向是也。恐年深代久，陵谷改异，固以刊石，作于铭志。词曰：

白玉沉泉，红芳坠土；逝流何速？□宫掩户。松门一闭，风悲月苦；永镇幽冥，千秋万古。

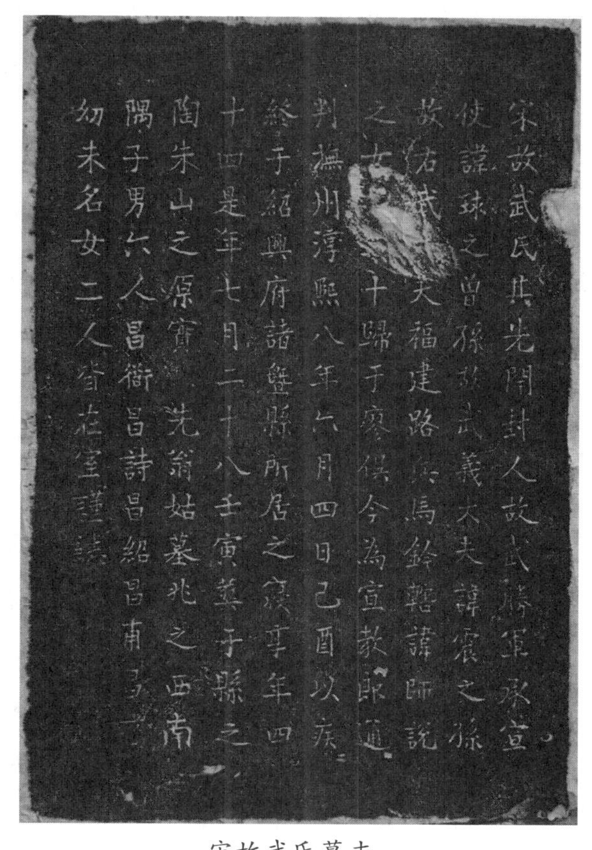

宋故武氏其先開封人故武勝軍承宣
使諱球之曾孫故武義大夫諱震之孫
故右武大夫福建路兵馬鈐轄諱師說
之女年二十歸于廖俣今為宣教郎通
判撫州淳熙八年六月四日己酉以疾
終于紹興府諸暨縣所居之寢享年四
十四是年七月二十八壬寅葬于縣之
陶朱山之原實先翁姑墓兆之西南
隅子男六人昌衜昌詩昌紹昌甫昌耆
幼未名女二人皆在室謹誌

宋故武氏墓志

宋故武氏墓志　1982年7月，因石油仓库基建施工，出土于桃花岭，藏诸暨市博物馆。志文10行，行15字，共146字，皆竖书阴刻楷体。志石高55厘米，宽36厘米，厚7厘米。青石质。

释文：宋故武氏，其先开封人。故武胜军承宣使讳球之曾孙，故武义大夫讳震之孙，故右武大夫、福建路兵马钤辖讳师说之女。年二十归于廖俣，今为宣教郎、通判抚州。淳熙八年六月四日己酉，以疾终于绍兴府诸暨县所居之寝，享年四十四。是年七月二十八壬寅，葬于县之陶朱山之原，实先翁姑墓兆之西南隅。子男六人：昌道、昌诗、昌绍、昌甫、昌耆，幼未名。女二人，皆在室。谨志。

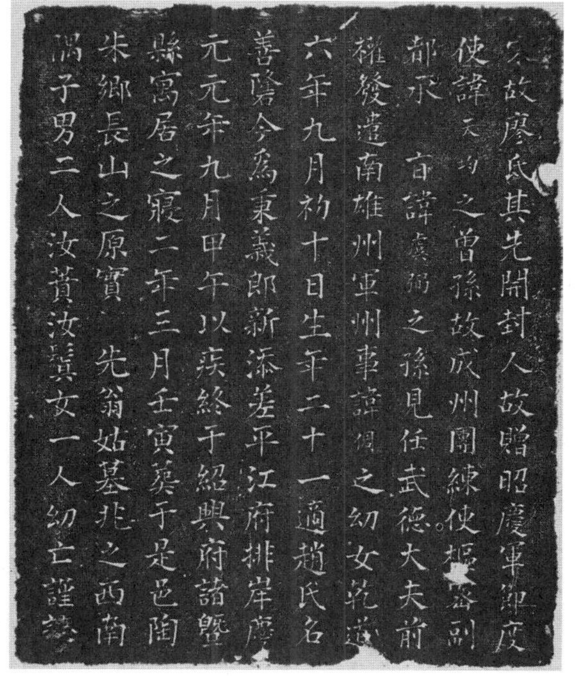

宋故廖氏其先開封人故贈昭慶軍節度
使諱天均之曾孫故成州團練使提舉副
都承旨諱虞翊之孫見任武德大夫前
權發遣南雄州軍州事諱偶之幼女乾道
六年九月初十日生年二十一適趙氏名
善隆今為秉義郎新添差平江府排岸慶
元元年九月甲午以疾終于紹興府諸暨
縣寓居之寢二年三月壬寅葬于是邑陶
朱鄉長山之原實　先翁姑墓兆之西南
隅子男二人汝賁汝翼女一人幼亡謹誌

宋故廖氏墓志

宋故廖氏墓志　1980年出土于桃花岭，藏诸暨市博物馆。志文10行，行16字，共158字，皆竖书阴刻楷体。志石高54厘米，宽43厘米，厚6厘米。青石质。

释文：宋故廖氏，其先开封人，故赠昭

庆军节度使讳天均之曾孙，故成州团练使、枢密副都承旨讳虞弼之孙，见任武德大夫、前权发遣南雄州军州事讳倜之幼女。乾道六年九月初十日生，年二十一适赵氏名善謩，今为秉义郎，新添差平江府排岸。庆元元年九月甲午以疾终于绍兴府诸暨县寓居之寝。二年三月壬寅，葬于是邑陶朱乡长山之原，实先翁姑墓兆之西南隅。子男二人：汝蕡、汝籄。女一人，幼亡。谨志。

宋廖氏夫人墓志 2011年出土于陶朱南路卫校段，藏赵社建处。志文13行，行17字，共216字，皆竖书阴刻楷体。志石高54厘米，宽43.5厘米，厚5厘米。青石质。

释文：亡妣太安人姓廖氏，知郡刺史次女也。及笄，归皇考宣州都监赵府君。考弃诸孤，迨三十六年，而我妣孀节邃靓，手鞠子女，自孩提教以有成。识高闲淡，独登稀寿。不幸元兄殒疾，不肖孤躬进调娱，祈安体力，仅及周期，俄然而逝。天乎，痛哉！不孝摧割忍死以襄窆事。

亡妣享年七十有二，封安人，生于乾道元年三月初三，端平三年八月初十日以寿终，是年十月二十二日丙午合葬祖垄之右。子三人：长汝蕡，登第调官，先一年卒；汝緭、汝墺偕成忠郎，历任绍兴支盐、平江排岸任。女适廖畋，次适田宗玉。孙男：崇槭，一未训名。孙女一人，在幼。汝緭等泣血以志于圹。

周门杨氏存田附祭兼自述碑记 碑原在三踏步村，由周建成保存。青石质，圭角。

释文：永远蒸尝（额，篆）

周门杨氏存田附祭兼自述碑记

落魄悲思远，哀衷达意难；生平颠沛事，大略吐毫端。先夫周世俊，字子英，行嘉二百廿三，即熙百七十九公之长子。公在顺治甲午登科，弘才膺扬，遘疾不遇。系自夫祖应继夫俊，少因祖业凋零，谋生在外，初托巢于杨姓，徒费经营，复迁居于应店，惨遭回禄。嗣后店业营生，夙夜胼胝，数十年间氏与夫君虽历尽艰辛，遍尝祸患，然幸蒙祖宗福庇，苦积血赀，置产十余亩于族处。正图复还故土，憩息残年，岂知氏命不辰，灾星叠照，于四十五年三月有丧子之变，而夫君抱西河之痛，至六月间亦相继而亡矣！

於乎痛哉！茕茕嫠妇，号天舌敝，吁地声寒，毁形灭性，誓死靡他，所可朝夕消愁依形伴影者，惟一幼女而已。但此女亦非十月怀耽，幸属三年乳哺，意欲迎东床于门内，以倚终身，然未贤否若何，况又未曾告明宗长，安敢自专，姑待其长适孟门而已矣，奚容过虑哉？所深虑者，惟先夫之祀事耳。倘未亡人谢世以后，时而春也，空啼杜鹃于荒冢，不闻纸蝶之飏；时而秋也，唯惊蟋蟀于幽魂，未见椒浆之滴。夫也何人，其能堪此？氏也何心，能不悲哉！以是血泪几枯，愁肠寸裂，敬书田五亩二分于家庙，永作蒸尝典费，以寿藁砧于泉台，此未亡人之报夫恩于万者，即夫之所以酬答祖父以及高曾于无穷也。若夫氏之余生，不过藉剩田数亩之资，觅一胜境，筑数椽之茅屋，朝夕焚修，了前生之孽债，培后世之灵根，并可荐引亡夫同登彼岸。至氏殁后，即将茅屋改为楚宫，己产立为国产，托圣僧世守之以□诚。恐年远事湮，人心不古，有难以逆料者，故不得不妄布哀辞，登诸石勒□□后世铁券云尔。至于文品之□□，典章之典雅，妾非班氏比也，希见者谅之。

计开:（略）

康熙四十七年岁次戊子仲春，杨氏谨立。

杨氏太君重整碑记　碑原在三踏步村，由周建成保存。青石质，圭角。

释文：吾族杨氏太君者，行嘉二百二十三公之原配也。公讳世俊，字子英，承继与熙一百七十九、顺治甲午科举人讳伯胜字应选公为嗣。少年祖业凋零，勤苦营生。杨太君与公历尽艰辛，积置田产十余亩，方期振兴家业，不幸而既伤其子，又殒所天，仅遗稚女，无人承祧，斯亦生民之至艰，而荼毒之已极也！

嗟！遭家之不造，哀天难之匪忱，能不悲鸣长叹，涕泪沾襟，顾影摧心，吞声欲绝哉？既而矢志柏舟，称未亡人。念切亡灵祀事，痛泣不已，因将己置等字号田五亩二分零推入家庙，交董事经管收花，永作春秋附祭之资。此其生平哀衷苦思所以报答夫恩者，已见于杨太君自述碑记。

碑系康熙四十七年戊子仲春勒石宗祠，至今犹存，读之令人泪下如雨。呜呼！茕独之悲，世谁可诉？凄怆之感，人孰无情？岂知杨太君所立附祭之产历年既久，遂致承管者即为盗卖之徒，而祀田竟将湮没而无存。幸而旋经嫡派后裔南恺查知，始于嘉庆戊寅年由县控府，诉讼三载，断赎在案。复据家长处明，因前田转辗售卖，无从取赎，除“等”字号剩有原田八分外，易置“闻”字号田亩抵还归祀，仍照旧章，办祭给胙，庶几杨太君之苦心，赖以不没，子英公之幽灵，可以常慰矣。爰重立附祭田亩碑记，刊载宗谱，永禁盗卖，以垂诸不朽云。

永作蒸尝典费，以寿藁砧于泉台，此未亡人之报夫恩于万一者，即夫之所以酬答祖父以及高曾于无穷也。若夫氏之余生，不过藉剩田数亩之资，觅一胜境，筑数椽之茅屋，朝夕焚修，了前生之孽债，培后世之灵根，并可荐引亡夫同登彼岸，及妾殁后，敢吁载入谱牒，垂后世之庶，见妾心存祖先以志首邱之意云尔。

计开:（略）

道光元年春王月，杨氏谨立。

周建成保存的碑记

周氏戊午修祠记 碑石原立于三踏步村周氏宗祠内，由周建成保存。高210厘米，宽76厘米，厚7厘米。青石质，圭角。

释文：元公子孙在诸暨者为派四，曰四年派，曰五年派，曰七年派，曰十年派。有宋国子博士天锡公，四派所同祖以为始迁者，迁之岁为高宗绍兴癸丑，始之地为紫岩乡盛厚里。三传而至翰林承旨诚夫公，再迁县南门外三里三踏步。十年派，承旨公裔也。公墓苎萝山之阴，祠北向墓百武，祠不知始何年，有碑焉，记杨太君输田于祠，其岁则康熙四十七年戊子。又《谱》记“世良公祀产，有道光五年修船后进”云者。据是，祠之始必前乎康熙四十七年戊子，道光五年又尝曾埤之。咸同之季，县官、私庐舍大烬于发火，祠近县，独完，元公之神致贼慑敬，乃若是哉！

善培自高王父养吉公去乡而官，南泛闽，西溯黔蜀，若梗逐流，往而不复者百年，至于清墟。国民又六年丁巳之冬，善培展转乃得谒祠拜主。祠霉主黕，桓箢必段。宗微力空，杓尝旷堕。对越在天，恫割取栗。族耆济舟，奉祠惟恪，俾役工徒，黕者新之，霉者髹之，门主室，御不净，显之以波黎。

于时，弟嗣培监瓯海关。瓯之工以锡名，凡祭之器一制以锡。自温州浮海，祗贡于祠，诸祭当备，准礼咸备。济舟又鳌祠畜广三楹于西偏，四郊子孙岁时助祭，此斋此□，起戊午，越己未正月，庶工胥讫。

十年派谱牒自光绪壬辰后至今不修，修之亦讫，乃领宗人筮日告成，歌舞铿訇，宾筵秩秩，道旁过者以为十年周氏之犹昌，宁知善培躬冒堕祀之罪，百年幸一湔赎，髹新之，必百年十九而惟黕霉是托，九天之灵凄怆犹可喻耶？祠无积继，自今春秋之荐，善培兄弟不死自荐之，死，则命之子孙。祭器别为籍济舟掌之，死，亦命其子孙。十年派男子存戊午谱者五百有十，其八九力田人，以一日隙更直扫除，则祠恒新：岁各集百钱，献粢盛醴羞，则祀无阙。耒耜之余，荐香百于廪禄。十年派人既张元公以为祖，孙曾之孝，惟祠与祀，勗之哉！勗之哉！民国十年夏正庚申十二月，善培恭记，伏写石。

诚募复建浣溪亭缘起　碑文撰于1924年，拓片为本邑书家濮乾远捐赠诸暨市档案馆收藏。

释文：募复建浣溪亭缘起

清室逊位后十年二月十二日未刻，在本殿设坛。蒙大汉追封救国真人郑旦，法名采苹，史名夷光，号西施，到乩谕曰：

“吾乃本邑若耶溪萝山之阳西施村人也。父姓郑，名洛，字越民，母姓施，父为施家村施氏赘婿。村在溪之西，故名曰西施，村即苎萝村也。生长母家，故号曰‘西施’，浣纱是溪。今名是溪曰‘浣江’，而山仍曰‘苎萝’。说者谓郑旦是东施之名，非也，东施实无其人，后之好事者造作也。吾貌未尝甚美，但圆面红色，不用脂粉，自同于众人之粉饰者也。当年十六浣纱是溪，相公范蠡为越王觅美人，献之吴宫，适见吾于溪畔，而将献也。乃先至吾家，商诸父母，父母已许之矣。吾意为他国君王之妾，若有迟迟不行之状。范公曰：‘国家兴亡，妇女亦有其责也，况汝为吴服劳，即所以为越报仇。’吾于是感从范公之言，而遵父母之命，遂至越王之所。王曰：‘子能为吾复仇，是先君以下之所共赖者也，岂独孤一人乎？勉之哉！勉之哉！’是越王之三年也。

吾至吴宫，吴王大悦，不视国事。然越王苦心焦思，卧薪尝胆，吾虽身在吴宫，而心时在报越，形虽与之伴，而尝在沼吴。迨至越王二十二年，一战而败强吴。吾即归越至家，家仍在本邑西施村，今族已在萧山矣。归时吾年三十六，而父已蚤亡，独有母在，仍以贫穷之家侍奉老母，而范公因越王可与共患难，不可与共安乐，亦遂辞位至陶，陶在山东兖州府定陶县。本邑长老为范公立庙者，追思故臣之功训，欲后人效法耳。

及吾年五十，而母亦卒，因思母情切，痛不欲生，将自尽于浣溪，为人撞见。迨至杭近区，乘隙投江而逝，时年五十有二。后人谓吾不返故邑，非也；谓吾死于浣溪也，亦非也；又谓吴人沉吾于江，更非也。

吾生于周敬王十一年壬辰六月十四日寅时，卒于周贞定王十一年癸未十月初三日申时。汉元鼎元年乙丑，上苍怜吾忠孝，封为‘救国真人’。明邑侯唐梅臣氏显悦，题‘浣纱’二字于溪畔。清咸丰四年，而吾庙新，邑侯许雪门氏瑶光题诗，今犹在。世以吾与杨、貂、昭并传，从传其美，不亦误乎？何吾貌之美名于遐迩，著于史策。及今，吾庙在此，世人有特游者，然至吾庙，面像甚陋，未有不掩面窃笑。斯时也，吾也哈哈含容，世人不见，只见吾像安坐而已。”示毕，退。云云。

越三年甲子，天运重新之岁。

蔚文谨案：邑志载明王季重《游苎萝山记》曰：“苎萝山，石壁高数十丈，题‘浣纱’二字，斗许大，笔势飞骞，位置安善，传是王右军笔。予细察之，大似褚河南。褚固祖王者，而字旁‘右军’字未灭。又传右军墓在苎萝山下，则此石乃其熟游之地，理或有之，即不是右军，亦是唐宋人高手所赝，固是韵事。而胥吏阿承官长，易之名而冒其廓，可恨也！”盖季重来游时，正唐梅臣令暨之日，当时冒名献媚，《记》中已隐言之。且旧志修于梅臣令暨之前，二字已著录，则断非梅臣书可知。字迹圆劲似晋人，殆王书而褚摹欤？此二字为前三十年拓本，旁“右军”字亦剥蚀不可识，今则并唐易书大字，亦就湮残。德清俞曲园师樾谓是唐令书，而乩示也谓唐侯题，故依据王季重游记，会通三说，标曰“晋王右将军羲之原题，明唐邑令显悦更名书”，凡所以存其实也。

乩谕妙处，尤在辨明施姓。今“族已在萧山”一语，为全文关键，可洗后来纷纷聚讼。吾暨邑旧本有浣溪亭，亭毁而地也不复可考。不才退居林泉以来，渴饮浣溪水，饥采砚田薇，一以表彰古迹、阐发幽光为志事。遥念始迁暨祖宋封盱江郡侯翰林学士陈曾七公谥“文定”，号浣宾，卜兆萝山之阳，今已不可寻识。谨就其东拓地十余亩，乘今岁小子六十初度，移亲友称觞之资，创首规复浣溪古亭。在后方披楼三间，以历代与是地有关系之名贤暨现世慕风特别捐资百金以上者配享之。此举告成，实于表扬旧胜之中寓追思水源木本之微意焉，岂徒便利行人、点缀风景而已哉？

里人陈蔚文撰书（下钤“蔚文私印”“趣园居士”朱白文印各一）。

孙中山先生纪念塔 在苎萝山东麓原诸暨市人民医院内。民国15年（1926）5月建造，19年12月重修。纪念塔设台基、塔座和塔身三部分，四周原置有栏板和望柱。1985年5月，诸暨县文物管理委员会再次重修。2006年8月，公布为诸暨市第二批文物保护点。

台基平面呈六边形，分上下两层。底层边长125厘米，上层边长85厘米，各高30厘米。塔座呈正方形，边长80厘米。塔身呈三角形，高250厘米。其中一面竖镌隶书“孙中山先生纪念塔”8字，另两面分别镌刻“民国十五年五月诸暨县民众捐造”和“民国十九年十二月诸暨县建设委员会重修”，俱正书阴刻。

第三节　方　言

方言是地方语，即土话。土话是一方地域的人民经过几十代乃至几百代锤炼而成的语言。随着普通话的全面推广，方言的影响正在逐步缩小，甚至有走向消亡的趋势。

对于浣纱村的方言，只能简单地进行记录，但许多地方不能确切地用文字表达出来，特别是字与音不一致。

一般用语

开——去。

卯——次数，如：头一卯。

快——将要来临，如：夜快、蚕快。

煞——可作死字解，如：气煞、哭煞。

添——再的倒装语，如：吃碗添、讲遍添。

照——这下，如：照倒灶、照发财、照呢、照么。

兴——生长或长，如：秧兴得快、笋兴得特别快。

佬——常作“人”的代称，如：日本佬、木匠佬等。

相——是“的样子”三字之简化，如：吃相、死相等；卖相、人相，则是指外在的相貌。

头——作为后缀的修饰语运用甚广，如：囡子头（指人）、砖头（指器物）、船埠头（指地方）、五更头（指时间）等等。

称　谓

爷爷——祖父。

娘娘——祖母。

阿爹——父亲。

姆妈——母亲。

老嬷——老婆。

孃孃——姑母。

老子——丈夫。

阿伯——伯父，也有称父亲。

姆姆、阿姆——母亲，也有称伯母。

大件——有权有势的人。

宕头——没有自制力的人。

戆头——不讲情理，往往把事情闹翻的人，有鲁莽的意思。

叔伯姆——妯娌。

舍姆娘——产妇。

小鬼头、麻头鬼——男少年。

两佬嬷——两夫妻。

囡子头——女婴或小姑娘。

大姑娘——未结婚的姑娘。

伽落头——孩子中最后一个。

老嬷倌——结过婚的中年妇女。

十三点——神经不正常、语无伦次的人。

大好佬——对有能耐的人的美称，或称圆滑的人。

夜佬——老鼠。

嬉家货——玩具。

贤佬路——这是一个泛称，可指人也可指物。如两人在背后议论第三者，正好第三者来了，就说“贤佬路”来了，这里的“贤佬路”是指第三者。有人晚上出门怕遇上鬼怪，就说不可蹦到“贤佬路”，这里的“贤佬路”指鬼怪。怕老婆者对朋友附耳低声说：等“贤佬路”出门后我会来的，这里的“贤佬路”指的是他的老婆。打麻将者打出一张“东风”，转手又抓一张“东风”，就惊喊“又是一个贤佬路”，这个“贤佬路”是麻将牌的“东风”。贤佬路处处可用，有“贤路”别名。

代词　动词

其——他。

伢——我们。

倷——你们。

伽——他们。

汮——洗，如：汮衣裳。

搿——搀扶，如：搿牢。

庚——钻洞，如：庚过去。

详——推测，如：猜详。

冒——呕吐，如：冒出来。

讴——叫唤，如：讴我声。

派——劈开，如：派柴爿。

跄——跑步，如：跄得快。

套——绕路，如：套转来。

驮——取、拿，如：驮东西。

肉——揉，如：肉菜、肉面。

趤（透）——跳，如：趤过来。

渥——溺，如：渥落开、渥煞。

祭——吃的贬义词，如：饭祭咚。

顿——嘲笑，挖苦，如：顿他两句。

扨——抓或买，如：扨黄鳝、扨小猪。

个里——这里。

个盖——这个。

嘫怎个——怎么。

形容词

激滚——动作麻利。

得过——舒服、惬意、爽快的意思。

倒灶——凡生意亏本、家庭不和、庄稼歉收、生病犯祸等情况。

起翘头——耍性子。

涩闭头——办事不痛快的人。

破脚骨——不务正业，有黑帮无赖的味道。

十野胡爪——蛮不讲理。

腥气头佬——好色的人。

厌气煞人——寂寞得不耐烦。

两头冲杠——两面讨好的人。

老田荸荠——过于老成的人。

直肚拔肠——心直口快的人。

吓人倒怪——动作和语气粗暴。

嗙天嗙地——大话、假话连篇。

来煞勿及——迫不及待的意思。

做筋做骨——受到拘束或压力。

杀脚搏手——用最快的速度在做。

火烛郎当——形容办事冒冒失失。

孤凋零零——性情孤僻，独处之人。

勿上六位——不上场合，没有品位。

碌乱三千——手忙脚乱，无正常秩序。

罪过宁相——非常可怜，走投无路的样子。

扭碎白藤——不听解释和劝告而纠缠不休的人。

自讲自听——不管人家听不要听，任凭自己胡言乱语。

挖壁打洞——想尽一切办法或千方百计动脑筋的意思。

搅塘乌鳢鱼——挑事生非，唯恐天下不乱的人。

哑子吃黄连——说不出苦来，只能将苦处往肚里吞。

青眼对白眼——没有共同志趣和语言的人坐在一起，无言以对。

时间语

天亮快——初晨。

五更头——早晨。

晏饭干——中午。

点心边——下午三四点钟。

夜快边——傍晚。

黄困头——黄昏。

后半日——下午。

惯用短语

十三点、起翘头、扯破布、拗起拗倒、拔出在行、勾头缩脑、精光卵出、囥煞壶瓶、老宁东西、淋露带路、溜沟挖煞、滑脱精光、木肮土蒲、蓬头洗癞、厚皮石脸、寿头寿脑、秃头烂脚、枉长白大、呒守野管、勿居家业、东倒西歪、墨乌蕈嫩、鼻头汰涕、哭足地拜、墨乌铁塔、神气活现、白铜元宝、北斗归南、病腻老嬷倌、光棍一条肮、恨心切骨头、笃螺蛳过酒、强盗发善心、蚨蚁扛鲞头、青天大白日、绣花枕头稻草包、木勺里头剖西瓜、螺蛳壳里做道场、开嘞眼睛揸尿出、三个手指头传田螺。

歇后语

鸭听天雷——听不懂。

瞎婆拔笋——凑凑着。

破开毛竹——合勿拢。

砻糠搓绳——起头难。

墙头茅草——随风倒。

火筒里煨鳗——直死。

哑婆得狗困——话勿出。

讨饭佬骑马——穷开心。

黄胖搡年糕——吃力勿讨好。

老太婆念经——有口无心。

麻线吊鸭子——两头滑脱。

江西人补碗——自过自。

荷叶包刺菱——里戳出。

老鸦得石塔——一动不动。

姜太公钓鱼——愿者上钩。

小布衫里脱出——竭尽全力。

山东人吃麦冬——一懂不懂。

廿四根肋棚骨——靠自健。

烂泥菩萨过河——自身难保。

老婆舅喊娘舅——小心为上。

石板道地掼乌龟——硬碰硬。

热面孔搭冷屁股——何苦要紧。

牛头上到马项颈——头寸勿接。

馒头吃到豆沙边——大功将成。

横横田塍直直过——无进无出。

扳着手指头算账——心里有数。

乌龟管着鳖价钿——物贱价高。

汤家店人点眼药——现点现开销。

第四节　谚　语

谚语，特别是农谚，是老百姓在千百年的生产生活实践中总结出来精简语言，富有哲理，且大都通俗易记，朗朗上口。

俗　谚

赤朊讲布贱。
久病成良医。
烂田挥捣臼。
顺水余牛屙。
好死勿如赖活。
河死鬼哄上岸。
口燥喝腌菜卤。
摸生勿如摸熟。
求人勿如求己。
鹅落秧田鸭开赶。
对着和尚骂贼秃。
好马勿吃回头草。
久病床前无孝子。
上梁勿正下梁歪。
死狗避勿过热汤。
性急碰着慢郎中。
宰相肚里好撑船。
好记性勿如烂笔头。
红萝卜记在蜡烛账上。
一张眠床勿出两样人。
三块板，两埭缝。
吃家饭，拉野屙。
成勿成，三壶瓶。
鲞挂臭，猫饿瘦。
小怕噎，老怕跌。

半斤八两，黄鱼死鲞。

勿怕勿懂，只怕装懂。

吃饭防噎，走路防跌。

聪明一世，糊涂一时。

成事勿足，败事有余。

对牛弹琴，牛勿入耳。

儿要亲生，田要冬耕。

海阔洋洋，忘记爹娘。

救急好救，救穷难救。

讲讲七窍，做做八扇。

冷笑无情，勿是好人。

脸皮老老，肚皮饱饱。

揸屙吃烟，一搭两便。

麻婆搨粉，越搨越深。

三个内客，抵巢老鸭。

树高千丈，落叶归根。

虱多勿痒，债多勿愁。

天平地平，人心勿平。

闲事勿管，饭吃三碗。

小人手热，老人口热。

养儿防老，积谷防饥。

只有愁煞，没有做煞。

自己动手，吃穿勿愁。

眼睛一眨，老母鸡变鸭。

乌梢蛇打一支，有一支。

做官格爹，勿如讨饭格娘。

人参一斤，勿如白米一升。

白吃嫌憎淡，勿吃要劳馋。

拔勿完的稗，讲勿完的话。

棒头出孝子，筷头出败子。

屙急造茅坑，临时抱佛脚。

大懒差小懒，小懒差门槛。
肚痛冷饭搡，头痛墙壁撞。
掼掉讨饭棒，忘记长弄堂。
讲讲蛮在行，专吃米皮糠。
脸孔红彤彤，要交桃花运。
宁可买勿值，勿可买吃食。
你有一账清，我有定盘星。
千铟想万铟，万铟想成仙。
讨得个媳妇，掼掉个倪子。
勿听老人言，吃苦在眼前。
五马换六羊，大炮改鸟枪。
一只伲朵进，一只伲朵出。
有钱做钱着，呒钱做命着。
养小日日鲜，养老日日厌。
只要柴火足，猪头总会熟。
拳师碰着蛮师，敲得屙死。
各人各心爱，大姑娘爱驼背。
头汁苦，二汁补，三汁养皮肤。
慢人有慢福，烂泥菩萨住瓦屋。
八十岁学跌打，掼掉一副脚棍。
勿话一肚皮气，话话两肚皮气。
宁可吃过头饭，勿可讲过头话。
外头金窠银窠，勿如自家草窠。
三十夜吃一顿，正月初一穿一身。
老虎蒴到脚后跟，还要看看雌雄。
酒肉朋友勿可交，患难夫妻勿可抛。
廿年媳妇廿年婆，再过廿年做太婆。
孝顺公婆自格福，当植田稻自格谷。
一家勿知一家事，清官难断家务事。
饭为根本肉为膘，酒行皮肤烟通窍。
前半夜想想自己，后半夜想想人家。

依得佛法要饿煞，依得官法要打煞。
多管闲事多吃屁，少管闲事少淘气。
邻舍隔壁碗还碗，亲眷家边篮还篮，门前待客自待自。
田鸡连连跳，饿得精精瘦；蛇蚆慢慢爬，衣食撞下巴。
扪勿完的赵氏塘鱼，斫勿完的白阳山柴，挖勿完的红庙塘藕。
三兄四弟一条心，门前泥土变黄金；三兄四弟各条心，屋里黄金化灰尘。

农 谚

笑苗哭稻。
麦吃升箩土。
三早抵一工。
秧好半年稻。
麦见阎王豆见天。
晚稻勿过立秋关。
种田早勿如养秧老。
草子好，半年稻。
六月六，猫狗好潴浴。
长婆呒福，长稻呒谷。
冬雪交春，白米叫畚。
稻老要养，麦老要抢。
漏田多谷，烂田多壳。
清明断雪，谷雨断霜。
人靠地养，田靠人养。
人怕伤心，稻怕钻心。
人靠饭养，稻靠肥养。
十月落雪，饭架压实。
三伏勿热，五谷勿结。
挑土培土，覅问师父。
雾露加霜，百姓吃糠。
鸭吃螺蛳，稻吃浑水。
有稻呒稻，霜降扳倒。

种麦没灰，到老吃亏。

急赶、急赶，节节要赶。

七月半，芋艿蔀头挖挖看。

九月九，苦籽炒豆过老酒。

板楂板过年，樱桃赶上先。

白露白飞飞，秋分崭崭齐。

草子种三年，坏田变好田。

吃过端午粽，寒衣勿可送（又作“还要冻三冻”）。

吃得个麦饼，掼掉个米饼。

处暑根头白，白露枉费心。

稻头崭崭齐，廿日上道地。

冬雪抵床被，春雪冰层皮。

冬耕耕到塥，漏洞都耕煞。

肥是农家宝，全靠施得巧。

谷籽落秧田，棉袄捂双件。

割青勿割青，相差一百斤。

黄秧种瘦田，吃饭等来年。

九耘谷无毛，三削麦无糟。

穷勿离祖宅，富勿离大麦。

密植能增产，秧田会爬万。

梅季勿搁田，勿可埋怨天。

人勿亏地皮，地勿亏肚皮。

生儿要靠娘，种田要靠秧。

深耕加一寸，胜过一遍粪。

夏至见稻娘，小暑新米香。

小株密植稻，烂谷烂稻草。

羊吃如火烧，牛吃如料浇。

雨打冬丁卯，百鸟都饿倒。

雨打正月廿，有麦没有面。

种田种到老，难种拗桥稻。

早稻浮面搭，晚稻插到塥。

诸暨湖田熟，天下一餐粥。

十月蓬蓬，梳头缠脚当一工。

谷籽落泥，一百廿日上道地。

立夏穿棉袄，看蚕娘子要倒灶。

立秋种湖田，三担稻谷一亩田。

书要勤奋苦读，田要精耕细作。

寸麦勿怕尺水，尺麦却怕寸水。

坐要坐夏至日，困要困冬至夜。

处暑根头摸，一把烂泥一把谷。

湖田“卜沦敦”，畈田晒断根。

头遍推平，二遍挖根，三遍搅浑。

夏至落雨做重梅，小暑落雨做三梅。

人要补，桂圆荔枝；田要补，河泥草子。

只有懒人，没有懒地；人懒一时，地懒一季。

芒种芒种，百样好种；该种勿种，挨饿受冻。

干时像把刀，湿时一团糟，勿干勿湿人滑倒。

头八晴，好秧兴；二八晴，好年成；三八晴，好收成。

秋分勿抽头，割割好饲牛；寒露勿钩头，霜降好饲牛。

三年勿养猪，穷掉勿得知；三年勿选种，生产要落空。

三个猛日头，背起水车头；三颗雨毛潲，大路冲埭槽。

泡饭粥的路，花钱棚的湖。鸡肚肠的河，田塍大的埂。

七月半，蚊虫多一半；八月半，蚊虫少一半；九月九，蚊虫叮捣臼；十月十，蚊虫两脚笔笔直。

气象谚语

初三日头初六雪。

大旱勿过七月半。

东鲎日头西鲎雨。

烟勿出洞连日雨。

鸡早舍，天将变。

南转北，雨直笃。

雨打中，两头空。

猫吃水晴，狗吃水落。

秋雾遥遥，晒煞晚稻。

一日赤膊，三日头缩。

早看东南，晚看西北。

早夜风凉，晴到重阳。

早看东南，晚看西北。

早雷勿过午，夜雷三日雨。

八月雾露水，有米呒柴煨。

长晴廿三落，长落廿三晴。

长晴有长落，长落有长晴。

春雾百花香，夏雾白洋洋。

春雪薄薄摊，大水没山湾。

冬冷勿算冷，春冷冻煞婴。

曲蟮着地爬，落雨勿用话。

日晕三更雨，月晕午时风。

田鸡叫声急，风雨马上息。

月亮照烂地，明天照原理。

端午夏至连，大水没湖畈。

夏雨隔牛背，秋雨隔灰堆。

夏雾勿过宿，过宿雨直笃。

雨中知了叫，晴天马上到。

惊蛰前打雷，四十八日云雾勿退。

立冬无雨一冬晴，晴到明年割大麦。

水缸沉水天气晴，蚂蟥浮水雨将淋。

五月南风毒如蛇，六月南风飘飘晴。

燕子低飞蛇行道，一场大雨要来到。

一日南风三日暖，一日北风三日寒。

东闪日头西闪雨，南闪火门开，北闪雨来催。

春霜勿露白，露白要赤脚；连达三日白，晴到割大麦。

鲎高日头低，大路冲成溪；鲎低日头高，大路晒起泡。

重阳一天风，晴到立冬；立冬一天白，晴到明年割大麦。

九月十二晴，皮匠老嬷好嫁人；九月十二落，皮匠老嬷好吃肉。

冬至月初，石头冰稣；冬至月中，赤膊过冬；冬至月尾，卖牛买棉被。

云过东，晒煞老太公；云过西，大路变成溪；云过南，大路好撑船；云过北，塘底翻转好晒谷。

九九歌

一九二九，趄水勿走；三九廿七，檐头出笔（又作“檐头挂笔”）；四九三十六，夜眠如露宿；五九四十五，太阳开门户；六九五十四，笆头抽嫩刺；七九六十三，衣裳菜篮担（又作“棉袄菜篮担”）；八九七十二（音“义”），黄狗寻阴地；九九八十一，犁耙耜耖一齐出（又作“犁耙都出齐”）。

儿　歌

燕子来，好种田。嘎鹅来，好过年。

一箩麦，两箩麦，三箩打荞麦。噼噼啪，噼噼啪。

姆妈姆妈我要肉，你个小宁会介踱，三餐番薯三餐粥，曷陀来个肉?

丫鹊叫，运道好，今朝哥哥讨嫂嫂。我话姆妈我也要，姆妈话我年纪小。

癞头婆，彩朵朵。倪子生得一车箩，养养养勿大，还要骂阿婆。阿婆叮咚嘭，萝卜炒芋艿。

一颗星，葛伦灯。两颗星，挂油瓶。油瓶油，好炒豆。豆板香，做辣酱。辣酱辣，杀只鸭。

七八十岁老花旦，腰骨缚柴爿，脸孔搽乌炭，走到台上一声喊，台下老小都逃散，连连佗来拦，拦得三个小讨饭。

传来头，背锄头，一背背到田缺头。着拉一脚勾，传得一个芋艿头（异文：着拉一锄头，掘破脚趾头，以为芋艿头）。驮得屋里头，安得灶梁头，氽得镬里头，吃得肚里头，啊唷啊唷喊得三夜头。

第五节　传　说

西施出世

阮　逊

很久很久以前，月亮比现在还要明亮，因为在月宫里供着一颗闪闪发光的大明珠。嫦娥仙子十分喜爱，经常将它捧在手中。即使这样，她还怕明珠有失，又叫一只五彩金鸡日夜看守着。

中秋节到了，嫦娥思念家乡，她走出月宫，倚着繁盛的桂花树，低头看人间，不禁出了神。五彩金鸡早已想摸摸明珠啦，只是平日嫦娥管束得紧，不能如愿。这时，它见时机已到，连忙噙了明珠，躲到月宫后面，细细赏玩去了。金鸡左看右瞧，又将明珠抛上抛下，越玩越起劲。突然，骨碌一声，明珠滚出月亮，掉到九天之下的尘埃中去了。

这一惊非同小可，把那金鸡吓得目瞪口呆。它怕嫦娥治罪，决心寻回明珠，就嗖地展开双翅，飞向人间。

嫦娥正要回宫，眼前忽然变暗。只见玉兔飞快地跑来报告："启奏主母，金鸡将明珠掉到凡间去了。"

"啊！快把金鸡叫来，我要问话。"嫦娥心疼宝贝，忘了明珠今日下凡乃是玉帝的旨意。

玉兔因为未能玩到明珠，对金鸡有气，便随口答道："金鸡畏罪潜逃，也飞到凡间去了。"

嫦娥正要发怒，忽见玉蟾来到，奏道："启禀主母，玉帝催问明珠之事。"这才想起原委，于是对玉兔说："快去把金鸡追回来。"说罢，随玉蟾走了。

玉兔得令，放开四肢，像闪电般穿过九天云彩，前去追赶金鸡。

追呀追呀，追到诸暨浦阳江上空。玉兔一个前扑，抓住金鸡尾巴，金鸡以为要拿它去治罪，猛一挣扎，被玉兔拔下一根金毛，仓皇逃去。

玉兔扔下金毛就追。金毛悠悠飘落在浦阳江东岸，化成一座青翠的小山，就是现在与苎萝山隔江相对的金鸡山。

七七四十九天过去了，玉兔终于未能追上金鸡，只好快快地回月宫去了。那金鸡呢，也逃得筋疲力尽了。它一头扎入苎萝山中，一睡也是七七四十九天。

苎萝山下有东西两村，西村有户姓施的穷人家，丈夫卖柴为生，妻子浣纱度日。

一天，施家妻子去浦阳江边浣纱。她刚在埠头蹲下，忽见水中有颗明珠，连忙伸手去捞。谁知还未碰着，明珠就忽地一下跳出水面，径自飞入她口中，钻到肚子里去了，她觉得浑身一阵燥热，差点儿跌入水中。回到家中，妻子把这件事告诉了丈夫。丈夫听了十分惊奇。从那天起，妻子就有了身孕。

光阴如箭，一晃过去了四四十六个月。可是，施家妻子光是肚子痛，就是不分娩，把个丈夫急得团团转。他跪到院子里，正想对天祷告，忽见一只五彩金鸡凌空而下，停在屋顶。紧接着，屋内哇的一声，孩子终于坠地了。丈夫飞奔入屋，抱起一看，嗨！生了个漂漂亮亮的胖小囡。

夫妻俩欢天喜地。丈夫抱着小囡出院来拜谢金鸡，可是屋顶上空空如也，哪来什么金鸡！

原来，金鸡醒来以后，见苎萝山一带祥云缤纷，霞光四射，便认定明珠落在此地，又开始寻找明珠。它找呀找呀，一直找了四四十六个月，可就是怎么也找不到。它哪知道，明珠已落在施家妻子肚子里，化成美女了呢。

施家妻子分娩那天，正巧金鸡飞过她家茅舍。它见屋内射出万道珠光，便回头飞了下去。谁知屋内并无明珠，却是一个农妇正在卧床待产。金鸡大失所望，长鸣一声，又飞走了。

然而，这一声长鸣非同凡响。施家妻子闻声一惊，倒把小囡生下来了。满月那天，施家夫妇请有见识的长者，给女儿取了个名字叫夷光，意思是稀有之光、平安之光、吉祥之光。夷光保留了月宫明珠的光华和美丽，容颜惊人。因为她姓施，住在苎萝西村，所以人们便叫她西施。

杨司马追范蠡

赵友新

吴越相争，越败吴后，复国成功。范蠡深知勾践为人“可与共患难，不可与共享乐”，遂去职隐退，勾践命司马杨文钟将其追拿。

杨司马追到南门外三踏步村头，不知范蠡踪迹，却见一小石桥上坐一老翁，头戴笠帽，身着蓑衣，正手执竹竿牧鸭，于是上前问询。

老翁答道：“圆圆一间屋，门前一株竹，身穿紫金甲，兵带一百八。”

杨司马不解，又问相去多远，答道：“远在天边，近在眼前。”

杨司马不明就里，未及细细思量，只好上马沿南门大路一直追，只不见范蠡踪影。直到平阔地界，突然省悟，老翁四句诗，其实是范蠡自身装束的写照。想回头找，肯定枉费力气，若空手而归，亦必死无疑。想至此，司马仰天长叹，遂投平阔大塘而殁。

为纪念两位大臣，敬其忠义，三踏步村民在桥东南小山下建范蠡庙，平阔百姓则为杨文钟立司马庙，并各尊为“土谷神”。每年正月十二日，两地同行祭祀典礼，各搭高台，欲使两位大臣得以相见。

平阔的祭祀活动，逐渐演变为司马庙会。三踏步的祭祀活动，中华人民共和国成立后逐渐消失，至于村头的小石桥，村民为纪念杨司马和范蠡在此相会，称其为“相见桥”。

城南倪杨家族外迁的传说

原住诸暨城南的倪杨氏家族为何大都会外迁？在山下杨一直有个传说，说是县南二里处有一座虎头山，虎视眈眈地看着山下杨，而羊杨谐音，羊入虎口，不大吉利，所以选择外迁栖居。

追究原因，还有另外一个传说。相传不知是哪个年代，杨太公资产丰裕，有一子一女，女嫁大侣赵家。杨女的公公颇懂一些风水之理，也见识过杨家产业，知道杨家的眠牛山是一处风水宝地，于是对杨女说，赵家如果要发达，就必须要有一个好的风水宝地。杨女求教，公公便授计。一日，杨太公去看望女儿，到女儿家中，女儿招呼父亲坐下，便说要烧开水泡茶给父亲喝。不料半个时辰过去，还不见开水烧好，杨太公于是过去查看，只见灶间烟雾腾腾，杨女也被呛得咳嗽连连，眼泪直流。杨太公惊问为何不烧柴而烧稻草？杨女于是叹口气说：“湖畈之地，没有多少山柴，只能储存稻草烧饭烧水。”杨太公心疼女儿受累，提出今后可到娘家柴山砍柴。杨女以砍柴砍得一次是一次，砍不了一世为由，提出要向父亲买一块柴山，以便砍柴烧饭。杨太公当即就答应了。

杨女说：“怕到时候兄弟不肯，烦请父亲将地契也直接给予。”杨太公心疼女儿，当即满口答应将眠牛山上的一亩三分地赠予女儿。

第二天，杨女即随父亲回娘家，催促父亲拿出地契。拿到地契之后，杨女怕夜长梦多，不顾父亲的挽留当即坐轿而归。杨家公子回到家里后问父亲，姐姐来了为何不待几天？杨太公遂说清了缘由。杨公子早就知道眠牛山是一块风水宝地，如今被姐姐骗走，连连惊呼老父糊涂，当即骑马前去追赶。

一直追到茅渚埠桥头，终于追上了。杨女知道弟弟来追，连忙将地契藏于发簪之芯。杨公子说清理由，见姐姐死不承认，当下就强行搜身，可不管怎么搜，就是搜不着，也只好放她回夫家。

杨女回家后，连夜悄悄地将历代赵氏灵柩移葬到眠牛山，一夜之间，眠牛山上就多了数穴坟茔。说来真是一块宝地，果真灵验，赵氏从此家兴族旺，而杨氏却日渐式微。杨太公后来也是追悔莫及，立誓杨门今后不生女婴，生出女婴不是溺水就是送人。

传说毕竟是传说，山下杨杨氏虽然仅仅是名二公一房，却并没有日呈式微，而是真正的丁繁族旺。名二公名彦刚（1387—1453），字可柔，号清渠。仪表挺拔，度量深洪，乐善好施，为县城建浮桥捐金，并首倡筑五通塘，以兴水利防旱涝。更造石亭于塘左，渴济茶，雨施伞。邑令嘉之，报于藩司，授以冠带，匾其堂曰“尚义”。他生有五个儿子，有十个孙子，至十七世有裔孙四十七人，后来子孙又逐渐减少，到二十七世才无一男丁留存。

赵郦两半县

赵社建

诸暨城内上水门对面，万寿街口，有一家酒店，叫三酉酒店。门面不大，历史悠久，与南门赵氏宗祠隔街毗邻。

明清时，南门赵氏富甲一方，风光无限。有一天上午，赵氏太公一人在三酉酒店独酌。此时，城内郦氏太公也进来喝酒。他见已有人在座，气度不凡，就上前作揖招呼：“仁兄早，贵姓？”

赵太公起身回礼，道：“姓赵。”

郦太公笑道：“啊呀！原来是赵半县啊，久仰，久仰！”

“岂敢岂敢，兄台贵姓？”

“免贵姓郦。”

“哦！是郦半县啊，幸会，幸会！”

正在此时，郦太公脚后跟进一人，乃周氏太公，进来正好听到两人寒暄，即朝两人作了一揖，说：“鄙人姓周，义乌三踏步人。”

三踏步明明在南门外一里之遥，怎会是义乌三踏步？赵、郦两人惊问：“此话怎讲？”

周太公笑道：“你赵郦两家各家一半，把诸暨分了，我姓周的只好到义乌去了。”

说罢三人大笑，一同落座，喝酒畅谈。

原来，当时诸暨城内，只有赵郦两姓建有祠堂。而较早的周氏祠堂，在县城南门外三踏步。因有此传说，诸暨民谣有了“赵半县，郦半县，义乌三踏步”之说。

后来到了民国时期，诸暨城内又有三个半祠堂的说法，是因为增加了民国中后期建造的孙家祠堂。而东门外的石家祠堂(后原址改建为看守所),因墙头和城墙是连着的，就只能算半个祠堂。

第六节　风　俗

时令习俗

年柴　每到农历八月，老百姓即安排“斫八月柴”，将最好的柴料留作“年柴”。常把一些燥松桠、燥柴爿、八月柴，引火的松毛，生火的木炭、籽壳炭，供搡年糕、烧年货之用。

掸尘　每当农历十二月初一开始，家家户户用竹丫枝缚尘帚，用来“掸尘”，将屋子里的炊具、桌椅、桌凳、衣物、杂物、帐子被褥等，上上下下、里里外外打扫得干干净净，安放得整整齐齐，准备过年。

搡年糕　时值年边，人们忙着搡年糕。“搡年糕”需要很多劳动力，往往是几户人家合起来进行。在大石臼里面搡，年糕米粉事先磨好。搡年糕时，有专人打“糕花”，专人烧火，搡年糕的是一些壮力好汉，搡好后放到桌子上做“年糕团”，然后在桌子上搓成条子，用“年糕印”印一下，即成正式年糕。有的还要在年糕上点胭脂。就这样一户接一户，一直搡到后半夜甚至天亮。男女老少有说有笑，在搡年糕的间隙之中还可以奏乐器，讲笑话，吃“年糕团”，既忙忙碌碌，又欢天喜地。

办年货　年边到了，人们还得去“赶年市”，采办年货，诸如年画、春联、鞭炮，以及瓜子、花生、糕饼、糖果和新年拜年用的礼品，等等。

送灶君　农历十二月二十日起，称“夜”。十二月二十三日即称廿三夜，家家户户搓汤团，讲究的人家还做绿豆沙汤团。汤团做好后，先是请灶司菩萨，焚香、点蜡烛、烧元宝、跪拜、祈祷。接着揭下灶司菩萨像和灶司对（灶司对上写着“上天奏善事，下地保平安”），拿到屋檐下焚烧，恭送灶君“上天奏善事”。

办年场　到了廿四夜，年糕、粽子、年猪、年鱼和年阉鸡等等一切过年的应时物品，基本准备就绪。各家农妇忙着做粽子、做豆腐，男子挑水、劈柴，宰猪杀鸡，男女老少忙个不停。

祭祖 廿五夜这一天，列有祖宗牌位的香火堂已由值年的族人打扫得干干净净，柱子上贴着新年对联，“神主牌”面前摆好祭祀的案桌。各家宗亲备好纸钱、蜡烛、香和猪肉酒饭等祭品，由一家的主人率领，提着灯笼，用托篮“礼篮”担去香火堂“神主牌”前，或去已故先辈的坟墓前祭祀、叩拜，恭接已故的祖先来家中过年。

贴年画 挂真容 三十夜俗称除夕，人们黎明即起，贴年对年画，在堂楼大间或房屋正间挂起“真容”（已故太公、太婆画像），设起香案。此后每天上香灯、敬香烛祭祀，直到新正十六日为止。过年了，要在酒壶、香炉、烛台、礼篮、灯笼、谷仓、菜橱、衣柜、车子、稻桶等家具杂物上系上红丝棉，称“挂红”，放上年糕、粽子，俗称“满堂红”。

谢年 “谢年”也叫“祝福”，三十日夜正午过后，各家各户陆续举行“谢年”活动。当然也有的人家安排在“子午”谢早年的。“谢年”这一祭祀活动是整个“过年”庆祝活动的主体。农历过年为最大的节日，祭神尤为注重。凡是去过产妇房、妇人经期或参与过丧事和遇有不幸之人，均不得参与“谢年”。户主或家庭成员必须洗手沐浴，衣冠端正，戴上新冠，穿上新衣、新鞋袜，然后去设置祭坛，即摆好供桌，用托盘端供品上祭。供品有香烛、纸钱，猪头、猪肉、全鸡、全鱼、大方块豆腐、年糕（米粉做的“元宝”）、年粽、年饭（馒头胖的背饭），插上三双红筷，放上三只酒盏，一壶年酒，供品上再拉红丝棉。“谢年”开始，首先敬香、点烛、献烧纸钱，放炮仗，然后献酒三次，叩头跪拜行大礼，表示崇敬，口中祈祷，求天神、祖宗保佑。礼毕，奠酒致意，即将酒盏里的酒挥洒在地上，奠写一个“心”字，以致“谢年”心意。

分岁饭 除夕之夜，家家户户必须关起门来吃“分岁饭”，也叫“年夜饭”。关门的含义是：除夕之夜已阖家团圆，人无一缺，因此不得开门吃。即使讨债人也不得入屋，谁也不许打扰惊动，以示新年顺利、太平。

一家人坐吃“分岁饭”有一定的规矩，不得放任自由，不得说话，更不得讲不吉利的话。餐桌上摆满“年夜饭”的一切应时食物。当户主宣布就餐时，一家人方可畅饮进食。还有规定，盛在碗里、盘里、盆里的菜肴和水果，以及酒壶里的酒，都不能全部吃完，更不准倒掉，要剩下一些明年再吃，叫作“年年有余”或“吉庆有余”。

吃好“分岁饭”后，晚辈和孩子不得擅自离开坐席，不得开门外出。这时由长辈掏出新钞票，开始给晚辈“压岁钱”，表示喜爱和关心。小辈得到“压岁钱”心中欢喜。长辈见一家团圆，儿孙满堂，享受天伦之乐而感到欣慰。

分岁后，接进灶司菩萨，接着是“上香灯”和“门前挂灯笼”。上香灯，先是在灶君殿、大门堂、然后在祖先真容面前，床面前，猪栏和风车、麦磨、石臼等处均要上香烛，以示庭内清香馥郁，灯火辉煌，兴旺发达。然后是家妇炒年货、搓汤团、做“夜点”，大家洗热水脚坐长命夜。许多人彻夜不眠，放鞭炮、下棋、打牌、敲锣鼓。20世纪80年代后，演变成看电视、听音乐等。大家在除夕之夜吃喝玩乐可至天明。

清明 清明时节，春暖花开，桃红柳绿，正值踏春赏青好时光。这一天，家家户户门上插柳条，做清明粿，有青、白，咸、甜，亲戚朋友你送我赠，有“清明不吃粿，老来无结果”之说。清明后即步入农忙时节，春耕开始，谷子要出田，因此有“吃过清明粿，坐着勿得过”之说，意思是农民又要忙碌起来了。清明节还是一个祭祖扫墓的时节，家中祭拜祖先，学校组织学生扫烈士墓。

立夏 立夏要给小孩称体重，以求“年年长大”。

端午 农家风行端午节吃端午粽、红鸡蛋、绿豆糕等，并相互赠送，以示友好。还要吃雄黄酒、雄黄豆、黄鳝等。小孩头用雄黄在头上写一个“王”字，家中要烧艾香、插艾枝、挂菖蒲宝剑、挂香袋等。端午节农家也有“望囡”的习俗。

夏至 夏至是一年中白天最长的一天，早稻“上岸”，晚稻下种，农民可轻松过节日，有夏至节吃肉的习俗。

七夕 称“七巧日”，相传为牛郎织女鹊桥相会之日，妇女要洗头涤足，女孩子要穿耳环孔，意欲洁身消灾更聪慧。晚上“看巧云”。近年又把这一天作为中国的“情人节”。

七月十五日 俗称“七月半”，属鬼节，也要祭请一番。乡间要蒸“糖漾”，做“芝麻京团”。传说这一天阎王放鬼出笼，小孩不能到边角、阴暗、南瓜棚下去，以免受野鬼伤害。

七月卅日 传说为“地藏王菩萨”生日。这天不能在田中施粪肥，夜间要遍地插香。

中秋 农历八月半称中秋节。家家买月饼，敬献长辈，赠送亲友。晚上点香拜月，一家团圆，然后分食，欢庆佳节。文人墨客喜欢在中秋饮酒赏月。

重阳 农历九月初九日为重阳节。有登山、赏菊之习俗，当然湖区农民无山可登，也可能无菊可赏。农村要蒸“重阳糕”，旧时乡村有做“重阳戏”，湖区人有“九月重阳，菱桶横撑”之说，说明菱角已可采摘。

冬至 俗称冬夜，农村习惯搡麻糍，上祖坟，祭祀祖先。

猜拳 逢节庆吃酒时，一边吃酒一边发酒令，俗称划拳。人员成对立面，人数大致相等。猜拳时，以10个自然数为单位出拳，边打手势边喊口令。一般的口令为：一点鳌头，两只元宝，三元及第，四季发财，五子登科，六六顺风，七巧成图，八仙请寿，九九长寿，十全余足。猜错者被罚吃酒。

传统食品

年糕　诸暨人俗称大糕。年糕的原料为上等晚米，亦有用早米、糯米按一定比例替代晚米。搡年糕时，有一些人会用年糕团制作年糕祭品。主人家的小孩还会缠着做年糕老虎，即随手做一些小动物，如小狗、小猪、小兔、龙、蛇、鱼、鼠之类，可供赏玩。按旧俗，在做年糕老虎前，先要做祭祖宗的祭品，如寿猪头、发财元宝、鲤鱼跳龙门等。操作工序有搓、提、接、剪、嵌等。做寿猪头时，先搓成人头大一个球，在桌上一搡成半个球，然后双手捏起一个朝天鼻，剪刀剪开上下唇，再接着捏成手掌大的两只耳朵，用手柄做出眼眶、耳洞，嵌上两颗红枣做眼珠，一个寿猪头即制作完成。

米酒　诸暨人一般叫白酒，因酒色乳白而名，也叫生清。酒味醇香鲜美，深受村民喜爱。村民逢年过节少的做三五十斤米，多的做上一二百斤米，用以自饮兼招待客人。随着饮料业的发展，以及在市场上可以买到商品米酒，致使民间制作米酒逐渐减少。

霉苋菜梗　诸暨民间流行一种霉制菜肴，如霉苋菜梗、霉毛豆、霉干菜、霉豆腐等。其中霉苋菜梗制作简单，并且口味独特、异香、爽口、开胃，且富含各种人体所需的营养成分，因此很受人们欢迎。

霉苋菜梗制成后，用指头一戳就能戳破，苋菜梗的心已成糊状。取掉坛口封盖，异香四溢，而菜梗依然颜色碧绿。霉苋菜梗的烹制方法一般用蒸，先放上油和盐，蒸熟后即香鲜美味。霉苋菜梗的卤汁还可以用于制作霉豆腐，即臭豆腐。臭豆腐是江南一带驰名的传统小吃，也是湖区人民的家常便菜。

霉干菜　芥菜是蔬菜中一个优良的品种，几乎家家户户都种，主要用于制作咸菜、干菜。芥菜的叶子呈锯齿状者称“九心芥菜”，多用于腌制咸菜；叶大而平滑者称“大叶芥”或“豆腐皮芥”，多用于制作干菜，夏季泡汤离不开它。干菜焐猪肉，是一道乡间特有的美肴。

甜面酱　甜面酱是旧时农村常用的佐餐食品和烧菜的佐料。农户可就地取材，自制自食，技艺传承经久不衰。制作甜面酱之材料，用小麦粉、糯米、食盐、麦秆草、黄荆条等。一般贮存在酱缸内。

劣习旧俗

旧社会，农村劣习旧俗很多，特别是在婚姻方面，由于封建的原因，形成一种古老愚昧甚至畸形的婚姻，摧残了许多妇女的自由和幸福。另外，在日常生活中，由于生活贫穷，缺乏科学知识，免不了产生一些陋习，如：巫神、烧夜头、收惊、划符、别野（夜）、喊魂灵等。1949 年后，这些劣俗基本废除和消失。

绰号 旧时，人与人之间称呼绰号较多，以其个人在某些方面的特征或缺陷，起一个绰号。绰号虽然没有什么恶意攻击的性质，但一般含有挑逗、调笑或挖苦的意思，有些还带有侮辱性的成分，这也是旧社会遗留的劣性习俗。

抢亲 抢亲是古代氏族部落战争中掠夺妇女的遗俗残留。旧时男方以某种原因，伺机冲进女方家中，将姑娘抢走，一到男家就火速成亲同房，使“生米煮成熟饭”，女方无法挽回。但一般抢亲是双方有结婚的意愿存在，只因为无钱操办婚礼的另一种结婚形式。

表亲婚 旧时较为流行“表姐妹，老婆配”，1949 年后婚姻法禁止近亲结婚，表亲婚习俗逐渐废除。

交换亲 一男一女，两家儿女互相调换，这样往往易造成年轻人违背各自的心愿。

传房婚 这是一种兄亡嫂嫁弟，弟亡媳传兄，姐亡妹嫁姐夫的形式，此俗尚存，但不多见。

童养媳 旧时流行最广，1949 年后，新婚姻法作出规定，强制废除。

冥婚 一种古老的封建陋俗，所谓“抱牌成亲，守寡终生”，这种残酷的婚姻，在民国时期就已经废除。

冲喜 男女双方已订婚，男方久病无可救药，提出结婚，称“冲喜”，如新郎病情痊愈，则冲喜成功。若婚后一命归天，则新娘守寡一世。此俗已废除。

材头亲 男方父（或母）亲刚死，因无钱操办婚礼，即在灵堂中和新娘拜堂成亲，称材头亲，多为男方贫穷，女方是童养媳者，1949 年后绝迹。

典妻 典妻是一种典型的畸形婚姻，因男方妻子多年不育或接连生育女孩，出钱买一个临时妻子代为生育。典妻可分为几种形式：一是男女双方仍各自在家，像走亲戚一样，往来自如，女方生子后归典方所有，小孩到一定年龄，由男方带走，典期终结。二是女方住到男家，既为男家传宗接代，又为男方作劳动力使用，这种被典女子，精神受到压迫，生活上也会受到剥削。三是男方到女家落户，为女方劳作，同吃同住，所生小孩归男方所有，典期满后男方带自己的子女离开，自立门户。1949 年后，典妻旧俗已经消除。

地方习俗

踏春 浣纱村一带村民有踏春的习俗。《诸暨民报五周纪念册》载：“城西门外至西竺庵一带，春二三月，新绿渐生；杂花互发。邑中人士啸朋提榼，买醉于花阴翠藤间。

微风试马，碧涧调琴，映满树之桃花，添溶艳之香雪，游女杂沓，山歌间作，春色烂熳，仿佛别有天地矣。”

胡公庙赛会　每年八月十三，赛会甚盛。至民国时期，按例在中秋时节，由城区南货等业同行出资，演出胡公诞辰神戏3台，演戏3日间，红男绿女，前往观瞻、拜佛者络绎不绝。偶有受到政府禁止而停演数年的情况发生。《诸暨民报五周纪念册》载：“(八月)十三日，赛胡公。胡公，名大海，守暨驻兵于此。俗误以方岩胡公当之，庙踞长山之巅，孤峰秀耸，一城之胜地也。径路盘跚，曲屈至顶；下视群山合沓，浣水如带，呼吸云雾，有振衣千仞之概。其夜灯火灿列，蜿蜒而上，最高处树杆数丈，为九联灯，一如繁星联璧，掩霭于天光云影中；而歌管四彻，随风飞散，如听天上云璈仙乐也。”

赵氏祭祀活动　祭祀是南门赵氏后裔作为实践《周礼》慎终追远的主要活动。南门赵氏永思堂内主要供奉太祖以后的历代祖先，每年祭祀活动也以太祖皇帝，始迁祖昌国公，以及赵氏历代祖先。由于赵氏族人众多，族产大，祭祀活动规模很大。每年举行春秋两祭。春祭是在寒食节，就是清明，秋祭是每年的十月十二日。秋分，遇有子孙科举，或晋升官爵，或受朝廷的恩荣赏赐，也可开祠堂特祭。

在祠祭日的前夕，有关执事人员应清扫宗祠，布置祠内的享堂，并按照本族的祭规准备好各色祭品。祭品不应过奢，但也不得数量不足，或质量稍次。大祭前执事的子孙应先期练习祭仪，“务令骏奔娴熟，赞唱清朗”，不得在祭祀时弄出差错。并有明确分工：有主祭人、分祭人、司赞、司祝、司爵、司筵、纠仪等执事人员，分别负责主持、司仪、读祝词、管祭品、祭器、纠察纪律等。

在祠祭日，合族成年男子都应与祭。各个房派都要派人，非常热闹。即便散居到数十里、数百里以外，每年或每两三年也须与祭一次。族众于祭日的清晨务必风雨毕集，不得迟到。与祭者必须身着礼服，衣冠整肃，不得蓬头赤足，或身着短衣小帽。同时，不少宗族除禁止妇女入祠与祭外，还禁止孩童与祭。这是唯恐小孩不懂事，会吵闹、捣乱，破坏祭祀的肃穆气氛。

祭祀开始后，族众应依照辈分列队，不得先后羼越。在按祭规行礼时，不得草草敷衍，也不得乱言、戏谑、喧哗。祭祀活动中主要有抬阁队、锣鼓队、响车队、舞狮车，还有大帅旗，既有南外宗室大型祭祀的遗风，又结合江南民间歌舞杂技的等内容。

家谱家规

家谱是宗族文化中的重要组成部分，也是宗族对族人管理、财产登记、考订流源的重要记录。家谱办事机构谱局设在宗祠内，添加人丁，考订世系。家谱修好后，要举行隆重的祭谱、拜谱仪式，族众齐集祠堂，祭告祖先。先将一套家谱存放祠堂，然后由族长按房、支发谱，每房（支）一套，并编列字号，记录在案。每年元旦、清明或春秋两季祭祖时，要求藏谱之家携带家谱，入祠堂查验，谓之“会谱”。如保存不善或有遗失篡改会受到严厉惩罚。

在门第等级观念盛行的宗法社会中，族谱是血缘传承世系的重要凭借，也即家族或家庭档案。一些源起于贫贱之家的宗族在暴发后，往往要攀附名门，冒认祖先，以显示其高贵血统、祖宗的荫德。因此名门望族都强调秘藏家谱，严禁示人，以免同姓异宗族攀附冒认。故而有“黄金犹可借，家谱不可借”的古训，使家谱成为秘不示人的传家之宝。

《暨阳南门赵氏宗谱》世系完整，替递分明，续修及时，明万历年间到民国 22 年（1933）共续修达 13 次，平均 20 余年就续修一次，存世的南门赵氏旧谱有数百册之多。

第九章　军事　卫生

历史上，浣纱村地处城郊，区域范围内曾发生过陶朱山战斗、城南惨案、胡公台战斗等事件，还存在不少军事设施。

旧时，医疗卫生条件十分落后，没有统一的医疗组织，村民平时不注意健康保养，医药意识淡薄，且经济状况极差，大部分人生病一般不求医。求医多请民间郎中，以中草药为主，行医场所以私宅为主。民国年间，境内建有诸暨县公立医院，后发展成为浙江省立诸暨医院、浙江第一康复医院、诸暨市人民医院。

20世纪70年代，生产大队办起合作医疗，有赤脚医生为村民治疗一般疾病。1987年，原合作医疗采取个人承包等形式试行。进入21世纪，医疗条件进一步改善，政府组织农民参加新型农村合作医疗保险，采取个人缴费、集体扶持和政府资助的方式筹集资金，实行大病统筹、互助共济制度，保障人民健康。

第一节　军　事

战　事

陶朱山战斗　民国29年（1940）10月13日，日军第22师团高桥旅团从富阳、萧山东西两路南犯诸暨。扼守湄池一带的国民革命军第16师48团，与萧山南犯之日军在杭坞山、新岭一线与敌激战三天三夜后，重创敌军，自己也损失惨重，遂于16日晨撤至县城陶朱山布防。千余日军接踵而至，几次冲上老鹰山，向上仰攻；守军利用翠微峰制高点有利地形，居高临下，顽强抵抗，日军终未得逞，在七岗岭上、老鹰山冈弃尸30余具，缩回东山岙死角，以待空援。很快，3架敌机窜到诸暨城区上空盘旋侦察，随后贴着陶朱山冈低空投弹扫射，十里长山一条线，敌机自北向南轮番轰炸，直到投完返航。炸得土石四溅，血肉横飞，敌机不但轰炸守军阵地，也炸向城郊逃难的民众。在敌机装弹间歇期间，日军炮兵集中小钢炮，沿着翠微峰、白阳尖、宝聚峰山脊密集延伸射击，弹落如雨，使守军抬不起头来，伤亡惨重。守军在极其艰苦的情况下，仍然坚守阵地，拼命抵抗。战斗中，多数人不是死于日军枪弹，而是丧于炸弹、炮弹。

扼守陶朱山的部队，在杭坞山一带三昼夜阻击战中，因民众逃难，乡保无人，给养早已断绝，全靠吃山田的生玉米充饥。16日从早到晚，在陶朱山冈不但没有生玉米，连山坑水也喝不到，饥渴难挡，疲惫之极，再加山脊两侧陡峭，长岗狭窄，难以展开，山石坚硬，无法构筑掩体工事，部队暴露，毫无隐蔽地形，环境相当险恶。至下午3时许，陶朱山守军眼看死伤近半，难以死守，只得立即撤出阵地，冲下桃花岭，过定荡畈向街亭方向转移。战后，陶朱山冈尸横遍野，不但山冈两侧像面条一样，有的还炸飞到半山腰里；树底下、柴窝里，到处是残体断肢、肚肠心肝、破衣断腿，炸飞到树枝上挂着。守军阵亡200余人，其中有个叫黄贵方的上尉连长。胡公台防空监视哨哨兵3人被炸死，防空设施尽被炸毁。下午6时，从富阳、萧山来的南北两路日军同时侵入县城，诸暨县城第一次沦陷。

17日，日军增兵县城，国民革命军第67师一部进攻城西侧胡公台、詹家山，均未得手。18日，国民革命军第79师于外陈附近集结后，在城南滴水岩、范蠡岩一线攻击日军，未果。19日上午9时，第79师由城南石门槛、郭家坞方向向县城攻击前进，策应第67师行动。城北端日军始沿浦阳江两岸退却，第79师由后追击。下午3时，追击部队左侧突遭由西而来一股日军的攻击而颇受损失，遂退至城南白阳尖、范蠡岩一带。20日晨，日军猛攻白阳尖、范蠡岩防地，第79师复退至外陈西端高地。

城南惨案　民国29年（1940）10月16日，日军战火烧到诸暨城区，陶朱山上炮火连天，居民蜂拥出城避难。下午3时，数千难民在邱村遭遇从马村庙山北犯的日军大部队，立即掉头回逃，向西钻进陶朱山的柴窝棚，向东躲到浣江河埂边。但多数人拖儿带女，扶老携幼，挤在宽不及丈的城南大路上回头跑。日军在后面一边追赶，一边端起机枪、步枪猛射，一直从邱村追杀到西门外，子弹多从后背打入，共计杀害村民420余人，烧毁房屋数百间。

胡公台战斗　民国30年（1941）4月20日凌晨2时许，日军由姚公埠出发，在多架飞机掩护下向燕尾山、沙埭的国民革命军第67师200团阵地进攻。其后续部队由燕尾山东侧直插江东金鸡山并迅速过江，上午8时占领诸暨县城。第200团退守詹家山、胡公台、苎萝山、丫江杨一线，日军集中火力攻击胡公台。第200团所部凭险抵抗，日机投炸弹无数，激战至晚，守军连长王桂清以下悉数阵亡，胡公台等处均为日军所占。

浣纱村抗战时伤亡名录

表 09-01

姓　名	性　别	时　间	发生地	事　件
赵高友	男	1940	石塔头	被日军刺死
周永照	男	1940	荷花塘	被日军枪杀
周永福	男	1940	荷花塘	被日军枪杀
周永财	男	1940	荷花塘	被日军枪杀
钟炳水	男	1941	桃花岭	被日军枪杀
钟炳旺	男	1941	浣纱村	被日军抓走未回
周永鑫	男	1941	浣纱村	被日军抓走未回
周再坤	男	1941	浣纱村	被日军抓走未回
杨文雷	男	1944	浣纱村	被日军抓走未回
沈鹤林	男	不详	浣纱村	被日军抓走未回

诸暨解放　1949 年 5 月 6 日晨，浙东人民解放军第二游击纵队第二支队“怒潮”大队和“小三八”大队（原“奔腾”大队）400 余人，在支队长杨亦明、政委周芝山的率领下，向诸暨县城进军。10 时许，原金萧支队诸暨办事处敌工科联络员冯天枢到五里亭，接上第二支队和诸暨县级机关人马。当日，诸暨县城内秩序恢复正常，商店照常营业。在诸暨县解放委员会留城城工人员分头组织发动下，学校师生、工厂工人、商店店员、城市居民，举着红旗，放着鞭炮，一早在浮桥头列队迎接第二支队进城，未逃跑的国民政府诸暨县警察局的五六十名警察，也臂扎白布，倒肩枪支站在浮桥头迎接。下午 2 时，第二支队一个冲锋排率先进入城内，登上县龙山胡公台警戒。大部队随后进城，中共诸暨县工委领导和机关人员也同时进驻县城，诸暨宣告解放。

设　施

烽火台　元至正十九年（1359）正月，朱元璋部下大将胡大海攻克诸暨县，在陶朱山之巅建烽火台，故名胡公台。后圮。民国 31 年（1942）5 月，日军占领诸暨县城，在胡公台上建有碉堡。

诸暨县防空监视哨　民国 24 年（1935）10 月，在胡公台上始设诸暨防空监视哨。按浙江省编序，列第 24 号，故又名第 24 号防空监视哨。人员由县政府派遣，哨长许昌，哨兵为章永木等 6 人。监视哨主要职责是搜集和传递防空情报，相关业务受省防空学会指导。

民国27年（1938）省防空司令部成立后，于全省配置8个防空监视队，诸暨防空监视哨属省第八防空监视队管辖。监视哨设中尉哨长1名，哨兵7名（其中上等兵6名，二等兵1名）。29年10月16日，防空监视哨被侵华日军飞机炸毁，炸死哨兵3人。34年11月，诸暨防空监视哨奉命调整，全哨人员缩减为哨长、哨兵各1人。鉴于其时“空袭已无顾虑”，防空哨少有活动。35年12月，诸暨防空监视哨更名为浙江第六独立防空监视哨，由省防空指挥部直辖，哨长张之裕，哨址设城区南门外余重耀宅。37年1月25日，第六独立防空监视哨复名诸暨县防空监视哨。

战时救护所　1973年，在苎萝山诸暨县人民医院住院部地下开掘战时救护所。属坑道式防空工程，长112.99米，宽1.5米，高2米。有坑道口3处。坑道内建水井一口，另建有房洞三处。预定为战时伤病员临时救护所，平时由诸暨县人民医院负责管理。

民　兵

1949年冬，在组建地方基层政权的同时，逐步建立民兵组织。参加民兵的条件是政治表现好，家庭出身好，历史清白，身体健壮。尤其是基干民兵，政审更为严格。主要任务是配合区乡政府的剿匪、反霸斗争，日夜值班巡查，维护村庄治安。

1951年，凡年满18 ~ 40周岁政治可靠的青年编为基干民兵，其余为普通民兵。以乡为单位建立民兵连，村设民兵排。

1958年初，实行“全民皆兵”，大办民兵师，放宽民兵年龄，青壮年男女均可参加。浣纱大队民兵连连长周友品，指导员边永高，副指导员周华富，有民兵百余人。武装排有30余人，每年春秋进行两次训练，直至“文化大革命”结束，枪支上缴。

20世纪60年代末，红卫大队民兵响应“备战备荒为人民”的号召，时刻准备打仗，步枪随身带，还有3挺12.7毫米高射机枪，三天两头搞战术训练。西竺庵水库作为靶场，平时都在那里打靶，很多民兵枪法不输专业军人，民兵陈信友常能打出十环。

1978年，大队成立武装民兵班。1981年，大队有民兵连，生产队有民兵班，分普通民兵和基干民兵两类，年龄调整为18 ~ 35周岁。1996年，执行贯彻新颁布的《民兵工作条例》。城关镇组织一个应急小分队，设有两个排，浣纱班在二排，由民兵连长周志刚负责，像部队一样，住宿在村部，全天候脱产训练，队列、射击、投弹、倒功一样不拉，后来在绍兴组织的军事比赛中拔得头筹。2020年，民兵连长为周荣胜。

拥军优属

民国时期，国民政府规定对出征抗敌军人家属给予优待，但少见实行，出征军人家属、回乡伤残军人生活困难者多数得不到解决。

中华人民共和国成立后，政府出台政策和措施，为军属和烈属送光荣匾。对革命军人家属和革命烈士家属，以及复员、退伍、伤残军人实行政治上和物质上的优待。

20 世纪 50 年代起，每年春节，各村组织慰问队，敲锣打鼓到军属家拜年，送年货、年画等。对生活困难的军属家庭给予经济上的补助。1962 年起，给予优待劳动日（工分），优待义务兵家属每年每人 70 个劳动日。

20 世纪 70 年代起，对烈军属和残废、退伍军人实行“三不低”和“三优先”的优待政策。“三不低”即劳动的底分不低于入伍前同等劳动力，口粮分配不低于一般社员，生活水平不低于一般社员；“三优先”即社队企业招工优先，全民单位招工优先，救济物资分配优先。1980 年起，优待劳动日制度逐渐为发放优待金办法所取代。

1981 年农村实行家庭联产承包责任制后，村级经济快速发展，义务兵优待金由乡镇（公社）政府统一筹措。确定优抚金额标准，按农业人口平衡负担办法，每人每年补贴 95 元，统一发放。

1986 年，县政府发布《关于做好义务兵家属优待工作的通知》，规定农村义务兵的优待，采取由乡镇平衡负担，每人每年不低于 200 元。是年起，推行“征兵、优待、安置”一体化政策，村内退伍军人多安置在乡镇企业。是年，优待金平均每人每户提高到 291 元。

1993 年，村两委会根据市政府有关文件精神，完善“征兵、优待、安置”一体化制度，落实优抚政策。规定凡农村籍入伍的义务兵，家属全年享受优抚费 565 元，一次性兑现。1995 年起，优抚费调整到户均 1373 元。1999 年起，复员、退伍军人由部队发放一次性安置费，金额根据军兵种、兵龄不等，一般每人 2 万 ~ 3 万元。乡镇不再安置就业。

2009 年 7 月 1 日，李夏龙被海南省军区政治部批准为革命烈士。是年，浣纱居民区确定每年农历十二月十五日为拥军优属活动日，村两委组织召开座谈会，开展送春联贺新年、送温暖活动。2014 年，补助标准为烈属每年 32 124 元，军属内地兵 16 529 元，新疆兵 24 794 元，西藏兵 49 587 元。重点优待对象优待费按照上年农民人均收入的 5% 给予照顾，为 1059 元。

2014 年 9 月 5 日，李夏龙获民政部颁发烈士证明书。

2020 年，浣纱居民区共有革命烈士 2 人，复员退伍人员 48 人，现役军人 1 人。

2020 年浣纱居民区军人名录

表 09-02

姓　名	入伍时间	退役时间	是否党员	类　别
边立信	1956.3	1960.2.25	否	义务兵（三等功）
叶成德	1963.1	1968	否	义务兵
邱焕银	1964.3	1969.3	是	义务兵
周乃昌	1964.12	1971.4	否	义务兵
陈友祥	1968.3	1972.1	否	义务兵
赵国良	1969.2	1974.2	否	义务兵
张仲海	1971.1	1978.3.28	否	义务兵
陈建平	1974.12	1977.3.1	否	义务兵
朱松池	1976	1980	是	义务兵
朱德明	1977.1.1	1982.1.1	是	义务兵
周建良	1978.11	1982.2	是	义务兵
蔡林伟	1978.11	1997.9	是	义务兵
马智伟	1979.11	1982.12	否	义务兵
石根洪	1979.11.9	1983.12	是	义务兵
孙培信	1979.11	1982.12	是	义务兵
杨万新	1979.11	1983.12	否	义务兵
陈　楷	1979.12	1984.12	是	义务兵
郦伟平	1980.11	2004.10	是	义务兵
边永建	1985.10.31	1989.8.15	否	义务兵
周志刚	1985.10	1989.3	是	义务兵
黄学军	1986.1	2006.12	是	义务兵
赵贤光	1986.11.19	1990.12.1	是	义务兵
周菊兵	1987.1	1991.11	是	义务兵
周凤仁	1989.3.20	1991.12.1	否	义务兵
赵贤安	1989.3	1992.12	是	义务兵
杨保平	1990.3.13	1993.12.29	是	义务兵
阮建龙	1990.12	2005.10	是	军转干部
周伟刚	1990	1993	否	义务兵
赵勇海	1991.12	1994.12	是	义务兵
周伟龙	1993.12	1996.12	是	义务兵
王正浩	1994.12	1997.12	是	义务兵
何尉明	1994.12	1997.12	是	义务兵
马步锋	1995.12	1999.11.25	否	义务兵
赵晓阳	1997.12	2000.12	是	义务兵
杨科宇	1997.12	1999.12	否	义务兵
叶　峰	1997.12	2002.12	是	士　官
周志永	1998.12	2000.12	是	义务兵

续表

姓 名	入伍时间	退役时间	是否党员	类 别
周 杰	2000.12	2005.12	是	士 官
郑 锋	2001.12.1	2003.12.1	否	士 官
周云海	2003.12	2005.12	否	义务兵
周立升	2003.12	2005.12	是	义务兵
徐俊锋	2003	2005	否	义务兵
郦华军	2005.12.1	2008.1.1	否	义务兵
郦琪灵	2006.12.1	2009.1.1	否	义务兵
叶 锋	2007	2009	否	义务兵
邵小坚	2011.12	2013.12	否	义务兵
边园哲	2013.9	2015.10	否	义务兵
孙浩楠	2015.9.8	2017.10	否	义务兵
冯乾烨	2018.9.15			现 役

第二节 卫 生

医疗机构

诸暨县公立医院 民国 34 年（1945）抗战胜利后，国民政府行政院善后救济总署医学主任委员会主任委员、知名眼科专家周诚浒目睹家乡缺医少药的状况，萌生创办一所医院的想法，得到蒋鼎文等人的支持。蒋鼎文利用其社会影响四处奔走，亲自回诸暨物色院址，并与诸暨县政府商定，在苎萝山西北侧，以西施殿遗址边缘处为基础建造医院，所需费用由其出面负责募集。蒋鼎文联络宣铁吾、俞叔平等诸暨籍知名人士开展医院筹建工作，成立医院董事会，蒋鼎文任董事长，宣铁吾、郭忏、周诚浒、郭肇良、祝更生、郭明安等为董事。因创办医院的钱款不足，蒋鼎文、宣铁吾等商议向上海各界募捐，并由杜月笙出面请马连良来沪义演平剧筹措建院款项。

民国 35 年（1946）9 月 15 日，医院动工兴建，院名定为诸暨县公立医院。同月，经蒋鼎文、周诚浒争取，国民政府行政院善后救济总署拨款 3000 万元旧币作为医院建筑费，并从一艘美国海军医疗船中调拨半数的医疗设备及配套设施给医院，有万能手术床、显微镜、30 毫安 X 线机、常用手术器械和军用毛毯等物资。周诚浒认为美援设备仍有欠缺，自费购置补齐。

民国 36 年（1947）春，在上海、绍兴、金华等地聘用医务人员 10 余人，招收初中毕业生 10 人，开办助理护士训练班。4 月，以西门外蒋鼎文公馆为门诊部，开始门诊。周诚浒任院长，周宗武任副院长。9 月，蒋鼎文将位于枫桥区杨村新桥庄的 200 亩田产赠送给医院，让其以租息来弥补可能导致的亏空。是年，门诊量 9039 人次。

民国 37 年（1948）春，诸暨县公立医院院舍落成，因院址位于西施殿旧址附近，俗称为西施殿医院。有住院楼房 1 幢，简易房 2 幢，平房 7 间，计建筑面积 1600 平方米。医院大门在住院楼西南侧，住院楼为二层砖结构，朝南。正中间为大门，两侧各开有窗户 9 扇，楼房东西两侧基头向南略凸出。大门对侧向北延伸，一楼为化验室，二楼为手术室，楼上、楼下有取暖烟道相通。同年 6 月 8 日，住院部正式开放，设病床 50 张，分头等、二等、三等，按级收费。周诚浒任院长，周宗武任副院长，杨海钟任医务主任（不久任副院长），有职工 20 余人，设 X 光室、化验室，配备先进的美式设备，成为浙赣线上第一流的现代化医院。

1949 年 5 月，诸暨解放。7 月，中国人民解放军军管会派军代表杨水镜到医院接管，参加接管的还有褚清照、裘永滋等人，原医院工作人员仍继续留用。8 月，占晋萃代表医院去接管设在上海的诸暨县公立医院董事会，将医院留存上海的物资由第九兵团派汽车运回杭州，除带回 9 只电扇外，其余物资上交浙江省卫生厅。不久成立院务委员会，由县长周芝山兼任院长。9 月 27 日，医院取消军事管制，实行改组。县长周芝山兼任副院长，杨海钟任副院长，尹桂云任政治委员。同时建立院务委员会，成员有杨海钟、伊桂云、裘永滋、石振琦、占晋萃，占晋萃兼任秘书。

浙江省立诸暨医院　1949 年 10 月，浙江省卫生厅决定将诸暨县公立医院改为浙江省立诸暨医院，为全民所有制医院，周芝山兼任院长。是年，因原公立医院从沪、杭聘来的医务人员大部分先后离去，职工为 12 人。

1950 年 3 月，院务委员会改选，罗剑辉任主任。同年 8 月初，绍兴卫校又分配部分应届毕业生。是年，省卫生厅曾二次派员给予补充，医务人员得到充实，工作步入正轨。

诸暨解放不久，院内水电设施俱无，晚间病房用煤油灯，工作人员住在病房楼上，用青油灯照明，各种用水也是人工肩挑，加之残匪未尽，时有骚扰。1950 年秋，医院从沪采购到发电机和水泵等设备，工作和生活面貌有所改观，成为全县的医疗中心。医院设备有：30 毫安 X 光机 1 架、美产显微镜 2 架、万能手术台及大小无影灯各 1 台、野战手术台 2 台、电动骨钻 1 架，6000 瓦和 10000 瓦电高压消毒器各 1 架，电水过滤器 1 架，带席梦思铁病床 50 张和美海军用毛毯等被服装备，一般常用的上腹部手术器械、药品、医学英文书籍等。住院部房屋有住院楼、传达室、厨房、会议室、开水房、洗衣房、厕所、活动房。住院楼东西侧有平房4间作传染病房，收治肺结核病人。病房设于楼下，分大、中、小8间，共设床位32张。外科除收治急诊外，病人大多系旧军队遗留下来的战伤所致慢性骨髓炎士兵。妇产科收治个别葡萄胎病人等。药房除调制常用口服合剂外，亦以烧瓶配制普鲁卡因注射剂，外用生理盐水，注射用蒸馏水，供手术室、病房使用；手术采用局麻，面罩开放滴入醚麻、硫苯土钠静脉注射全麻，手术可做阑尾切除、疝修补等，做过一例外伤巨脾破裂切除和部分粘连性肠梗阻手术。

浙江第一康复医院　1950年12月，浙江省卫生厅将坐落在西施殿的浙江省立诸暨医院住院部纳入卫生厅第一疗养院建制，称为重症室，收治志愿军伤病员，并分出病床50张和部分人员、设备，将门诊部从格宝山迁至解放路中水门及陈家祠堂，成立诸暨县卫生院。

1951年7月，浙江省卫生厅第一疗养院重症室易名为浙江省卫生厅第一疗养院。10月，在苎萝山上建造二层楼病房（后作宿舍，改称护士大楼）及医务室（内为手术室、X光室）各1幢及部分宿舍，计建筑面积1163平方米。

1952年8月，改称浙江省卫生厅第一康复医院。1954年1月1日，改称浙江省第一康复医院。10月6日，改称浙江第一康复医院。

1952—1954年，在苎萝山南侧建造二层楼病房7幢，北侧建造大会堂1幢、办公楼1幢（20世纪60年代为县防疫站用房）。1955年，又建干部宿舍楼1幢，征用南门外吴家山土地20亩，建造宿舍楼2幢、食堂1幢。1956年，在手术室与二病区之间修建木结构天桥1座。

1957年夏，收治的部队伤病员全部出院、转院，在留足450张床位装备后，剩余物资、设备上缴浙江省卫生厅，工作人员进行调动和整编。同年7月1日，浙江省卫生厅发文，浙江第一康复医院与诸暨县人民医院合并。

诸暨市人民医院　1957年7月，浙江第一康复医院并入诸暨县人民医院，原康复医院西施殿院区设为住院部，设病床400张，其中300张为疗养床位，100张为综合性病床。

1983年，诸暨县人民医院护理部被评为全国三八红旗先进集体。1984年，被评为浙江省卫生先进集体和浙江省级文明单位。1985年，诸暨县人民医院护理部被评为浙江省劳模集体。

1985年，征用浣纱村土地5亩，建造诸暨县人民医院第一门诊部。1986年，被评为全国计划生育先进集体。1989年11月，因诸暨撤县设市，改称诸暨市人民医院。是年，第一门诊部大楼落成开业，建筑面积4330平方米。至1989年，住院部总占地面积4.25

公顷，建筑面积35380.88平方米。

1990年5月，晋升为全省首批二级甲等医院。1996年2月，建筑面积20850平方米的住院大楼启用。1999年8月，创建为全国百佳医院。2000年1月，晋升为三级乙等综合性医院。

2012年10月31日，诸暨市人民医院整体搬迁至位于陶朱街道健民路9号的新院。

浣纱村卫生室 1969年底，红卫大队开办农村合作医疗，卫生室设在石塔头电排站南面机房上层，建筑面积30平方米，日均门诊10余人次。医务人员俗称赤脚医生，先后有陈永华、周月英、周水英、楼玉英、郦满芬、陈伟平、周利霞、周文儿等8人，最多时同时有4人在岗，负责人为陈永华。平时，赤脚医生下田头为民服务，村民有头痛发热等疾病都能解决，城区大医院花费的医药费，可到卫生室报销。至20世纪90年代，合作医疗停办解散。2005年，郦满芬在苎萝三村18号开办私人诊所，面积86平方米。

医疗队伍

赤脚医生 由生产大队推荐经过简单培训，在原生产大队从事医疗工作，不转户口。红卫大队有陈永华、周月英、周水英、楼玉英、郦满芬、陈伟平、周利霞、周文儿等8名赤脚医生。

接生员 旧时，接生一般为民间接生婆，多为农村中稍有经验的中年妇女，没有医疗条件和设备，所以新生儿多有感染或夭折。

20世纪50年代初，县卫生院妇产科负责培训全县妇女保健人员，推动妇女保健工作。1952年，推广新法接生。1955年，农村新法接生逐渐普及，接生率85%。1984年起，提倡优生优育。1987年起，开始住院接生，农村接生员逐渐消失。

中　药

旧时，病人多看中医，吃中药或草药，因而药店多设“坐堂医生”。清光绪十年（1884），始有西药传入，但境内仍以中医、中草药为主。

1950年前，中药材以采集野生为主。1970年，普查表明诸暨县境内可用于临床的中药材340种，其中药用植物302种，动物类药材34种，矿石及其他类4种。

劳保医疗

合作医疗 1969年底，实行农村合作医疗制度，大队开办医务室，经费由公益金开支或农户按人口交纳基本医疗费。一般的交纳和报销办法为：规定每人每年交纳医疗费1元，看病每次自负挂号费5分。每人每年医药费在10元以内无须付费，在11～30元者自负50%，在31～50元者自负40%，50元以上者自负30%，慢性病患者自负50%。

2003年起，实行新型农村合作医疗，每人缴纳统筹金30元。个人自负20元，村集体补贴每人10元，2005、2006年统筹金提高到每人40元，2007年为每人50元。2020年，浣纱居民参加城乡居民医疗保险参保率为99%。

大病保险 在一个医保年度内，城乡居民医保参保人员住院和特殊病种门诊发生的医疗费用。按城乡居民医保政策规定报销后，参保人员个人累计负担的符合规定医疗费用超过2.45万元部分，市城乡居民大病保险予以补助。2007年起，支付居民大病保险金，实际支付比例为55%。2020年，浣纱居民区大病保险支付比例为95%。

特殊用药报销 格列卫等15种药品纳入大病保险支付范围，在一个医保年度内，医保人员使用特殊药品累计发生的总医疗费用，补助起付标准为2万元，最高限额为30万元，起付标准以上最高限额以下的医疗费用补助50%。使用特殊药品总医疗费用在2万元（含）以下的，其8000元以上部分补助50%，累计发生的总医疗费用在2万元以上的，最低补助6000元。

卫生保健

卫生管理 1958年4月，城关镇环境卫生管理所在小道士湖建造储量75吨的大粪栈，进行粪便管理。进入21世纪，生活垃圾集中处理，家家户户安设垃圾桶，由专人上门收集。

儿童保健 民国时期，开始预防天花和接种牛痘。1951年起，对新生儿和规定的儿童年龄段接种牛痘，并进行各种预防注射。1952年，基本消灭天花。1953年起，乡镇所在地儿童接种卡介苗，对学龄前儿童至15岁少年分期分批预防接种各类疫苗。

1956年起，普及卡介苗接种。1960年起，推广接种钩端螺旋体菌苗、乙型肝炎疫苗、流行性脑脊髓炎疫苗、麻疹疫苗和小儿麻痹症糖丸疫苗，有效地控制麻疹等儿童常见病多发病。1979年起，对6个月至12岁的儿童免费驱蛔。1984年7月起，规定每年该月15、16日为“四苗”接种日，即卡介苗、麻疹疫苗、百白破（百日咳、白喉、破伤风）疫苗、脊髓灰糖丸疫苗。11 月起，乡卫生院对 1 岁以下婴儿实行“定人、定室、定时”系统管理。

防疫保健 旧时，霍乱、伤寒、回归热、天花、猩红热、赤痢、痢疾等主要传染病，在浣纱村域内均有发病的情况。

1951 年，乡诊所为儿童接种牛痘，防治“天花”。

1952 年，诸暨县血吸虫病防疫站进行血吸虫病调查，对病人进行试点治疗。

1956 年，卫生部门为 15 岁以下儿童进行“卡介苗”接种和白喉类霉素预防接种。

1960 年，建立学校儿童健康档案，进行“乙脑疫病”“流脑疫苗”“钩端螺旋体疫苗”接种。又推广应用“麻疹疫苗”和“小儿麻痹糖丸疫苗”接种。

1978 年，应用“狂犬病疫苗”接种，对 15 岁以下儿童建立健康档案。

1985 年，建立和健全预防接种制度，学生须持“儿童防疫接种证”方可入学。

1987 年，逐步开展“乙型肝炎血源疫苗”接种。

疾病防控

疟疾 疟疾俗称“冷热病”，是湖区最常见的四种疾病之一，昔日村中体弱年老者死于此病的时有发生。每逢秋天，便是疟疾的高发期，症状有隔日发作、隔二日发作等。在缺医少药的情况下，人们采用一种土办法，清早出门往外跑一大圈，即所谓“逃冷热病”，其实是心理疗法。1949 年后，西药“奎宁”广泛使用，疟疾得到有效治疗。1989 年后，疟疾基本消灭。

麻疹 中华人民共和国成立前较为流行，患者死亡率高。1950—1973 年，境内有麻疹病例发现，亦有死亡病人，但例数不多。1974—2000 年，在没有复种的情况下未发麻疹。至 2020 年，境内无麻疹病例出现。

血吸虫病防治 血吸虫病为一种以血吸虫侵入人体为危害的地方病，俗称鼓胀病、哨肌胀，主要疫区为县境中部和北部的平原湖畈地区。

1952 年下半年，县血吸虫病防治站成立，进行全县血吸虫病普查。1957 年，全面展开消灭钉螺和防病治病工作。防治措施为粪便查病、免费治疗、药物杀螺、平整小河沟、改水改厕等，疫情得到基本控制。

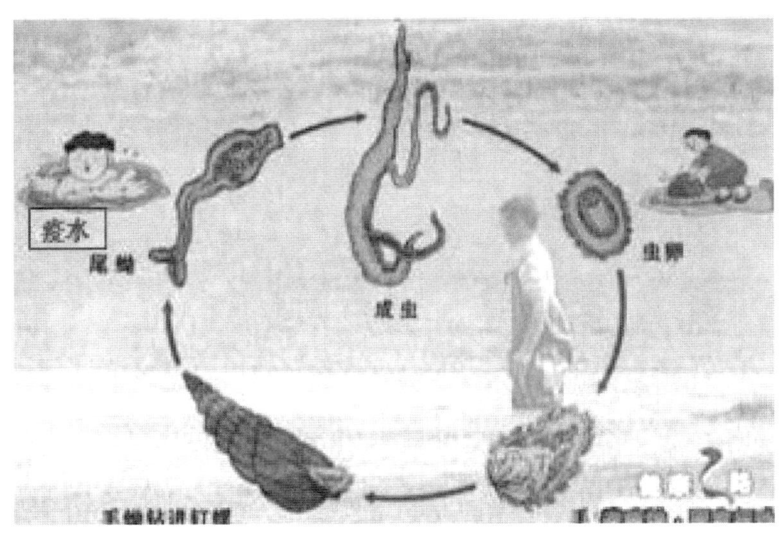

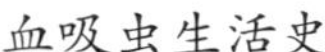
血吸虫生活史

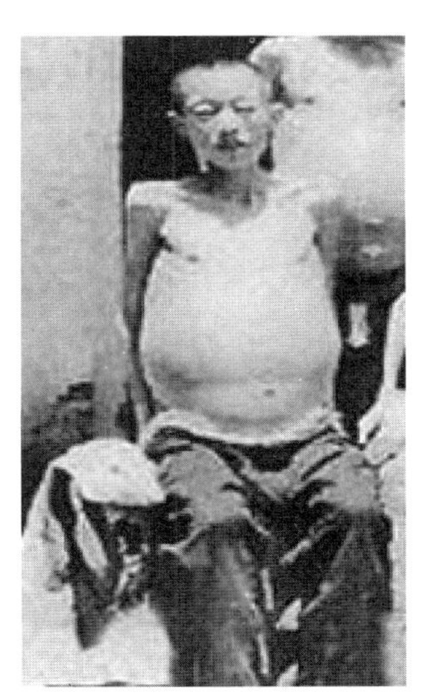
血吸虫病患者

癞痢　头癣俗称“癞痢头”，是一种真菌感染性疾病，是由皮肤丝状菌或称皮癞痢头肤癣菌引起的一种慢性皮肤传染病。根据感染部位的不同，可分为头癣、体癣、足癣、手癣（鹅掌风）等等。癞痢头的原因很多，遗传、荷尔蒙失调、精神压力大，以及各种重大疾病和传染病都会造成癞痢头。旧时，诸暨患癞痢者较为普遍，因卫生条件极差，缺乏抗病知识，一旦染有此病，只用土法治疗，效果极差，蔓延力强，无法抗拒。中华人民共和国成立后，政府加强对传染病的治理，人们的卫生知识相应提高，癞痢病不再蔓延。

高血压　是指以体循环动脉血压（收缩压和 / 或舒张压）增高为主要特征（收缩压≥ 140 毫米汞柱，舒张压≥ 90 毫米汞柱），可伴有心、脑、肾等器官的功能或器质性损害的临床综合征。高血压是最常见的慢性病，也是心脑血管病最主要的危险因素。2017 年 4 月，在浣纱居民区活动室举办高血压的预防与控制健康教育活动，为居民免费测量血压，告诉居民平时要多运动，按时吃药，情绪要稳定。

非典型性肺炎　2003 年 5 月，国内发生“非典”疫情，镇、村全民动员，做好出入人员的劝阻工作，外来人员进行健康体检和登记，对来自疫区人员实行为期 2 周的监控。各村村口设岗登记，公共场所全面消毒，取消一切集会或大型活动。在疫情期间境域内未发现“非典”病例和疑似病例。

新型冠状病毒肺炎　2020 年 2 月，国内发生“新冠”疫情，街道、居民区全民动员，做好出入人员的劝阻工作，外来人员进行健康体检和登记，对来自疫区人员实行为期 2 周的监控。党员轮流值班，在山下杨、苎萝三村和浣纱新村村口分别设卡登记，公共场所全面消毒，取消一切集会或大型活动，境域内未发现“新冠”病例和疑似病例。

第十章　教育　体育

浣纱村对教育事业比较重视，投资建造浣纱小学和浣纱幼儿园，对浣纱中学的扩建也不遗余力，从村一级来说，支持力度前所未有。浣纱村南片大部分出生于20世纪60、70年代的人，都就读于浣纱小学。北片住城区附近的，小学一般就读于万寿街小学，初中或高中则一般在城关中学就读。

浣纱村民的体育活动，除传统体育、少儿体育、学校体育之外，还成立腰鼓队和舞蹈队等专业队伍。

第一节　教　育

县级机关幼儿园

1956年11月，诸暨县人民委员会机关托儿所改为机关幼儿园，园址设万寿街西端曹祠。县妇联主任兼园长，有教职工8人，开2班，分全托和半托两种。半托幼儿早晚用三轮车接送。园内活动器具较全，设备较好。1959年改为全托。调入一名保健医生，负责制定幼儿食谱、健康检查和预防接种等。同年秋，增为大、中、小3班。1964年，有幼儿90余名，工作人员11名。1967年，社会上两派斗争甚剧，机关幼儿园被迫停办半年，设备财产散失殆尽。1968年复办，仍设3个班，改以半托为主。

1968年底，城关镇红卫大队贫管组接管幼儿园，并入城关镇红卫“五七”学校二分校幼儿园。

商业局幼儿园

1983 年 5 月开办，有 2 个班，76 名幼儿，4 名保教人员。园址在南屏路商业局职工宿舍内，只收商业系统职工的幼儿。1985 年设 2 班，有幼儿 65 名，教养员 4 名。园内教室、午睡室有暖气设备并装吊扇，还购置 1 套价值千余元的大型活动器械。

诸暨市浣纱幼儿园

1994 年 8 月，为解决城关镇入学入园困难的问题，决定筹建浣纱幼儿园，地址选在浣纱村石塔头自然村，占地 9.3 亩，所需建设资金由浣纱村筹集。1995 年 7 月，浣纱村出资 400 余万元建造幼儿园并置办配套设施，由教育部门负责管理。占地面积 8 亩，建筑面积 0.42 万平方米，设有 180 平方米的幼儿多功能厅和大型戏水池和玩沙池，园址在暨阳街道南庠路。

首期招生 12 个班，440 名幼儿，25 名专任教师，10 名职工，首任园长杨满芳。浣纱幼儿园为诸暨首家省级示范幼儿园，一时争先恐后，人满为患，适龄儿童以入学浣纱幼儿园为幸事。

2000—2003 年，扩建实验室、琴房，重建传达室、围墙、塑胶操场。2004 年 8 月，开办耀江园区。2005 年，兼并原新城幼儿园，更名为浣纱滨江园区，拥有浣纱、耀江、滨江三个园区。2005 年底，有教学班 28 个，幼儿 1200 名，教职工 91 名，其中中学高级职称 1 名，小学高级职称 1 名，幼教高级职称 14 名；获省级以上荣誉称号 5 人次。

1996 年 3 月，浣纱幼儿园被命名为绍兴市文明学校。1998 年，被评为绍兴市教育科研工作先进集体、浙江省卫生先进单位。2003 年，被评为绍兴市示范家长学校。

私立乐安小学

光绪三十二年（1906），孙钦亮拨田作为办校经费，以万寿街孙氏宗祠与三官殿之间的庭院作为校舍，初名乐安小学堂，是全县最早的一所私立小学堂，第一任校长为蔡国清。初为单班复式初小，学生 20 余名，教师 1 名，后发展为三四班不等，有学生八九十名、教师四五名。民国元年（1912），改称私立乐安初级小学校。民国 8 年，学校在全县率先改用语体文教学。民国 9 年，改名为乐安高等小学校。

民国 19 年（1930），浙江省教育厅督学来诸暨视察，赞扬该校学生成绩“颇佳”，“校长金鼎铭为社会人士所敬仰”，令诸暨县县长传谕嘉奖。

民国 31 年（1942），日军占领诸暨，乐安小学迁至街亭浮塘村上课。同年，浮塘村的临时校舍被日军焚毁，学校停办。

1949 年，城关居民要求重建该校，由王绍斐等负责修复原校舍，秋季复学。1950 年，由城西农民协会接管成为民办小学。1952 年，接收为公办小学，即万寿街小学。1968 年，执行贫下中农管理学校，红卫大队贫管组奉命进驻，抽调马伯括、赵明华、赵桂芳、郦满珍、朱慧珍、张华英、詹素英等一批有文化的青年充实教师队伍。“文化大革命”结束后，抽调人员自由选择，赵桂芳、郦满珍、朱慧珍、张华英、詹素英留下转为民办教师。

城南村小学

中华人民共和国成立后，由城南村在南门上水门口的天后宫创办，初小年级（复式班）均在一个教室上课，教师为东阳人张丽容。

浣纱小学

1948 年，在三踏步周家厅堂创办三踏步小学，系单班复式，学生 20 名，教师 1 名。1956 年秋，迁入高道地周氏宗祠内。设初小 4 个年级，2 班复式。1967 年上半年，诸暨县人民医院小学并入统一管理，设初小 4 个班，周氏宗祠和住院部各 2 个班，并增设 1 个幼儿班。住院部是两间小屋，因为空间局促，被称为“鸡窝”，三年级以上则在周氏宗祠。共有教师 5 名，负责人为杨佩芬。1971 年，学校改称红卫小学。1977 年，拆除周氏宗祠，村里出资修建一幢两层的教学楼，班级设置从幼儿班到五年级齐全。除校长和杨佩芬等极少公派的教师外，大部分是村里聘用的民办教师，有赵桂芳、詹素英、郭金莲、郦满珍等，后有赵明华，经常在夜间为学生免费补课。1981 年，增设小复班 1 个，全校共有学生 200 名，改名浣纱小学。1989 年 9 月，新学校建成，命名为城关镇第二中心学校。2001 年 7 月，万寿街小学并入。2002 年 2 月，更名为暨阳街道浣纱小学。

诸暨县人民医院小学

1962 年秋，诸暨县人民医院住院部利用院内空屋办学。开始设初小复式班 1 个，后发展为复式班 2 个。1967 年上半年并入三踏步小学。

诸暨市浣纱初级中学

1956年暑期，诸暨县人民委员会决定，将诸暨县城关镇中心小学迁至南门外余家大屋。1968年，城关镇红卫大队贫管组进驻并接管学校，改校名为诸暨县城关镇红卫“五七”学校。红卫大队抽调周承炜、郦成龙、郦文祖等3位有文化的青年充实教师队伍。

1970年，附设初中班。1971年春，由附设初中班改单设初中，改名为诸暨县城关镇“五七”中学。“文化大革命”结束后，抽调人员自由选择，因报酬悬殊，全部回生产队。1978年秋，改名为诸暨县城关中学。1979年起增设高中，通过师生劳动，扩建运动场，又新建教学楼两幢。学校占地面积20亩，建筑面积7817平方米。1981年，县在该校建立初中理化实验中心，各种实验设备逐步齐全，并被指定为县电化教学试点学校，有图书万余册。

1985年，设26个班（其中初中18个班），有学生1440名，教职工92名，其中专任教师73名。

20世纪80、90年代，浣纱村4次提供周边农田，把一条排水渠改造暗渠，校区得以扩充。

1996年7月，初、高中分开办学，学校单设初中。2002年3月，更名为诸暨市浣纱初级中学。2005年8月，市教育局将原滨江初中（东一路19号）校舍划拨给浣纱初中作为分校（第二校区）。学校总占地面积60.5亩，建筑面积2.92万平方米，建有250米环形跑道田径场2个，实验室、语音室、电脑室、多媒体室、闭路电视系统、校园网等现代化教学设施。

2005年底，有教学班51个，在校学生2758名，教职工173名，其中：中学高级职称31名、中学一级职称92名；有省级荣誉称号的13名、绍兴市级荣誉称号的32名。

诸暨市浣纱初级中学

浙江省诸暨卫生学校

1957年，遵照诸暨县委指示，成立由县委宣传部、文教局、卫生科、财政局和诸暨县人民医院等单位组成的卫校筹建委员会，并由宣传部部长、文教局副局长、卫生科副科长分任正副主任委员，具体领导卫校筹建事宜。校址设在城关镇南门外吴家山（即车辆厂厂址）诸暨县人民医院住院部，学生宿舍、厨房、饭厅等占地面积1769平方米，教室、实验室、图书室等390平方米，校园活动场所6047平方米。

1958年度第一学期开学，由宁波专署统一招生205名，包括在职干部和应届初中毕业生及社会知识青年，其中尤以吸收工农子弟为主要对象。实际报到入学165人，后来由于退学、转学不归等原因，在校学生只有151名。计诸暨籍51人，萧山籍25人，奉化籍13人，嵊县、新昌籍62人。分别设医士2班（计100人），护士1班（26人），助产士1班（计25人）。学生待遇：原系在职干部的学生，给予享受甲级人民助学金；向学校和社会招收的学生一律自费（不收学金），但对个别贫寒者给予生活补助。后因“大跃进”形势，除调干生外，一律改为生活补助。

1959年，根据护士、助产士两班人员过少的实际情况，取消助产士班，并入护士班，并对不愿转为护士专业的学生作为自动退学处理。1960年，学校第二次招医士班新生两班，计102名，学制四年，入学前文化程度为高小毕业。1961年7月，首届毕业学生130人，由省统一分配工作，去杭州、宁波地区工作的80余人，在诸暨工作的30余人。师资及工作人员：专业老师原则上有县属有关单位兼任（不支付课金），但考虑到学校规模较大，且专业性强，为保证办学质量，设校长（或副校长）、团干、教务主任、总务（或会计）、校工等专职人员，并配备一定数量的文化和基础课老师。学生主要课程是按照省卫生厅颁发的中等卫生学校11个专业教学计划（草稿）执行，并采用部颁教材。学生实习单位安排在县、区级全民医院进行，同时也配合形势参加了大办钢铁和除害灭病等。

后由于三年自然灾害，承担国家暂时困难，于1962年3月2日奉令停办，学生全部遣散回家。

绍兴卫生学校诸暨分校

1978年下半年，学校复办，改名为绍兴卫生学校诸暨分校，设三年制护士专业，在绍兴地区范围内招收学生50名。1982年下半年，受绍兴地区委托，培训在职护士50名，学制三年。1985年参加省卫生厅组织的统一考试，成绩合格者也享受中专毕业生待遇。

绍兴市职工中等卫生学校

1984 年 6 月，经浙江省政府〔1984〕131 号文件批准，绍兴市成立职工中专，校址设在诸暨卫生进修学校，与卫生进修学校实行两块牌子，一副班子的工作模式。实行党政分开试行校长负责制，为全县学校首创。教学用房和生活用房占地面积 4639 平方米。学校图书室占地面积 40 平方米，共有藏书 3500 册，并设专人管理，实验室和示教室计有物理、化学、解剖、生理，和内、外、电化室等 16 个。学生来源是全省在职初级卫生技术人员经省统一考试录取，由省卫生厅医教处根据各校所设专业，实行计划安排重点分配。

1984 年，招收医士专业新生 90 名，学制三年，设护理、药剂、全科医学、卫生保健等专业。参照全日制中等卫生学校同类专业课程教学，学员完成教学计划规定的全部课程，考试合格，发给所学专业毕业证书，国家承认学历。此外，还继续培训在职初级卫生人员短训班等。1985 年秋，有学生 4 个班 188 名，教职工 26 名 (其中专任教师 15 名)。1986—2005 年，招收学员 2498 名，其中护理专业 868 名、医士 261 名、社区医学 207 名、妇幼卫生 46 名、医学检验 114 名、全科医学 170 名、乡村医生 71 名、卫生保健 634 名、药剂 127 名。2001—2005 年，毕业学生 956 名，其中护理专业 220 名、药剂专业 60 名、全科医学 42 名、卫生保健 634 名。

诸暨县卫生学校

1965 年 9 月，诸暨县在县人民医院旧址创办诸暨县卫生学校。设医士班 1 个，有学生 42 名，实行半工半读。1968 年夏结业，由县卫生局分配至公社保健所工作，学校停办。

诸暨县卫生进修学校

1979 年 9 月，由诸暨县卫生局借用绍兴卫生学校诸暨分校的师资与校舍创办。至 1985 年 9 月，先后举办各类专业培训班 17 期，为全县培训初级卫生技术人员 745 名。

第二节　体　育

传统体育

灯马　杂耍　民国时期，每逢节日民间就有龙灯、武术、高跷、滚叉等表演。丧事和宗教活动时也有翻台、抢五方等节目。

游泳　旧时村民皆会游泳，不少妇女也熟悉水性。

弈棋　民间常有弈棋活动，主要有中国象棋、五行棋、西瓜棋、围棋、军棋等，中国象棋尤为普遍。

少儿体育

活动多有乡土特色，活动种类有踢毽子、滚铁环、走高跷、跳皮筋、旋陀螺、格棒、跳绳、放鹞子、折飞机、挑香棒、造房子、打弹子、拔河、爬竹竿、掷石头、老鹰捉小鸡、竹管纸铳、甩镰刀、跳田坎、水箭竹管等，形式多样，易学易玩，不受场地、条件的限制。

水箭竹管　旧时，少儿常玩水箭竹管。选取一节竹节较长的竹管，一头留节，中间打一小孔。然后用一木棍，头上缠好破布，紧插管内但能抽动。拉动木棍以汲水，推动木棍以射水，互相喷射以娱乐。

竹管纸铳　少儿常玩竹管纸铳。选取一节小竹管锯去两头竹节，削成一根竹筷作内支条，要求紧密无缝但能抽动。把废纸浸湿揉成纸弹，连推两粒入竹管，手掌用力拍内支条，竹筒受空气压力，发出“啪”的声响，就射出第一粒纸弹，射程可达 5 ~ 10 米。

走高跷　是青少年常玩的体育游戏，用两根小杉木（或竹竿）制成高跷，操场、田间小路也可，一人多人都可，所以走高跷不受场地和人员的限制。如果几十个人在一起比赛，可排队奔跑，可拔烂田，可高跷对仗，谁先下地就算输。

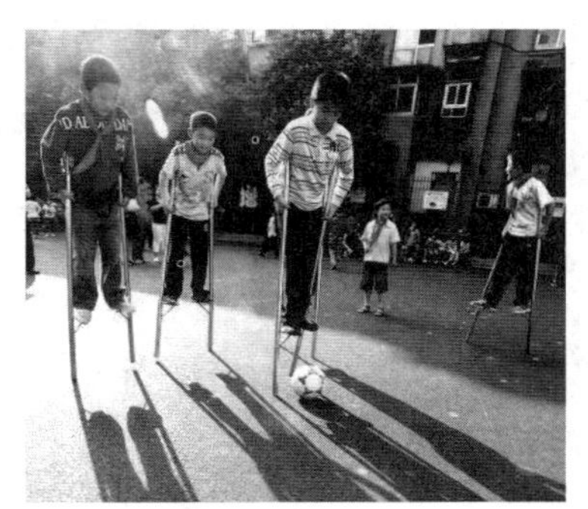

走高跷

滚铁环

滚铁环 是一种传统体育游戏。用铅丝（铁箍）做成铁环，用铅丝做长柄的钩子，用钩子托推铁环滚动。活动简便，场地不限，可在村内巷弄，可在道地操场，可在田间小路。

格棒 俗称田鸡棒。一棒放于一石头上，一端翘起，另一棒用力格之，一棒受力飞出，对方用手接住即赢。活动危险性大。

挑香棒 掷一大把香棒于地上，然后用一根香棒轻轻地挑四周没有搭牢的香棒，以此香棒挑出而周围的香棒不动为原则，一次性挑得多者为赢。后多用棒冰棒替代。

打弹子

打弹子 是男孩们常玩的、人数最为自由的游戏。场地成正方形，在四角各挖一个拳头大小的坑，称一洞、二洞……正中间挖一坑称“主洞”。从第一洞开始打弹，若弹子落入第二洞者可继续向下一洞打弹，不中则轮换，一人一次。同一弹连进五洞，出来后称为“五洞老虎”，可击杀任意对方弹子，被击中的即算吃掉。其他弹子亦可击中“老虎”，但需连续击中三次，而后成为新的“老虎”，再继续射杀其他弹子。最后剩下的为赢。

旋陀螺

旋陀螺 传统陀螺是木或铁制，上半部分为圆柱形，下方为圆锥形，底部用一钢弹，再做一根上木下绳（或用棕榈叶）的鞭子，民间称“手捻陀螺”。玩时用绳子缠绕陀螺，用力抽绳，使直立旋转。其后不断用鞭子抽劈，以旋转时间长者为赢。操场上几十个陀螺一起玩，亦很有气势。

学校体育

体育课 光绪二十九年（1903），颁布《奏定学堂章程》，学校始设体育课。规定小学以教授游戏和普通操为主，中等学校以兵式操为主。次年起，规模较大的小学将体操和体育武术课列为8门学科之一。

民国元年（1912），初级小学将体育与游戏、唱歌结合。20世纪30年代，大部分小学不设体育课。抗日战争胜利后，规模较大的小学和中学体育教学有所加强，教学内容逐渐增多。

20 世纪 50 年代初，教育部颁布《中小学教学计划（草案）》，将体育定为中小学必修课。1951 年，第一套少年儿童广播体操推行。1955 年秋，执行《小学四二制教学计划》，多数小学每周设 1 ～ 2 节体育课。1958 年后，出现以劳动代替体育课的情况。1962 年起，完全小学配备专职体育教师。“文化大革命”中，体育课改为军（事）体（育）课。1976 年后，体育教学逐渐恢复正常，体育成绩列入学生成绩，成为评定三好学生的必要条件。1984 年以来，贯彻国家《中小学体育卫生工作暂行规定》，学校开展体育达标活动。

篮球 学校篮球队成立较早，训练也较正规，篮球成为学校的传统体育项目。20 世纪 50 年代，篮球架多用木制，球场为泥地。70 年代起，篮球架用水泥浇制。80 年代，篮球场为水泥地面，篮球架用角钢，篮板为钢化玻璃。

广播操 学校体育坚持三课二操两活动制度。即每周 3 节体育课，每天做广播体操和眼保健操，每周两次课外体育活动，小学一、二年级 4 节，三～六年级 3 节。至 1987 年，中小学共推行 6 套广播体操。

现代体育

2000 年，浣纱村赞助中国共产主义青年团诸暨市委员会举办“浣纱杯”自行车赛。2014 年，浣纱居民区成立腰鼓队、舞蹈队等专业队伍。腰鼓队 24 人，有 23 只腰鼓和 1 对镲，每逢周二、四上午在篮球场活动。舞蹈队 20 余人。2017 年 2 月 13 日，浣纱居民区举办乒乓球比赛。同年 5 月 15 日，举办舞蹈日活动。

乒乓球比赛

第十一章　人　物

浣纱村历史上曾经出过不少声名显赫的人物，尤以中国四大美女之首的西施最为著名。人物收录包括传略、简介、名录三部分。传略介绍浣纱村已过世的相关名人，简介介绍当代的杰出人士，名录则收录当选县市级以上人大代表和政协委员，及拥有中高级资格职称的人员。

第一节　传　略

西施（？—前 473？），一作先施，又称西子。春秋末期越国苎萝村人。天生丽质，聪敏绝伦。越王勾践十二年（前 485），被选入越都，经过三年的学舞习礼，作为美人计的关键人物，忍辱负重，与郑旦等美女献给吴国，成为吴王夫差的宠妃。她身在吴国心在越，为越国灭吴雪耻作出特殊贡献，是中国古代四大美人之首。

周恪，字诚夫，号梅轩。宋绍定五年（1232）进士，官翰林学士承旨。宋嘉熙四年（1240），与兄周治、周闾自紫岩乡迁居南门，为南门周氏始迁祖。

周文溢，字普济。承事郎，转运司运干。

周文郁，字继周。任提举。

周必举，字元达。嘉议大夫，建康道肃政廉访使。

周德润，字元玉。任市买司提辖。

周天泽，字履之，号巨源。中省元，任提举。

周天度，字璇之。中省元。

杨豪（1257—1324），字继英，号白峰，太学生。原籍概浦乡徐坞杨（今属次坞镇），赘居城南山下杨。自幼聪颖过人，7 岁随父到表叔史南石刺史家，史南石见其相貌堂堂，席间出一对联“八角银钟”，杨豪应声回答“一脐玉盏”，史南石十分欢喜，后招为女婿，从此定居南门，与弟杨杰同成为南门始祖。著有《白峰诗集》，人称“白峰先生”。

杨杰（1259—1326），字继俊，号梅峰，原籍概浦乡徐坞杨（今属次坞镇），赘居山下杨。性质精粹，学有原委，每次考试，必是第一。元武宗至大二年己酉科（1309）乡贡进士，授宣议郎，任饶州佥判，晋阶奉直大夫，居官数载，任满回乡。入赘史刺史家，从此定居南门，与兄杨豪同为南门始祖。著有《梅峰集》，人称“梅峰先生”，卒葬次坞炭山湾。

杨白（1429—1489），字仲洧，号白洋，迪功郎，山下杨人。幼时丧父，奉母至孝。读书之余，兼营生意和养殖，生活日渐富裕。明成化年间，因发生饥荒，赋税难以为继。浙省抚台、道台严令征收，上缴国库，县令想不出应对之策，只能差人强制征收，以致民不聊生。杨白见情况如此，慷慨承诺捐资千金，代付上缴国库银两。当时的绍兴知府知道此事后，深感其大义，特颁“圣世逸民”匾。诸暨县令为表彰他的功绩，并题词赠曰“明时义士”，并将事迹上报藩司，授以冠带。那些因拖欠赋税得到解脱的人，愿意以工代劳，杨白获悉后，一把火烧毁债券。是以广颂其德，远近闻名。

杨承恩（1489—1557），字德卿，号近岩，山下杨人。聪颖敏捷，心存大业，刚满20岁，就考入县学，由廪膳生中嘉靖十四年乙未科（1535）乡贡选第三十五名。嘉靖十六年，授凤阳府寿州儒学训导。嘉靖二十年，升蒙城县教谕。嘉靖二十八年，升河南周王府教授，迁莱阳王府教授。以礼教育诸王子，德业有加，经术文章为周王所倚重，特赠额曰“王者之师”，并推荐给上级，称其才堪大用。然以年老体弱为由，不管周王如何挽留，推脱不就。后卒于任所，迎棺归葬。

杨承惠（1492—1566），字顺卿，号春洲，山下杨人。幼小聪慧，日记数百言。长大后博通群书，与父亲、兄弟以诗文相切磋，在县学声名显赫，几次参加科举考试。嘉靖三十四年乙卯科（1555）以《诗经》中浙省贡举第三名。嘉靖三十五年，除授江西瑞州府高安县学训导。严立课程，带领学生，分勤惰二册，学而优者，多方策励，因此学生多威其严，嘉靖三十七年预乡荐者三人。嘉靖三十八年礼部会试，即进士考试，两人高中，于是乡邻皆钦佩有加。任期届满，慨然曰：“年老应归故乡，又不贪恋富贵？”于是解职回归故里，放饮豪吟，有《长啸集》遗世。

黄邻，字元辅，居南郭，因自号“南郭居士”。洪武三年（1370），与姜渐同时被征为翰林院典籍，迁御史台监察御史，以老出知杞县。未几告归，卒祀乡贤祠。著有《诸暨志》十二卷。

王友十一，南隅居民，艰于嗣，以双港系浙东诸郡往来之冲，欲造桥利涉。其兄王友三亦助之。三年而得两子，因名之曰善感桥。知县刘光复撰《善感桥记》。

赵有仁，敕授承德郎，任河南彰德赵王府审理正。

赵道明，字敬夫，号碧峰。任清浪卫经历。

赵道恕，敕授征仕郎，任四川永宁宣抚司经历。

陈于朝（1573—1606），字孝立，又字叔大，号长离、了因、饮冰。陈性学子，陈洪绶之父，枫桥陈家（今枫桥镇陈家社区）人，世居苎萝山下。性聪颖，八岁和父《早朝》《宫怨》诗，京师为之传诵。明万历二十五年（1597）补邑弟子，二十八年食廪。与山阴徐渭为忘年交，书法得渭指授，几与之埒，后究心佛经，屡试不偶，以廪生终。尝读书于西竺庵，著有《苎萝山稿》《自得斋稿》。

陈洪绶像

陈洪绶（1599—1652），字章侯，幼名莲子，一名胥岸，号老莲，别号小净名，晚号老迟、悔迟，枫桥陈家村人，曾居苎萝山下。明代著名书画家、诗人。年少师事刘宗周，补生员，后乡试不中，崇祯年间召入内廷供奉。明亡入云门寺为僧，后还俗，以卖画为生。一生以画见长，尤工人物画。所画人物躯干伟岸，衣纹线条细劲清圆，晚年则形象夸张，或变态怪异，性格突出。花鸟等描绘精细，设色清丽，富有装饰味。亦能画水墨写意花卉，酣畅淋漓。还长于为文学作品创作插图，能表现出原作人物的精神气质。其画手法简练，色彩沉着含蓄，格调高古，享誉明末画坛，与当时的顺天崔子忠齐名，号称“南陈北崔”。其人物画成就，人谓“力量气局，超拔磊落，在仇（英）唐（寅）之上，盖明三百年无此笔墨”。去世后，其画艺画技为后学所师承，堪称一代宗师，名作《九歌图》《西厢记》《水浒叶子》《博古叶子》等绣像插图版刻传世，工诗善书，著有《宝纶堂集》。

赵学贤（1586—1656），字用伯，邑庠生。生于官宦之家，家资巨富，曾延僧人道觉在桃花岭脚建西竺庵，出资增修扩建南门赵氏宗祠。《苎萝志》卷六存诗一首。

杨学溥（1622—1669），字森如，号逊庵，新壁人（今暨南街道老杨家），居南隅山下杨。清顺治八年辛卯（1651）正科举人，敕授文林郎，官山西平阳府推官。著述有《古今文钞》《历朝诗汇》《续朱子纲目》。

赵寅（1650—1695），字虎臣，号晓庵，石塔头人。太学生，官广西柳州府通判。獞人回四拥众叛，抚镇莫能剿。寅莅任二月，即率干役十余人，设计获之。回四贿数万金求生，寅曰：“与其得数万不义之财而子孙未必能有，何如杀一巨盗，为亿万人除害？”决意详大吏斩之。右江道金君，仆犯辟，当道挟以索贿，案下，寅鞫曰：“以仆罪强及其主，于法不平。”狱词上，即辞官归。有劝之复仕者，仰天笑弗答也。

赵凝锡，字天属，西竺庵人。以廪贡生官永康县学教谕。卓异，升容城县知县（《贤达传》作济阳县）。有佣某与主隙，杀妻而诬以奸。凝锡廉得其情，抵佣法。有幼儿樵被杀，历数宰不决，凝锡履勘，忽一人趋而过，色作惊，拘鞫之，得强奸状，申诸府，府疑之，申臬司，司叹曰：“为令能洗冤，奈何以好事咎之。”案乃定。

徐氏孺人（1725—1800），杨学孝之妻，山下杨人。16岁嫁入杨门，22岁守寡。以勤俭纺织为生，上侍奉公公，下独自抚养未满三月之子，及至翰宰、殿宰两孙出生。未料命途多舛，子媳竟亦相继而亡。再以一己年迈之身伺养孺孙，数十年经霜履雪，坚守节操。窦知府闻之欣然题匾“志凛冰霜”，以表懿美。

周瑾，字孟瑾，自号守一道人。生有异质，于星历、筮卜、杂算、内算、音律、儒释、异国之书，无不通究，前知如神。每言吉凶祸福，多奇中，后终以地理成名，著有《地理指迷》。

周芾，三踏步人，曾任贵州毕节县知县。

周震，号位东，字惕庵，三踏步人。曾任四川营山、大竹、金堂等县知县。

周福培（1868—1900），官名继彬，字绍沛，号彦臣，三踏步人。贵州贵定县典史。

周德培（1865—1909），官名德馨，字长钦，号筱仓，三踏步人。布理问衔贵州，从九品，历署广顺典史。

陈蔚文（1865—1938），字亚澄，别号趣园居士、二柳先生，住登仕桥缸甏弄。曾任清度支部郎中，是经学大师俞曲园弟子。雅擅诗文，且工书善画，一生淡泊明志。书法师宗颜真卿、柳公权，并融入己意，自成一家。

周继培（1870—？），号雅生，三踏步人。四川候补巡检。

周善培

周善培（1875—1958），字致祥，号孝怀，三踏步人，少时随父宦游入川定居。光绪二十三年（1897）副贡。光绪二十五年，东渡日本，考察学校、警校、实业等。光绪二十七年，奉命带学生20余名赴日本留学，并聘回日本教习到成都开设私立东文学堂。光绪二十八年，任警察传习所总办，为四川巡警开山鼻祖。后赴粤，任督署副总文案兼广东将弁学堂监督。光绪三十四年，任川省劝业道总办，通令各属普设劝业局，培训劝业员，大力资助民族工商业的发展。任内多次举办展销商品的工商赛会、商业劝工会，在成都设立能容纳300余家商户的劝业场，推动四川近代工商业的发展。倡导和督促成立川江轮船公司，参与讨袁护国运动。抗战初期，在天津设电台，代表四川省主席刘湘对外联络。与康有为、梁启超、孙中山、黄兴等都有交游，四川总督岑春煊、总统黎元洪、执政段祺瑞、第七战区司令长官刘湘等都曾聘其为顾问幕僚，还是毛主席清客，对中华人民共和国国号确定起到决定性作用。中华人民共和国成立后，任民生公司董事长、全国政协委员。著有《言文一贯虚字使用法》《周易杂卦正解》及回忆录《辛亥四川争路亲历记》等，参与清光绪《国朝三修诸暨县志》的编印工作。后病逝于上海，葬陶朱街道联合村红岭自然村石佛寺后。

周心培（1880—？），更名德光，字竹孙，号竹居。贵州提法司高等审判厅书记官。

周嗣培（1881—？），字竺君，号竹所，三踏步人，周善培之弟。光绪二十七年（1901），成为四川省首次派遣的22名官费留日生之一。历任镇江关监督、瓯海关监督兼交涉员。书画蜚声当时，成都“杜甫草堂”内“草堂”两字为其所书。民国18年（1929），陈锦文等集资再建西施殿，书门额颜体“西子祠”三字。

周善培和周嗣培（张一青画）

余重耀

余重耀（1879—1954），字铁珊，一字铁山，别号遁庐，又号遁庐居士，高湖乡高湖沿村人，迁居城关南门外遁庐。17岁中秀才，光绪二十九年（1903）中举人。后因取消科举改考职，进入翰林院。旋任教沈阳，继任东三省赵尔巽部提调。辛亥革命后南归，为建德县知事。民国3年（1914）起，历任江西万载、新建、乐平等县知事。8年，任江苏督军署秘书长兼淮盐总栈栈长。13年，为周凤岐秘书，旋任浙江省长公署、督军署机要秘书、主任秘书，后聘为之江大学文学系教授。22年，任蒋鼎文福建绥靖公署顾问。32年，被顾祝同聘为第三战区顾问。抗日战争胜利，顾祝同邀其去南京，辞谢弗往，寓居杭州。37年，迁回诸暨定居，以著述自娱。

余铁珊文宗两汉，诗学唐宋，书法魏晋，好学近乎痴，有云“铁珊不在家，可往书铺找”。与康有为、章太炎、梁启超、陈三立等有交往。著有《涵雅庐诗文稿》《遁庐诗文稿》《佛学丛著》《遁行小稿》《阳明先生传纂》《医学丛著》《释仁》《宋儒理学》《道家者流》《金石考古》等。1993年版《诸暨县志·人物》有载。

周淦培（1887—1963），女，字季丽，三踏步人。曾就读于日本东京女子师范学校手工美术系，擅长手工、绘画，以此自娱。为上海市文史研究馆馆员。

周品三（1902—1970？），字天性，三踏步人。高级小学毕业，尤写得一手魏碑好字，并精研中医和拳术。性豁达，好交友，终日喜笑颜开，老少相亲，人称“欢喜菩萨”。民国12年（1923）春，在广州孙中山所设陆海军大元帅大本营卫士队为队员。13年春，肄业于大本营陆军讲武学校。后经大本营卫士大队大队长卢振柳推荐，投考中国国民党陆军军官学校（黄埔军校），为第一期第一队学员。同年11月毕业。15年，任国民革命军中央军事政治学校（黄埔军校）第四期入伍生部步兵连排长、区队附。16年，任北伐军东路军第二纵队营长，在何应钦、白崇禧指挥下，参加攻取杭州、上海之役。17年8月，浙江省省防军改编为省保安部队，共7个团，任浙江省保安第1团团长。26年全面抗日战争爆发后，任中央陆军军官学校教导总队第2旅参谋主任。其后，继任第80师少将副师长，师长为陈琪，隶属第100军。27年9月底，陈琪升任第100军军长后，仍兼第80师师长职。28年初，陈琪专任军长，由王继祥继任师长。该师在军的编成内参加冬季攻势作战。29年，该师于第三战区直接整训中，何凌霄继任师长。30年4月，李良荣任师长。夏，改隶第70军，在军的编成内参加第二次长沙会战中非主战场之箝制性作战。31年，参加浙赣战役。34年夏，该师驻福建建瓯地区，在军的编成内参加南战场之闽浙追击作战。抗战胜利后，移驻江苏徐州，改隶第28军，陈集辉继任师长。35 年春，该师缩编为第 80 旅，隶属整编第 28 师。9 月，第 80 旅加强大量炮兵、工兵、坦克等分队后改编为第一快速纵队，继续参加华东战场对人民解放军之作战。36 年 1 月 4 日，在鲁南战役中，第一快速纵队被人民解放军歼灭。37 年 3 月，授陆军少将衔。是年，辞军职，在杭州与他人合开药店，后又卜居福建建阳、崇安等地行医。中华人民共和国成立前夕，返乡长居于诸山乡梅山村（今属大唐街道）一寺庙内行医，尤其擅长于妇科，病逝后葬梅山。《中国国民党诸暨籍百卅将领录》等书有载。

周功桥（1908—？），民国时曾任嵊县警察局局长。

周六经，下七年人，二等劳模。1951 年参加绍兴文教干校学习后任城南区芦山乡政治教师，20 世纪 70 年代担任城关、浣纱、三都两区镇和牌头法庭庭长职务。

郦纪泉（1916—1998），山下杨人。1949 年 12 月任城南乡乡长，1956 年 3 月离职。

朱焕清

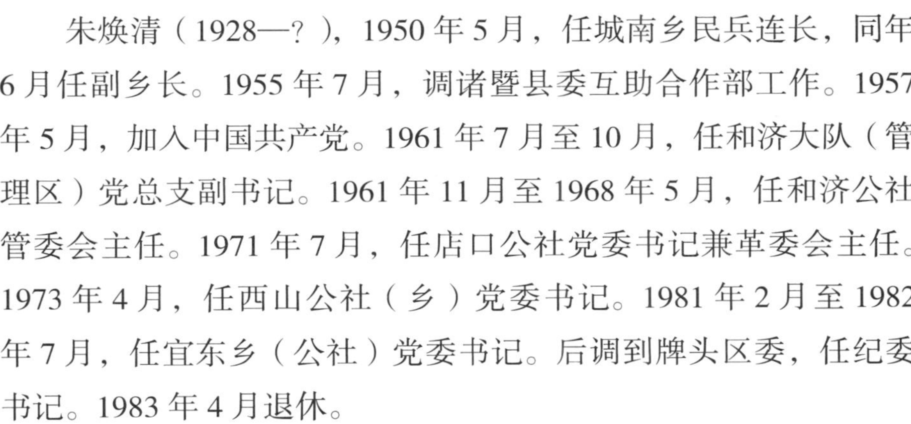

朱焕清（1928—？），1950 年 5 月，任城南乡民兵连长，同年 6 月任副乡长。1955 年 7 月，调诸暨县委互助合作部工作。1957 年 5 月，加入中国共产党。1961 年 7 月至 10 月，任和济大队（管理区）党总支副书记。1961 年 11 月至 1968 年 5 月，任和济公社管委会主任。1971 年 7 月，任店口公社党委书记兼革委会主任。1973 年 4 月，任西山公社（乡）党委书记。1981 年 2 月至 1982 年 7 月，任宜东乡（公社）党委书记。后调到牌头区委，任纪委书记。1983 年 4 月退休。

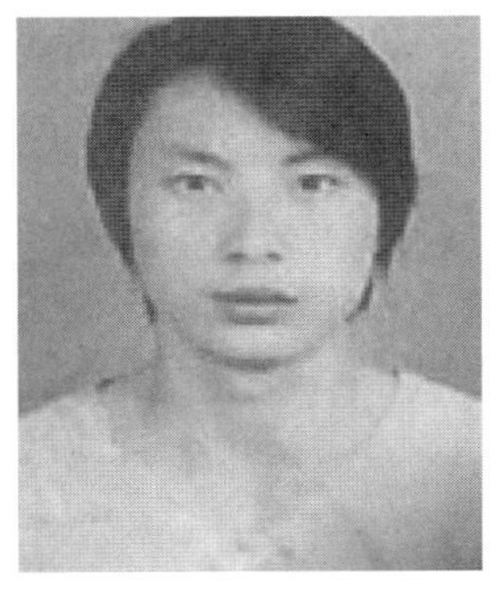
李夏龙

李夏龙（1990—2009），石塔头人。2007 年 5 月，加入共青团。2008 年 12 月应征入伍，为中国人民解放军 75560 部队 2 营机枪连战士。2009 年 6 月 16 日，在海南省屯昌县执行军事迎考任务时触电牺牲。2009 年 7 月 1 日，被海南省军区政治部批准为革命烈士。2014 年 9 月 5 日，获民政部颁发烈士证明书。

第二节 简 介

杨家琍，女，1938 年 1 月出生。原籍上海市。大学学历，诸暨中学教师。1984 年 7 月，当选为诸暨县第九届人民代表大会代表。1987 年 4 月起，任诸暨县（市）第十届、第十一届人民代表大会常务委员会副主任。1988 年 4 月，当选为绍兴市第二届人民代表大会代表。1993 年 3 月，当选为政协诸暨市第九届委员会副主席。

郦成龙

郦成龙，1940年4月出生，山下杨人。1987年受城关镇政府派遣参加诸暨市小商品市场筹建工作。1989年起，担任小商品市场管委会副主任（法定代表人），党支部书记。2000年退休。

周依波

周依波，1947年9月出生，夏家坞人。1988年12月，加入中国共产党。1989年8月，被诸暨县政府评为农民技师。1978年3月至1993年8月，在浣纱菌种场主要负责孢子收集、母种培养、原种栽培制作等工作。1984年，蘑菇浣纱-176菌株选育和栽培管理获诸暨县1978—1983年度优秀科技成果二等奖。蘑菇罐藏新菌种浣纱-176选育，获1985年度浙江省科学技术进步奖三等奖和1988年颁发的商业部科学技术进步四等奖。1992年12月，“12051”蘑菇新菌种的选育和中型生产试验获轻工业部科技进步三等奖。1993年12月，蘑菇香菇等食用菌罐藏新菌种的选育、栽培和加工技术的研究获中国轻工业科学技术进步奖三等奖。

赵定晓，1949年10月出生，溪坑里人。大学文化。1973—1977年，在上海铁道学院学习。1985年，任上海铁路局第四工程公司桥梁工程队队长，工程师。1992年起，先后任诸暨市交通局工程科长、主任科员。1998年3月，被选举为政协诸暨市第十届委员会常务委员。2002年12月，获浙江省高速公路建设功勋奖二等功。2003年3月，被选举为政协诸暨市第十一届委员会常务委员。1998年3月至2003年3月，担任绍兴市第四届人民代表大会代表。

张火瑞，夏家坞人。1993—1994年间，任杭州市拱墅区公安分局局长，居杭州。

郦满芬，女，1959年2月出生，山下杨人。1978年，在红卫大队任赤脚医生。1990年，到诸暨市五建公司医务室任医生。1992年11月至1995年10月，进入浙江省乡村医生培训学校学习。1995年9月至1997年6月，在浙江医科大学临床医学专业学习。2005年，在苎萝三村开办诊所。

赵定国

赵定国，1964年7月出生，三踏步人。大学学历。1986年6月，加入中国共产党。1987年8月参加工作。曾任绍兴袍江工业区党工委副书记、纪工委书记，管委会副主任、党工委副书记；绍兴市政府副秘书长、迪荡新城开发办主任、经济开发区管委会（迪荡新城开发办）主任、党工委书记等职。2017年3月，任浙江省绍兴市轨道交通集团有限公司董事长。

赵友新

赵友新，1967年12月出生，西竺庵人。大学本科学历。1986年10月入伍，在厦门警备区服役，期间派遣集美航海专科学校任军事辅导员。1989年7月，加入中国共产党。1990年4月，在诸暨市土管部门从事地籍调查工作。1994年1月，在凯达集团浣纱机械电子厂工作。1996年5月起，历任暨阳街道浣纱村党支部委员、经济合作社副社长、村党支部副书记、村委会主任、经济合作社社长等。2002年12月，在同山镇政府工作，历任办事员、科员、镇工办主任、经济社会事业发展中心主任、镇工会主席。2006年8月，任同山镇人大副主席。2008年12月，毕业于中共中央党校（函授）经济管理专业。2016年8月起，任店口镇人大副主席。为绍兴市第六届人大代表，诸暨市第十五届、十六届人大代表。

赵佳水

赵佳水，1969年5月出生，山下杨人。大学本科学历。1998年1月，加入中国共产党。1990年12月，在诸暨市粮食局粮管所任粮管员。2000年5月，下派山下湖镇桐子山村，任党支部书记。2002年3月，任诸暨市中心粮库筹建组副组长。2003年5月起，先后任诸暨市粮食局粮食收储公司湄池分公司经理、党支部书记，城关分公司经理、党支部书记。2007年8月，任诸暨市粮食局粮食收储公司副总经理，下派黑猫神蚊香集团公司挂职。2008年9月，在诸暨市陈宅镇政府任镇长助理。12月，毕业于中共中央党校（函授）经济管理专业。2010年1月起，先后在诸暨市大唐镇政府任副镇长、党委副书记等职。2014年12月，任诸暨市浣东街道人大工委副主任。2016年7月，任诸暨市陶朱街道人大工委主任。为诸暨市第十七届人大代表。

周高宇，1971年10月出生，三踏步人。1993年，毕业于天津大学自动化系电力工程专业，获工学学士学位。2003—2006年，在中国美术学院中国画系花鸟专业学习，获美术学硕士学位。1993年起，先后在深圳妈湾电力有限公司、深圳风林火山电脑技术有限公司、海南省公共信息网络有限公司工作。2004—2005年，参加浙江省“十一五”重点出版物项目《学院画跋》部分编写工作。2006年，在中国美术学院教务处任职，并参加中国美术学院国画系硕士博士作品联展。2007年，参加“西湖同年”中国美术学院青年国画家邀请展。

王正浩

王正浩，1977年10月出生，山下杨人。大专学历。1994年

12月，在武警上海部队服役。1996年10月，加入中国共产党。1997年11月，在诸暨证券公司工作。1999年4月，任浣纱村党支部委员。2011年4月，任浣纱居民区党支部书记。2015年2月，被中共诸暨市委评为2014年度诸暨市“十大”村（居）党组织好书记。同年，被评为2014年度诸暨市优秀共产党员。2016年6月，被中共绍兴市委评为绍兴市优秀党务工作者。2017年，获“省千名好支书”称号。2020年10月，任苎萝古村社区党总支书记、主任兼浣纱居民区股份经济合作社党组织书记。11月，被绍兴市司法局任命为绍兴市人民监督员。为诸暨市第十六届、十七届人大代表。

周地亮，1977年10月出生，三踏步人。大学本科学历。中共党员。1996年9月，在上海交通大学计算机及应用专业学习。2000年7月，杭州恒生电子科技有限公司任职。2001年11月起，先后担任浙江省对外交流服务中心职员、工程师、副科长、科长。2012年5月，任浙江省外办行政财务处副处长。2014年7月，任丽水市青田县政府副县长。2019年6月，任浙江省政府外事办公室经济与新闻处处长。

徐军能

徐军能，1979年11月出生，山下杨人。大学学历，在职法律硕士。2001年5月，加入中国共产党。2002年8月参加工作。历任诸暨市人民检察院反贪污贿赂局局长、检察委员会委员、诸暨市纪律检查委员会第六纪检监察室主任、诸暨市纪委监委监委委员，诸暨市纪委监委驻市人民检察院纪检监察组组长、党组成员，第十七届诸暨市纪律检查委员会委员。

边晨

边晨，1991年1月出生，石塔头人。2006年9月，考入诸暨中学。2009年9月，考入浙江大学机械工程学院机械工程及自动化专业。2013年1月，加入中国共产党。6月，获学士学位。9月，入浙江大学机械工程学院机械制造及其自动化专业攻读博士学位，期间长期参与实验室承接的重大国防军工项目，主要研究方向为飞机数字化装配技术以及自动钻铆机的结构设计优化和刚度性能分析，相关科研成果累计发表SCI论文3篇、EI论文1篇。2020年3月，获工学博士学位。次月，就职于浙江晶盛机电股份有限公司，任机械工程师，负责立式碳化硅外延炉项目和相关工艺流程控制研究工作。同年12月，进入浙江晶盛机电股份有限公司企业博士后工作站。

第三节　名　录

当选县市级以上人大代表、政协委员名录

表 11–01

姓　名	届次与名称	任　期
边永高	诸暨县第一届人民代表大会代表	1954.7—1956.12
边永高	诸暨县第二届人民代表大会代表	1956.12—1958.6
马伯成	诸暨县第八届人民代表大会代表	1981.3—1984.7
杨家琍（女）	诸暨县第九届人民代表大会代表	1984.7—1987.4
杨家琍（女）	诸暨县（市）第十届人民代表大会代表、常委会副主任	1987.4—1990.3
杨家琍（女）	绍兴市第二届人民代表大会代表	1988.4—1993.3
杨家琍（女）	诸暨县第十一届人民代表大会代表、常委会副主任	1990.3—1993.3
孙贵兔（女）	政协诸暨市第八届委员会委员	1990.3—1993.3
杨家琍（女）	政协诸暨市第九届委员会委员、副主席	1993.3—1995.3（辞职）
周华富	诸暨市第十二届人民代表大会代表	1993.3—1998.3
孙贵兔（女）	政协诸暨市第九届委员会委员	1993.3—1998.3
赵贤光	诸暨市第十三届人民代表大会代表	1998.3—2003.3
赵定晓	绍兴市第四届人民代表大会代表	1998.3—2003.3
赵定晓	政协诸暨市第十届委员会委员、常务委员	1998.3—2003.3
赵贤光	诸暨市第十四届人民代表大会代表	2003.3—2007.2
赵定晓	政协诸暨市第十一届委员会委员、常务委员	2003.3—2007.1
周财校	诸暨市第十五届人民代表大会代表	2007.2—2012.2
赵友新	诸暨市第十五届人民代表大会代表	2007.2—2012.2
赵友新	绍兴市第六届人民代表大会代表	2007.2—2012.2
赵友新	诸暨市第十六届人民代表大会代表	2012.2—2017.2
王正浩	诸暨市第十六届人民代表大会代表	2012.2—2017.2
王正浩	诸暨市第十七届人民代表大会代表	2017.2—
赵佳水	诸暨市第十七届人民代表大会代表	2017.2—

中高级资格职称人员名录

表 11–02

姓　名	出生年月	资格职称	发证单位	获取年月
周依波	1947.9	农民技师	诸暨县人民政府	1989.8
袁培焕	1962.9	工程师（建筑）	绍兴市人事局	2009.1
		监理工程师	绍兴市建筑业管理局	2011.10
杨永栋	1976.12	高级工程师（机械）	浙江省人力资源和社会保障厅	2011.12
		注册环保工程师	浙江省人力资源和社会保障厅	2014.9
杨永利	1974.8	工程师（交通船舶）	浙江省交通投资集团有限公司	2015.9

第十二章 丛 录

第一节 诗 文

西施咏

〔唐〕王 维

艳色天下重，西施宁久微？
朝为越溪女，暮作吴宫妃。
贱日岂殊众？贵来方悟稀。
邀人傅脂粉，不自着罗衣。
君宠益娇态，君怜无是非。
当时浣纱伴，莫得同车归。
持谢邻家子，效颦安可希？

题翠峰院

〔宋〕范仲淹

翠峰高与白云闲，吾祖曾居水石间。
千载家风应未坠，子孙还解爱青山。

赠翠峰几公山主

〔宋〕范仲淹

陶朱山下云霞深，知音寂寞无弦琴。
如何一遇仙乡客，说尽无生了了心？

鸱夷井

〔宋〕朱 瑞

漫漫吴沼波涛溢，瀌瀌鸱夷井泉冽。
重阑玉甃盛标题，修绠银瓶荐芬苾。
蛾眉乌喙竟如何？有如枯井生风波。
蛾眉宛转葬清泠，安乐患难难同科。
君王百战威名著，大夫飘然拂衣去。
一帆烟水五湖秋，鸿飞冥冥弋何慕？
文种当时同功德，徘徊欲归归未得。
鸟尽不悟良弓藏，盖世功名智井黑。
辘轳声散古梧寒，苔藓痕深断杆蚀。
呜呼旧井已无禽，独对寒泉心恻恻。

经范蠡旧居

〔唐〕张 蠙

一变姓名离百越，越城犹在范家无。
他人不解扁舟意，却笑轻生泛五湖。

范蠡宅

〔元〕吴 莱

淡淡寒云鹤影边，荒阡故宅忽多年。
大夫已赐平吴剑，西子还随去越船。

白石撑空留罔象，青松落井化蜿蜒。
徒怜此地无章甫，只解区区学计然。

西　施

〔明〕赵学贤

绝代风流自不群，倾葵雅志石榴裙。
声沉闾阖杯中月，发指专诸墓上云。
种蠡全凭兵革力，伍胥仅慰父兄魂。
何如女侠奇谋展，弹指功成报故君。

（《苎萝志》卷六·七律）

清明植树礼成遂登胡公台

〔民国〕邹可权

春光最好唯三月，夏水相期以十年。
花县昔夸潘岳种，树经今喜橐驼传。
苦心务尽除蝼蚁，纤手休同折杜鹃。
古越由来茂林地，邦人根本计当先！

胡公遗爱庙千秋，绝顶高台俯越州。
四望河山凭指掌，万家烟火到心头。
浣纱人去看吴沼，守土官来笑楚囚。
此日登临叹形胜，苎萝乡本异温柔。

《国朝三修诸暨县志》卷八·山水志四

长山为县治凭依，自亭阔以下可二十里许，通名长山。

郦滋德《咏长山三十二韵》：

长山如画屏，逦迤南趋北。苍然二十里，惟德镇华国。

微脉折已屡，一峰秀而特。散作千峰嵘，立为一方湢。
耿石划天色，盘桧发地力。清引月东吐，昏推日西匿。
神怪避蜿蜒，盗贼绝逼仄。嶷嶷齐灵蠡，油油润黍稷。
或云垂泪痕，旷诞恣荒惑。岳降始何年，龆龀劳追忆。
缅使岁仲秋，村赛走巴㚇。万人苦集沓，一步屡踬踣。
阛闺展殷勤，傀儡陈魑魆。习俗世更侈，荒祀谁宜抑？
惟灵诞厥方，亦惧滋奸慝。安得徙遐区？一洗谄谤熄。
其阳多涧谷，直趋愁虺螺。昏蒙怯阴渺，纵横互裂副。
圻埒带藩篱，陂陀交菘菔。平岭介修蹊，西走不可迫。
春来桃李青，春去松林黑。累累何代冢？碑版久倾蚀。
便房穴狐兔，幽户启荆棘。力尽贤愚泯，万古同休息。
感时虑已周，怀古情更恻。我家兹山邻，心与兹山得。
朝出在山游，暮还对山食。丹泉故漱咽，绿树行栖即。
魂梦越嶙峋，方寸隐崩岁。自尔三十年，鸟兽颇驯识。
鉴止时忘求，处喧日逾默。横江风雨时，惟有白云色。

曰十里者，第以县治言之也。南北支峰回互，即江东一带，亦皆由分支以相环绕，而浦阳江贯其中（案：近治以埂卫田，两岸溪涧不能直达于江，必注各湖，由闸而出。而附隶征引则较烦，其有难例经纬者，第即先后序次之）。北流经五湖闸，有范蠡岩旁二溪，穿入湖中，汇上下散流，至湖埂出闸来注之。

长山最高之峰曰白阳尖。

郦滋德《由翠微登白阳尖日暮得月还饮周午庄家同孟三及四舍弟诗》：

山游因兴生，不豫暮钟计。一峰即几席，十里行始至。
青冥极窈窕，历尖乃洼岿。笑言客何为，凌云本来意。
烈风恐不牢，下视良非易。却顾翠微径，松色遂深秘。
渐踏欲崩石，千丈足先试。苍然暮霭堕，纤月出荷芰。
目遇及后忘，心空得前记。才是出山人，劳问山中事。

《万历府志》所云“有峰特秀”，曰文笔峰者也，上有龙湫，见《隆庆骆志》（案：湫已湮，惟洼中有条石长一短四，相传取象坎卦以镇尖火。《万历府志》又云：高五千余丈，其顶平博，有石室，可坐百人。曾遵顶岗搜访，上下十里，并无石室，则傅会也。“丈”字亦疑“尺”之讹。迤南支峰曰范蠡岩。岩有洞，见《嘉泰会稽志》。俗呼虎头山，腹背岩石崭绝，峰峦参差，横衍四五里许）。水自尖峰右腋下，至夏家山分为二。一东流，一绕岩而下，经三踏步（有里社曰红庙，跨道而立。庙下以赵家畈埂为路，屡被冲决。光绪初年，由路会筑石桥，长十丈弱）。出张垫桥（以前桥旁有张姓数家，故名，或谓即义津桥。案《嘉泰志》：义津桥在县南二百步，唐朝天宝中县令郭密之建。《楼志·职官》元同知李玉名下亦注：建义津桥。窃以区区跨涧平桥，长不过仞，何必一再重烦官司？年代荒渺，陵谷变迁，虽县南所在相符，不敢据为确实也）。缘庙山后（山前有陶朱公庙。《嘉泰志》作范相庙，亦称范蠡坛）。

吴伟业《谒范少伯祠诗》：

舣棹沧江学钓鱼，五湖何必计然书？山川禹穴思文种，烽火苏台吊五胥。

浪掷红颜终是恨，拜辞乌喙待何如？却嗟爱子犹难免，霸越平吴终是虚。

曹溶诗：

俎豆千年旧，名因霸业留。黄金曾铸像，乌喙久含羞。

家徙灵旗远，功成废殿秋。至今丹槛外，犹系五湖舟。

傅学沆诗：

霸越存遗庙，空墙碧水春。铸金冠服旧，荐酒岁时新。

古木交黄鸟，灵风荡白萍。千秋属镂怨，因感五湖人。

横入五湖。又一溪，亦源于右腋，自岩右支峰而下，由陶朱公庙前缘山南流经上山头（又名毛家山，有宋翰林学士山阴毛元章墓，前有墓表。案：《乾隆府志》及《山阴县志》俱载，毛元章墓在城南四里，临大路，名上山头，妻赵氏祔，不言何邑。而其志茔域所在，皆与吾邑确符，惟失注“诸暨”二字耳），下穿大路，绕罗山（有郭婆墓。婆姓陈氏，相传前明陋习，婚嫁沿用乐户，凡嫁女，必预说利市，曰“起发”。男家出之，否则婚夕不厌，其欲舆，不得行。当时陈、郭素交好，图俭啬娶之。夕延至将晓，又下雨，男家络绎催行，而彼曹猖猖不可理喻。父母俱无奈，女知之，潜下楼，戴笠从后户出，步至夫家成婚。乐户始垂首去，习遂破。已而婆家大兴，子孙繁盛，世世以“箬帽太婆”称之。至今传为佳话），直入五湖。湖方广十里许，有山与阜者九（俗称“九龟落五湖”，罗山其一也），又有村落鼎峙（若大樟树下，若五纹岭，若丫江杨），皆负山面湖，各有散流纵横注之，会于埂下，出闸入浦阳江。

附：五纹岭之右，又起石嶂，双峰离立，如钟如釜，与岩争高下。迤一支横卧田陇，两旁皆石，上为行路，土人呼曰铁门槛，盖蠡岩脉络尽处也。其水于东江未合之前，由滋桥湖经水渚庙缘湖埂出闸，入浦阳江（右以属蠡岩，未入五卷，故补之）。

五湖闸之下，濒江特起者，曰苎萝山，亦白阳支峰也，山不大而端秀，又宛然东向，即西施故里（《十道志》云：勾践索美女以献吴王，得之诸暨苎萝山卖薪女，曰西施。）。

王思任《游苎萝山记》：

天启丁卯秋九月，学谕范敬升以壶觞扁舟，招予同蔡汉逸、陈奕倩饮于浣江之上。山雨初收，风景澄适，江清照底，游鱼可数，其潭回绿茜，一片玉华膏也。须臾至苎萝山，石壁数十丈，题"浣纱"二字，斗数大，笔势飞骞，云是右军笔。予细察之，大似褚河南。褚固祖王者，而傍右军字未灭。志云，右军墓在萝山，则此石乃其熟游之地，理或有之。即非右军，亦必唐宋人书，固自韵事。胥吏阿承官长，易之名而冒其鞹，可恨也。蔡汉逸曰："不见浣纱人，空余浣纱石。其言悲感，而柔肠袅袅矣。夫女戎发想，文王已自先之，祸水沼人，诚是奇策。不见李商隐诗乎？'莫将越客千丝网，网得西施别赠人。'恐少伯高才，不堪问此句也。失身为主，亡国是忠，而复载之五湖以去。西施美而不美，少伯高而不高矣。"敬升作色曰："子毋然，此吾家老子苦心事。若使子得作王轩，其为佞谀有百千者，浮之大白。呼髯奴，发吴歈以混之。"予曰："宁髯奴也？"

吴莱《苎萝山诗》：

巧笑回头异态生，明珠论斗比犹轻。山围故堞青萝色，水涌寒滩白苎声。
百万甲兵终畏敌，寻常花草岂倾城？归来徒作兴亡鉴，谁写当年一寸诚？

唐之淳诗：

岧岧溪上山，溪水清见石。草木耀人目，花叶有五色。
中有浣纱人，窈窕世鲜匹。越人幸见求，将我至吴国。
馆娃为我居，长洲为我域。片言千乘轻，一笑万金直。
当时同浣者，还顾鹏鷃隔。越土日以辟，吴步日以蹐。
君王徙甬东，玉貌亦沦寂。夏训戒淫荒，厉阶诗所斥。
褒升宜白废，己进比干黜。忠胥会有灵，应为兹山惜。

戴冠《次韵唐之淳诗》：

溪上西子祠，溪边浣纱石。山灵欲亡吴，生此佳冶色。
地非涂莘里，人岂褒妲匹？誓雪吾君耻，甘心事仇国。
笑剑倾吴城，女戎蹙疆域。褰衣畏零露，属镂赐遗直。
歌舞乐已酣，忠谏路遥隔。一朵宫花开，三千水犀蹐。
吴越两丘土，木落山寂寂。霸业尽为沼，何用远封斥？
事大孟轲取，善战春秋黜。世变山依然，徒令后人惜。

骆问礼《苎萝山诗》：

溪转峰回小径斜，离城临市锁云霞。共怜此地山如画，不见当年貌似花。
战败力求倾国色，功成谁问卖薪家？村中士女今非昔，肯向江边更浣纱？

袁宏道诗：

西施山，一片土。不惜黄金城，贮此如花女。越王跪进衣，夫人亲蹋土。买死倾城心，教出迷天舞。

一舞金阊崩，再舞苏台折。槌山作馆娃，舞袖犹嫌窄。舞到夫差愁破时，越兵潜渡越来溪。

陈子龙诗：

浣纱溪对苎萝山，越女明妆倚翠鬟。一日绮罗娇水上，千秋花草满人间。

春风宿麦荒村静，夜月啼乌古殿间。无限江流东向去，不胜哀怨到吴关。

又《晓发诸暨大雾不见苎萝诗》：

长江既西回，浣江亦东注。凌晨理骖服，出闉遵轨路。

初阳失清晖，寒郊无荣树。弥弥塞虚寥，漫漫混苍素。

平川蒸乱云，宿莽凝瀼露。我思倾城人，绮罗如可遇。

芳怀耿不明，红颜向烟雾。绿流号无津，蹑磴渺难度。

越客心悠悠，俯仰劳岁暮。

曾畹诗：

出郭寻芳草，湖田近水滨。居然浣纱石，曾共沼吴人。

苔上娥眉月，溪流舞袖春。至今山下路，犹带绮罗尘。

施闰章诗：

扁舟载去是耶非，消息人间恨不归。留得舞衣魂未散，苎萝山下白云飞。

何宏基诗：

苎萝一块土，野姿寒半坞。狐狸卧碑阴，松花黄日午。

美人梦华胥，石上苔自古。罗縠不生尘，艳冷沿崖雨。

山下有浣纱石，相传为西施浣纱处，一曰晒纱石。《舆地志》云：诸暨苎萝山，西施、郑旦所居，其方石乃晒纱处是也。

明知县王章《浣纱石记》：

尝读史至《越世家》，载少伯入陶浮海诸轶事。彼直去将相如敝屣，而何有于一尤物？乃当勾践薪胆之日，而少伯顾以阴符权奇，属之卖薪女。女固施氏，居苎萝山，其下有浣纱石。相传是女浣纱溪上，而少伯巡行，购之以餐吴，而因沼吴者也。嗟乎！羑里之释，夫非女谒乎哉？而胡浣纱片石独以施著？则石不能重施，而施特贻石以重也。向使施第以朝歌暮弦、云鬓月貌流艳当年，而不足雪行成之耻于万一，则红拂绿绮，已随烟草腐。而区区拳石，安得与黄绢幼妇之碑并垂不朽乎？夫曹以纯孝，守经而抱石伸节；施以隐忠，用权而浣石洗仇。生死不同，其于君父不可磨灭一也。余居恒盱衡山水，窃有意乎其人，而凭吊之。不谓一行作吏，辄授诸暨。暨实选目之所不竞者，而余则骣然喜曰：“是固少伯所生聚教训之区，而余庶得以观风仪法也。”意苎萝之阿，必且佳木繁阴，亭榭层折，负者歌途，行者休树，而骚人游宦，相与题咏不绝，庶千岩万壑，擅胜千古乎。乃从巡陌经行之余，策蹇周览，则索所谓佳木亭榭与三家村舍，大率皆寒烟荒阜耳。而浣江环曲如带，潺潺汩汩，横浸一石，石可数尺许，岸芷汀兰，覆护其间，而“浣纱”两字，千载如新。嘻！沧桑叠变，尔不见兰亭之鞠为茂草，鉴曲之障为石田，而是石也，犹悠然无恙。将无生聚教训之灵赖以收功，而顾留如线于崭崭者耶。然则，思少伯之风流而不见，见斯石也，其犹想见少伯之遗迹欤。余吴人也，则尝艳娥江有烈女矣，而西子尤委曲。佐其君以霸者，安得以五日京兆而不传其馨哉？是为记。

李白《送祝八之江东赋得浣纱石诗》：

西施越溪女，明艳光云海。未入吴王宫殿时，浣纱古石今犹在。

桃李新开映古查，菖蒲犹短出平沙。昔时红粉照流水，今日青苔覆落花。君去西秦适东越，碧山青江几超忽。若到天涯思故人，浣纱石上看明月。

又《浣纱石诗》：

西施越溪女，出自苎萝山。秀色掩古今，荷花羞玉颜。
浣纱弄碧水，自与清波间。皓齿信难开，沉吟碧云间。
勾践征绝艳，扬娥入吴关。提携馆娃宫，杳渺不可攀。
一破夫差国，千秋竟不还。

胡幽贞《西施石诗》：

徘徊浣纱石，想象浣纱人。碧水澄不流，红颜照之频。
自惜绝世姿，岂与众女邻？一朝入紫宫，万古遗芳尘。
至今溪边花，不敢骄青春。

楼颖诗：

西施昔日浣纱津，石上青苔思杀人。一去姑苏不复返，岸旁桃李为谁春？

张世昌《浣纱石诗》：

浣纱石上秋芙蓉，洛妃涌出清波中。云佩空遗会稽浦，仙桂吹入吴王宫。
吴王共醉琼瑶席，玉山自倒浑无力。眉翠亲添两点愁，眼波浸破千年国。
城头鼓角风凄凄，一舸自逐鸱夷归。姑苏台前鬼夜哭，江中白浪如银屋。

郑天鹏诗：

朝浣纱，暮浣纱，朱颜落水映红霞。一从身委吴宫日，春雨苍苔绣溪石。成功雪耻酬越王，国破身零归不得。浣纱女，浣纱女，一去不得归。归来此石羞见汝。

徐渭《浣纱石上窥明月诗》：

中秋皓迫垂，石老冷西施。红云大江去，明月此中窥。

团来思宝镜，缺后想蛾眉。易堕银河末，天风且莫吹。

李贽《浣纱石诗》：

此身于此特狐疑，自笑逃禅魂易迷。访得浣纱片石在，借为卧榻亦云宜。

官寒有路通仙梦，俸薄无钱买艳姿。闻说今宵江月碧，急浮大白醉西施。

王思任诗：

有色酬知己，无颜落姓名。如何一片石，痴绝想江声。

华继善诗：

西施石下水粼粼，石上飞花片片春。借问当年浣纱伴，宜颦宜笑更何人？

傅日炯诗：

浣纱女，不复还，怪卷石，立江湾。阴风夜夜吹鬼火，子规啼去哀红堕。

余恂《登浣纱石访西子旧迹诗》：

放艇江城下，沿流问浣纱。只今无越国，何处有施家？

蝉响秋山静，渔歌夕照斜。寂寥千古事，片石对残霞。

亦是寻芳客，徘徊向水滨。采薪犹有女，解佩更何人？

歌舞销黄土，铅华委白萍。最怜高绝处，同泛五湖春。

濒江石崖镌“浣纱”二字（世传为王右军书，详见《金石志》）。称浣江（见《文献通考》）。

胡学《涉江篇》：

苎萝山头云气流，浣纱滩头江色秋。浣纱女儿肤玉洁，碧波照映芙蓉愁。

馆娃一去无消息，月冷故乡归不得。谁知一派涓涓流，滔天竟沼夫差国？

几年霸业功已成，五湖浩渺扁舟轻。独有胥涛激余怒，横逸欲与滩争平。

小青《浣江诗》：

一叶扁舟到若耶，小溪落日石桥斜。浣纱人去春风歇，犬吠桃花隔水家。

亦名浣渚（见《嘉泰会稽志》），又名浣浦，又名浣溪（见《一统志》《万历府志》）。

施肩吾《浣溪怀古诗》：

忆昔西施人未求，浣纱曾向此溪头。一朝得侍君王侧，不见玉颜空水流。

黄溍《步浣溪诗》：

画船不载美人还，冷月无声浣水潺。底事黄金酬范蠡，蹴吴全在凤头弯。

余缙《浣纱春晓诗》：

丹嶂青溪碧树明，春风不向锦帆生。乱流夹岸趋狐屿，箭筈通天倚石屏。

蛱蝶偶从篱外过，鹧鸪常向竹间鸣。山家饷罢佣耕疾，卧听千峰泻液声。

亦称浣纱溪。

宋子问《浣纱篇》：

越女颜如花，越王闻浣纱。国微不自宠，献作吴宫娃。

山薮半潜匿，苎萝更蒙遮。一行霸勾践，再顾倾夫差。

艳色夺人目，效颦亦相夸。一朝还旧都，靓妆寻若耶。

鸟惊入松网，鱼畏沉荷花。始觉冶容妄，方悟群心邪。

钦子秉幽意，世人共咨嗟。愿言托君怀，依类蓬生麻。

家住雷门曲，高阁凌飞霞。淋漓翠羽帐，旖旎水云车。

春风艳楚舞，秋月缠胡笳。自昔专娇宠，袭玩惟矜奢。

达本知空寂，弃彼犹泥沙。永割偏执信，自长熏香芽。

携妾下障道，来止妾西家。

王昌龄《浣纱女诗》：

钱塘江上是谁家？江上女儿貌胜花。吴王在时不得出，今日公然来浣纱。

于濆《越溪女诗》：

会稽山上云，化作越溪人。枉破吴王国，徒为西子身。

江边浣纱伴，黄金脱双腕。倏忽不相期，思倾赵飞燕。

妾家基业薄，空有如花面。嫁尽绿窗人，独自盘金线。

鲍溶《越女词》：

越女芙蓉妆，浣纱清浅水。忽惊春心晚，不敢思君子。君子纵我思，宁来浣溪里？

鱼玄机《浣纱女诗》：

吴越相谋计策多，浣纱神女去相和。一双笑靥才回首，十万精兵尽倒戈。

范蠡功成身隐遁，伍胥谏死国销磨。只今诸暨长江畔，空有青山号苎萝。

丁宝臣《浣纱溪诗》：

过溪小雨晚风凉，凝望西村尚夕阳。出现洛神光艳动，回翔巫女魄魂香。

鱼肠刺客犹难避，匕首夫人岂易防？为忆吴王宫里醉，专诸早已改新妆。

姚宽诗：

娉婷初出苎萝春，一笑当年国自倾。丝网珠玑迷去路，鸱夷风月倍多情。

遥山尚拥云鬟翠，流水空闻玉佩声。千古人传浣纱地，王轩何事得逢迎？

李攀龙《浣纱女诗》：

莫道西施宠最深，馆娃宫女正如林。何人不解矜颜色？敢向君王更捧心。

屠隆诗：

江中白石何磷磷？月明如见浣纱人。湖烟茫茫识国士，片言草草便捐身。

綦履珊瑚疑有泪，冰绡雾縠清无尘。红颜宁为黄金死？不用投金濑水滨。

徐渭《与杨子完步浣纱溪梁有怀西施诗》：

明月照江水，截梁与子步。当时如花人，曾此照铅素。

江流不改易，月亦无新故。薄云淡杪林，晴沙泛寒露。

借言伊人闺，应在烟深处。

祁豸佳《浣纱溪怀古诗》：

为国驱车出，馆娃色更娇。乡心横草树，归梦渡溪桥。

东越浮沧海，西陵落暮潮。莫愁难雪耻，有女泛兰桡。

陈洪绶《浣纱溪诗》：

绪柳春堤不可攀，独将一缕弄潺湲。心疼未释君王恨，颦蹙只愁霸业艰。

去国一身轻似叶，成功三载重于山。归来只逐太湖水，缥渺沧蒙月一湾。

余缙《春日忆浣纱溪诗》：

白苎青萝绿水村，琅轩摇曳翠霞翻。小窗夜静无人语，犬吠花阴月满门。

朱扆《游浣纱溪诗》：

尚有浣纱迹，人亡村亦荒。我来寻断碣，傍水见渔郎。

鸟自归萧寺，花如笑靓妆。不知一片石，磨过几残阳？

又称青弋江，又称瓢溪，实一水而异名也（旧有西施宅，在巫里，见《太平寰宇记》。今巫里无访。又《舆地志》云：西施、郑旦，皆居苎萝。茅家步有茅家井，居井左右者，世出佳丽一人。见《王会新编》所引，今亦不验矣。互详《坊宅志》。山有西子祠。明知县王章《西子祠诗》：“杨柳溪边路，山围西子祠。游人频谒像，月上棹舟迟。”崇祯间知县张夬修造。）

张夬《西子祠记》：

余龆丱时，览《越绝》《春秋》及漆园庄叟言，便心醉沼吴颦里之姝。洎廿年，所幸叨一第，谒选得诸暨令，同籍知爱聚都下，相与谈夷光事，津津芬齿牙。余翩然若置身巫峰巅，与云裳霓佩为侣，盖不禁吊古览今之感。及代匮以来，投纶有暇，拾奇挹胜，涉足苎萝。第见荒冢星罗，柔茵满目，求所谓丽句骚章，杳乎不一二见，萧条寂寞，不胜悲矣：“嘻，有忠君报国之心，而不表其爰居爰处之地，亦从来守土者之咎也。当施之浣纱而遇少伯，少伯睹绝色而订盟，非即知其能扶危定倾也。乃数年离乱，伤合卺之无期，一旦稍平，叹征纶之莫遏。倘少伯即有匡王定霸之怀，西子或无孤忠自许之愿，将勾践亦无如西子何。孰知飘然承命，奋不顾身，掩袖工颦。太宰货贿之俦，可结则结之；相国社稷之臣，可杀则杀之；太子宗祧之本，可间则间之。姑苏之琼台告竣，而东扬之蓬岛顿忘矣；通宵之歌舞娱情，而尔父之惨冤尽释矣；柳眉之远岫一横，而万笏之乾坤竟灰矣；星眼之秋波一转，而阳山之影响遂造矣。假无西子于夫差之侧，纵有范、文之宏猷，曾不足以当子胥之远略。此则卧薪，彼且破竹；此则尝胆，彼且荼毒；此则折节下贤，彼且操戈入室；此则厚遇宾客、赈贫吊死、与百姓同甘苦，彼且兴兵构怨、逐北追亡、肝脑我土地。十年之生聚教训，总成梦想，吴之仇未必复，而越已先沼矣。西子真于越为功之首哉。说者乃曰：‘吴亡之后，越沉西施于江，令随鸱夷以终，盖以子胥之属镂，施实与谋焉。胥死盛以鸱夷，沉之于江者，报子胥之忠也。不知子胥之忠，忠于吴，越何以报之？诞矣。’然则扬袂入吴，其沼吴之谋，筹之已定，藏机歌舞，玩虎狼于股掌之上，使江东百姓转危为安。迨事成归国，一缕谈心，回首霸图，都付之烟波灭没。视夫立人本朝，二三其德，辄委君命于草莽，须眉皆秽。即有矫语功高，恋恋而争上赏者，以较施，不啻曹蜍、李志之望廉蔺也。施岂巾帼中人哉？宜与少伯并杰千古矣。”余景之慕之，而怆然于其旧里之萧萧也。为之辟其芜，新其址，峦之石台一座，麓之庐舍三楹，使千载忠魂有所栖止，且以使游览者之车尘马迹得是而暂憩焉。至于推而广之，在后嗣之同心者。

后圮，道光二十二年，店口陈延鲁捐资重建，并捐田以备修葺。

知县许瑶光《西子祠诗有序》：

余以丁巳暮春，视事义安，暇眺南郭，得苎萝旧迹。明珰翠帔，照耀溪光，盖爱古者标其盛也。己未之春，余将瓜代，缅维名媛生长，未免踟蹰。勉成十绝，刻石庙侧，有扬无抑，庶不以唐突见诮：

晒纱石上春日黄，浣纱溪畔春波香。妾自殷勤供女职，哪知姓氏动君王？
山如点黛水如螺，小庙谁修曲径阿？当作门楣光故里，征车曾枉相臣过。
芙蓉初出擅风姿，贵不殊人贱亦奇。记得邻娃慕颜色，效颦早已有东施。
笑攀桃李别春风，去采姑苏莲蕊红。曲唱女儿齐俯首，一时越艳压吴宫。
垂垂珠幌动明珰，倚醉娇生白玉床。报越报吴何等事？捧心未敢诉衷肠。
英雄乌喙亦多情，甬邑东留海畔城。但使夫差似长乐，朝云应倚过残生。
芊绵香草软如茵，麋鹿长洲啮暮春。知把黄金铸良弼，保全越社究何人？
沉江水葬谢鸱夷，云雨风涛古会稽。应托微波还故国，至今潮尚到枫溪。

呖呖东风叫鹧鸪，越台何处认平芜？如花春殿当年满，曾记卧薪尝胆无。

春生姿媚碧苔纹，石上书题王右军。千古苎萝明月色，美人名士各平分。

寿侨《游西子祠诗》：

苎萝山下蝴蝶飞，苎萝女儿采莲归。浣纱石畔留香处，千载何人识素衣？

姑苏麋鹿事匆匆，越国山河起大风。惟有捧心人绝代，含颦早报馆娃宫。

香车宝马南城社，水佩云裳西子祠。峦翠向人犹妩媚，金鸡啼怨暮春时。

粤寇乱毁，今里人架屋三楹，余皆荒废。有浣纱亭，亦毁。旧有晋右军将军王羲之墓。《会稽记》云“孙绰撰文，王献之书碑”，亡已久。或云在嵊县金庭山，或云在会稽云门山，《智永传》云：欲近祖墓便拜扫，移居云门寺侧。在云门者近是，然云门今无迹也。永师为右军七代孙，云门或其别祖墓耳。互载《金石志》。

王荣紘《苎萝山寻王右军墓不获诗》：

艳地人争美，清名我独闻。为寻三尺土，踏破一蹊云。

退笔犹存冢，笼鹅尚有群。夕阳无限好，何处照荒坟？

冯至《王右军墓诗》：

右将军墓萝山麓，孔灵符记人人读。孙文献文秋阳暴，文字消磨断碣昏。后人移墓入云门，入云门，萝山之麓今无存。

又有宋翰林学士承旨周恪墓，山下三踏步村即学士里居。又有明初知州栾凤墓，今无访。江东有金鸡山，与苎萝山相对，见《名胜志》。案：《楼志》引《越绝书》：“鸡山、豕山，勾践以畜鸡豕，俗讹鸡山为金鸡。豕山在民山西，去县六十三里，洹江以来属越，疑豕山在诸暨界。”考今本《越绝》，“以畜鸡豕”句下，有“将伐吴，以食士也”一句，无“俗讹鸡山为金鸡”七字。“诸暨界”亦作“余暨界”，不知所据何本。山顶有塔，俗呼金鸡山塔，前志不载建始年月，考陈性学《文明阁记》，乃万历十三年知县谢与思与娄家荡塔同时建者。下有先农坛，今圮，详《坛庙志》。又有演武场。侧有瑞昙庵，康熙中僧克愚建。临江有村，名鸬鹚湾，世以捕鱼为业，皆郑姓，郑旦故里也。对岸石庭山，山甚小，石皆紫色，堪舆家谓山脉所来。有法海寺，唐大中八年建，初名宝寿廨院，宋祥符元年改今额，今废。江干又有永寿寺，梁大同二年建，名延寿寺，唐会昌中废，咸通十五年重建，名长寿，王十朋《长寿寺诗》：“乘兴忽来长寿寺，寺前流水泛悠悠。一林春色自啼鸟，两岸夕阳伴钓舟。杨柳堤边空怅望，石岩花畔且迟留。功名富贵终须在，莫向尊前叹白头。”后改今额，见《浙江通志》。《嘉泰志》谓：梁大同中，左仆射吴文宠舍宅建，今寺无檀越。光绪年间，僧质鬻田产殆尽，并及殿石，江东杨继方止之，收回契券，驱僧出寺，古刹幸存。知县周学基为出示勒石。右为东岳庙，粤寇毁，今重建）。又北流经水神庙，庙跨南门闸（见《经野规略》），以祀静安公张夏，俗呼老相公殿。有陶山上下溪水并赵家畈水由道士湖出闸来注之。

陶山，即陶朱山（《万历府志》云：“长山，一名陶朱山，在县西一里。”盖谓陶朱山，为县西一里长山之别名，非谓十里长山总名也。

张世昌《陶朱山诗》：

陶朱山头枫叶殷，山人一去何时还？阖庐坟荒白虎逝，欧冶剑古青蛇蟠。

鸱囊有智帷筹决，乌喙多忧泪成血。封存大禹拓遗疆，力扫夫差殄余孽。

功成自古抽身难，五湖烟浪秋漫漫。风吹故宅眢井黑，漆灯照夜藤盘寒。

胡学诗：

会稽霸业如飞烟，陶朱山色秋依然。层岩日落枫叶赤，古井泉冽幽篁妍。

功成独羡五湖往，祸福之机指诸掌。宝剑谁寻地下术？黄金空铸山中像。

凭高吊古临西风，安乐孰与患难同？汉朝韩信亦人杰，鸟尽始悟藏良弓。

山下有上省教寺，见《隆庆骆志》。又有典史郝朝宝墓，详《名宦志》。今俱无访）。其支峰曰翠微，自小白杨尖（去白杨峰里许）递下，左有坞若弄，为溪水所出。经武陵径（俗呼桃花岭，或作林。以多桃花故名。每春花时，士女游览甚盛）。

知县朱扆《桃花岭诗》：

花须柳眼得春多，冷水泉边踏绿莎。气暖晴郊浓似酒，烟深茅屋淡于波。

名山事业应难再，前辈衣冠自不磨。种竹千竿田十亩，闭门扫迹我如何？

径通西竺庵（明季诸生赵学贤建，鼎革，逃禅于此，陈老莲与之友，常过访之，遗迹犹存）。

郭肇《西竺庵访老莲遗迹诗》：

三摩初地迥，旷代见遗文。慧业青莲子，高名白练裙。

回溪春泻雨，阴壑昼藏云。无限荒凉意，临风一吊君。

庵前小溪，即夏家山分水之源，东流一支由宣家来会，合而北流，绕山下杨东折，缘鲇鱼山串道士湖，此上溪也。陶朱山之巅曰胡公台，踞一城之胜，振衣登眺，则山川云物，环绕襟带，烟火万家，尽在目中。

郦滋德《胡公台登眺寄郭澹门诗》：

一屋出人世，直上逼太清。入户碧云满，过枕高风鸣。

露泠日月色，地转鸡犬声。稍窥星台巅，忽堕虚空行。

下视一州尽，始知天未平。久策探源理，星霜随逝更。

想君青松顶，会移我玉笙。

（相传明初胡大将军大海守暨，驻营于此，故名。上有庙，或谓肖将军像，而俚俗岁以八月十三赛之，则为宋胡公则矣）。登降有岭（下有宋宗室、奉仪郎赵师熙墓。详《金石志》）。岭右横岗里许，有涧三四，合而成溪，经覆掌山后（一峰横束若带，激而东流，愈曲愈邃，炎夏入之忘暑，道咸间诗人于此结社），名曰幽人涧（中有石井，俗呼石脚桶，其水甘洌，城厢缫丝，咸汲于此）。

周篪《和郦黄芝游幽人涧诗》：

绵绵春阴歇，濮濮清溪爽。夕阳照桃李，回风洒林莽。

空翠模糊湿，细泉高下响。忘机入路深，寻幽欣孤往。

寓目时仿佛，纡领率俯仰。沙黄磡散粟，石黑壁悬盎。

地灵开穷塞，天光随簸荡。樵人越溪行，鸣禽隔林吭。

潜视出槽底，倒窥落檐壤。暗觉西景匿，明疑东月上。

凭岗着城堞，瞰涧临茅厂。顾此何为居？足尔谢尘块。

抗颜托幽契，抚衷结遐想。

既出山，与岭右一涧会于溪桥下，合而循城东流，经格宝山脚至南城，与上溪合注于湖。右有石礶头村涧，由赵家畈来会，出南门闸，入于江。

又北流至县城西（城在江西，南门外有天后宫，为闽帮烟业所建，今毁。有地藏殿，毁而重兴）。城之中，有山五，最高曰紫山（俗呼格宝山）。

钱德洪《登紫山诗》：

云峰不可跻，迤逦凌空碧。梯蹬临丹崖，巉岩履危石。

绝栈蛛丝悬，连岗鸟道窄。俯蹈沧溟翻，仰攀北斗侧。

凌虚振羽翰，飘摇豁襟臆。我欲驾长虹，披云扣元极。

沅湘烟水迷，苍梧涧道隔。化城不可居，岐阳久寥寂。

兹意竟何如？临风倚奎壁。望望登高岑，芙蓉插空翠。

蹑足凌云梯，峰头振双袂。乘虚御八极，嗒然遗下块。

有客不能从，匍匐攀萝桂。初登跬步悭，临高万象会。

譬彼始学人，穷探及高邃。勿惮道路难，行行志竟遂。

勉哉千里足，为尔正缰辔。

西城跨之（旧有紫山书院，废于明季，详《学校志》。今有土地祠，《紫山书院碑记》尚陷祠壁。祠右山麓，有国初郦鼎焻妻钱节妇墓，墓左临湖，有节孝祠，祠前有坊，皆钱氏立也。迤北有济阴堂。详《建置志》。左为大雄寺，《万历府志》：“吴赤乌三年建，后改法药寺。”《嘉泰志》云：“在县西一里，梁普通六年大智禅师建。”盖谓距县署一里，非城外也。唐会昌五年废，大中二年改报国，后改今额）。

汪藻《大雄寺诗》：

暑雨倦行役，依投得禅关。空堂纳清风，坐见香霏还。
积水共天远，高僧与云间。传闻扁舟人，夙昔庐兹山。
建立风千载，诸峰尚云鬟。当时大功成，只在谈笑间。
今岂无国士，振兴一何难？凭高望行朝，小雨犹斑斑。

姚宽《宿大雄寺诗》：

解榻无凝尘，云房惬幽素。轻寒薄衾枕，微凉散庭户。
梦破流水声，钩帘看山雨。时与静者居，为拟汤休句。

郑天鹏题壁诗：

荒凉山寺里，拂壁漫留题。野鸟摩空远，寒云压树低。
燕尘愁去马，越谷喜闻鸡。独有君亲念，衔杯坐日西。

奉议赵公圹志

石径三尺三寸，横二尺一寸，十六行，行二十一字，正书，径一寸一分。在南城赵氏祠堂。

宋通州通判奉议赵公圹志

先君讳师熙，字龢叔，燕懿王七世孙。曾祖令玲，故保义郎赠朝议大夫；妣蔚氏，继妣王氏，皆赠恭人。祖子涛，故保宁军承宣使、安定郡王赠少师；妣齐国夫人孙氏。考伯槠，故朝奉大夫、知南外宗正事、赠太中大夫；妣唐氏，继妣刘氏，皆赠令人。先君生于淳熙戊戌，以嘉定庚午预闽漕荐，庚辰以宗正官正郎补将仕郎，初筮房州竹山县尉，改池州东流县尉，次监行在赡军激赏东酒库，次临安府观察推官，改监雷州在城盐税，次监嘉兴府海盐县砂腰盐场，以考举及格，改通直郎佥书，宁国军节度判官厅公事，两易佥书，平江军节度判官厅公事，次通判通州。满秩东归，中道感疾而殁，实淳祐壬子十一月丙戌也。官至奉议郎。享年七十有五。娶过氏，继李氏，俱赠孺人。男一人，希垕，国子监进士。孙二人：庆孙、寿孙。又明年正月乙酉合葬于绍兴府诸暨县陶朱山先妣过氏之兆，盖治命也。希垕泣血谨识诸圹。

《越中金石记》：《宋史·宗室世系表》：燕王德昭生舒国公惟忠，惟忠生齐阳侯从颍、从颖生昌国公世膺，即令玲父也。《表》载希垕子与钺、与镈、与铺，此云庆孙、寿孙，盖其小字。考神宗封太祖子孙一人，世为安定郡王。高宗时，燕秦王二房争袭，礼官议燕王太祖长子，应令其后承袭，然其爵不由世，及择属近而尊行者袭之，子涛所由得嗣封一次也。碑无填讳人名，故玲、涛、橚三字皆缺笔。此碑雍正年间出土，适赵氏后裔见之，告知族人，向郦姓赎地还棺，骨已化，因重加封志而舁碑于祠堂焉。

案：伯橚十二子：长师耀，次师烨、师燏、师熙、师烝、师烋、师煛、师熏、师光、师燧、师樵、师炽。师耀子希垂，妻乔氏卒，希垂自著《墓志》，前已著录，而师熙长子即希垕也。《世系表》载希垕子三人，《志》只二人，其时与铺尚未生也。与鏄，又名友武，《赵氏谱》盖并寿孙为三名矣。《记》云：玲、涛二字，以讳缺末笔，而“熙”字独未缺何欤？淳祐壬子之明年，则宝祐元年癸丑也。《志》又言以嘉定庚午预漕荐，庚辰以宗正官正郎补将仕郎，初筮房州竹山县尉，是熙并未成进士。冯至《允都名教录》以师熙为嘉定庚辰进士，则以《赵氏谱》而沿误也。

（原载《国朝三修诸暨县志》卷四十三·金石志上）

陶朱公庙碑

〔宋〕吴处厚

穷之与达，系乎命；用之与舍，系乎时；得之与丧，在乎天；去之与就，在乎我。四者，古君子出处之大节，而公皆兼而得之，不亦智矣乎？

公之事业，最详于《国语》《史记》《吴越春秋》。当是之时，越与吴相持，几三十年。吴常胜，越常败。吴譬则虎，越譬则鼠；吴譬则狼，越譬则羊。勾践之命，在于夫差掌握中数矣。公力与皋如、计倪、诸稽郢、大夫种诸臣，间关险阻，未尝少变其节。乃说勾践，卑词重币，顿颡屈膝，籍其管库，质其妻子，为吴奴虏。及囚石室，又说饮溲尝恶，以媚夫差。而夫差不寤，乃伐齐而赦越，复贪与诸侯会于黄池。及越焚姑苏，入其郛，犹与晋公午争长，不以为恤。既而民疲岁饥，祸稔数极，公卒与越之君臣，因其困，乘其敝，一举而灭之。故曰：持盈者与天，定倾者与人，节事者与地，此之谓乎？

君王之耻既雪，霸国之业已成，在于他人，则邑万户，禄万钟，为师尚父，宠之终身，固其宜也。公独不然，以为功名不可以多得，富贵不可以长保。瞥然轻舟，飘然五湖。投绅笏如柴栅，弃妻孥如敝屣，冥冥而飞，汩汩而逝。网不能挂，缴不能弋，乌喙虽长而不能啄，属镂虽利而不能割。存耶？亡耶？死风波耶？葬鱼鳖耶？泛溟渤，登蓬莱，而遂羽而仙耶？俱不可得而知也。徒使越人爱之不忘，念之不足，铸金而礼其像，环地而封其域，与夫贪权冒宠、市祸贾患，而遂脂鼎镬、血刀锯、为鱼为肉、为菹为醢者，岂同年而语哉？

余尝按之《图经》，得公庙于诸暨陶朱山下。俗说公本诸暨人，今净观院即其故宅也，乡曰“陶朱之乡”，岩曰“范蠡之岩”，井曰“鸱夷之井”，皆以公而得名也。年祀夐阔，不可得详。庙宇庳窄，芜坏不治，属岁荐饥，民又乏飨。余尝至其下，徘徊观览，恻然于怀者数四。盖碑者悲也，君子所以述往事、悲来今者也。因书以为吊焉，其辞曰：

越山叠叠兮，越水环环。公有庙貌兮，山水之间。

屋三其架兮，门鐍户关。庭墁不治兮，鞠草衰菅。

豚蹄乏飨兮，岁歉民悭。香火阒冷兮，巫休祀闲。

颓廊梗雨兮，古木号寒。饿鼠昼啸兮，饥鸦瞑还。

功磨日月兮，名揭丘山。遗像可揖兮，高风莫攀。

我来怆古兮，愤涕一潸。秋色着树兮，霜叶初殷。

青史传信兮，灼不可删。千古万古兮，云痴石顽。

（原载《会稽掇英总集》卷十七）

全有堂箴并序

〔明〕宋 濂

全有堂者何？监察御史黄君邻读书之室也。缺者，全之反，其谓之全者何？无毫毛之不备也；无者，有之对，其谓之有者何？心中本具，不假外求也。其谓全有者何？天德也。天德之著也，如鉴之明也，万理森然，随物而应之也。既曰“全有”，或乃斫之丧之，以至弗完者何？人伪之滋也。人伪之滋，非学不足克之也。克之者何？整尔甲，砺尔戈，力战而胜之也。是故生而能全之，谓圣人；修而复全之，谓贤人；弃而不知求全之，谓愚人。三者之不同，奈何？敬与怠之谓也。黄君欲全其所有，非敬将何以全之？黄君以政学闻于时，复遑遑自治不止，其殆知求全者与。为之箴曰：

繄天扃，显性灵，万象森森炯以贞，愚不缩，智不赢，毫末咸具天人并。君子乾乾守以诚，其有乃全百体宁。

（原载《国朝三修诸暨县志》卷四十一・坊宅志一）

苎萝山稿自序

〔明〕陈于朝

余世家苎萝山下，髫年即翩翩好读子史。时从家大夫游岭表瓯越间，署中家大夫日授经生艺，不肖辄私展子史，篝灯漏越子夜，不能寐已。又稍稍学古文词，初尝为奏记南海于式先生，家大夫见之弗悦，至是复以记往，阅之大喜。及余辞归山长为诸生，亦日喜谈古文词，亦间操觚，久自读之，寻腼汗焚弃，及读经传制艺，则唯恐卧矣。予乡故僻陋，人竞目陈生史癖，非富贵功名中人。余亦仅取名公巨卿所结，撰载乡书，暨为羔雉者读之。贾人射利，锓诸孝廉及章缝家稿，则亦间为一过，其当予心者百不能得一。总之，巧利机捷，犹不若宗工硕匠之所构，磊落奇玮，庶几先民余唾耳。伊吾之晦，间好效颦，北地、浚南、琅邪、左辅诸君子型范事，非书生所急，少年好古，谬谬不自知其卑耳。余深薄经生工章句之无以，故录其所仅存者如左。

饮冰陈于朝。

（原载明万历《苎萝山稿》卷首）

杨氏宗祠碑记

〔明〕胡　明

夫尊祖敬宗之典自古重之矣。然后裔所以报本而追远者，第孝思之隐恻耶。抑显有所依所荐，幽灵实式，鉴之而展孝思于无穷耶。君子感霜露之降，而修春秋之祀，良有以也。说者曰：先灵既逝且邈，音容杳不可接，即以礼祭，只具文耳。孰知夫如线一脉历千百世而非遐睹榱筵，而洋洋如在者何？此其闻有精焉。通之在不见恍见、不闻恍闻之际，自非树一依之堂，先灵且未妥也。遑问告虔。故夫祠庙者，神所栖而依也。后与先托之，以通其精，而致如在之孝思也。安见武周修庙之制，不宜踵行于今日哉？然考之礼经，无田不可以祭。是虽庙貌冠江山，适增风木之悲矣。此祭之必需于田，不啻农耕恒产。然诚以一日之祭田，千秋之血食，亦千秋之孝思也。祖庙非藉以不朽耶？盖尸而祝之，不可无泽宫之制；时而荐之，尤不可乏祭田之举。两者实相表里，而传衍于无艾者也。

暨固余桑梓旧里，而杨氏乃余姻娅。兹秋承乏建南，过暨城，散步江干，瞻庙貌之巍峨，昭穆森森。问其创建者，则曰：经八十捐金数百有奇，首为聚材鸠工费，余各有所资助，三历寒暑而后落成。问其助田者，则曰：祯八十二等慨然倡为义举，助田三亩；其余乐助者若祯百九十四助田六亩；祯三十六助田五亩；祯九十三田三亩；道二十六、道九十二、礼十各助二亩；道九十八助田亩半；环六十八、环七十三、祯十六、祯五十四、祯五十八、祯七十八、祯百三、祯百三十九、道三十四、文十二各助一亩；经百三十九、经百四十五各助五分等，不一而足。问其董事祖庙劝助祀田者，则曰：道六十一、道七十五、礼十一等，皆慈孙之最著者也。予不觉喟然叹曰：有是哉。杨氏尊祖敬宗之典，甲于暨邑乃尔哉！自是先灵默荫，绳绳振振之裔，弥炽弥昌，而展孝思于不匮，独杨氏俎豆之光而已哉！是为记。

时大明天启二年岁次壬戌仲秋谷旦，赐进士第，仕福建建宁道参政，眷侍生胡明顿首拜撰。

（原载《暨阳倪杨氏宗谱》）

诸暨南门周氏大宗祠灯会序

〔清〕张　铎

尝考《开元遗事》，叶靖师盛称帝前谓：天下灯火无如广陵。帝心欲往观，俄驾虹桥，帝步上至广陵，一时观者以千数，幽明道感，仙人现焉。后数日，广陵守奏其事，乃知太平风韵，百枝灯灿，千炬烛辉，士女纷然，踏歌轩，鼓鼙舞，殷荐祖考。闽有琉璃珠、滇有料丝、金陵有夹纱羊角、燕有云母。金吾驰禁，不独淮扬佳丽地为然也。

诸暨附城之宗祠，如钟氏、楼氏、赵氏，春正上元各有灯会，红灿如火球，颇呈纤巧。周氏大宗祠既举博士公墓祀，裔孙叔封、公备、乾学等，又谋诸族之贤达者，各捐金购灯为不夜天。每年正月十三日起至十六日止，金凫玉螭，烟楼玉殿，杂以芙蓉、莲藕之奇，动鳞甲于鲸鱼，焰光芒于鸣鹤，蛾飘则碎花乱下，风起则流星四落。值年董事供瓶花数枝、炉香几缕、鼓一，再行弦管纷吹，笙歌竞奏，其应颁福胙，即在墓祭时一并给领，庶几事死如生，事亡如存之意欤。岁丙戌，余代庖蓬莱阁吏，周教职鼎谊嘱师生恳余一言为序。夫族姓之蕃炽，岁时可讲亲睦之谊焉。

予观周氏之庙，月下看灯灯富贵，灯前衎祖祖婆娑。左昭右穆，喧闹达旦，于以征人心之时，溥义举之迭兴，而卜世代之绵绵未艾云。

大清乾隆丙戌四月谷旦，奉直大夫、浙江杭州府总捕同知、署绍兴府知府事青县张铎顿首拜撰。

（原载民国丁卯《暨阳山下周氏宗谱》卷二）

西竺庵捐契

立捐庵契祀孙永源等，窃缘我祖相十九公所造有西竺庵一所，正屋七间，厅三间，两廊侧屋十间，前后左右余地、塘池一并在内，情愿捐入大宗祠内执管。此系各房祀孙共相允洽，并无异言。自捐之后，归大宗祠内修造装饰，以彰先人建筑之美意，亦我祀孙乐捐之真诚也。欲后有据，立此捐庵契，永远存照。

宣统三年元月 日，立捐庵契人前

同捐：初明、崇明、崇喜、崇春、小荣

代笔：君邦

（原载民国癸酉续修《暨阳南门赵氏宗谱》卷八）

炜公幽涧别墅记

〔民国〕赵懋勋等

西关外有水潺潺，绕郭而南，迂回如带。循流而上，断岸壁立，两峡相夹，水自中出，下注为涧，清流激石，声镗鞳可听。有时急湍狂泻，如走雷霆。中有石黝而深，若窟若桶，水为之潴，取以煎茶，别饶风味。其上多植桃李，当其花发，红白映辉，如堆锦绣，游人涉足其间，往往流连不忍去。民国二年岁在癸丑，先君炜堂公购其地，架以桥，倚山面东，筑屋数椽，点缀竹木，风景宜人。朝暾初上，林霏翠滴；暮烟前起，倦鸟知还；春耕叱犊，隐约可闻；午蝉吟罢，竹径送凉；桐叶瑟瑟，金风起也；积雪乍销，梅萼争妍。人坐其间，可咏可歌，可酒可棋，尘襟涤除，胸怀豁然。诗曰“考槃在涧，硕人之宽”，于此有焉。考诸志乘，西关外有幽人涧，今则改称石脚桶，幽人涧罕有知者。先君仍其名，颜曰“幽涧别墅”，以为晚年休息之所，因自号晚休居士云。

民国二十二年端阳后五日，懋勋、赞勋、翰勋、晋勋谨识。

（原载民国癸酉续修《暨阳南门赵氏宗谱》卷首）

浣纱村

赵智国

20 世纪 80 年代，浣纱村的地界，最南在溪坑里村，与当时诸暨最牛的工厂——绢纺厂两两相对，向东跨越浙赣线，便到了三踏步村，再往北经过一条黄沙专用铁路，到了高道地村，然后再往北，就是下七年村、石塔头村，从石塔头爬坡，由一条尘土飞扬的堤埂承接，与城区相连。

其实，它另外还有些自然村，如山下杨村等，但我始终觉得，真正意义上的浣纱村，应该是一个个小村落，被串在同一条藤蔓上的。

红卫大队，这名字一听，就是沾了“文革”的边。

后来，又改名为浣纱村，大概是因为传说中的西施浣纱处，就在这个村的东边，周边无人和它相争，这名就自然归它用了。

浣纱村，让我记忆最深刻的，是那条穿村而过的黄沙铁路。

黄沙铁路，为浙赣线的一条支线，自县龙山脚由西而东，蜿蜒穿过三踏步村和高道地村的交界处，止于浣纱村东南角的黄沙公司。

我外婆家的老房子，就在高道地村。从门口望过去，就能看到铁路。

因为线路短，所以列车每次穿村而过时，机头巨大的红色钢轮和连杆，都是缓缓推进着的，汽笛声嘹亮，同时，机头向两边喷着很壮观的气雾。

少年时期，看到这蒸汽火车，就莫名兴奋。

走钢轨、爬列车、拉列车的气阀，成了我们最刺激、最有趣的活动。

走钢轨，貌似单调、乏味，其实依然可以玩出许多花样来，你可以踩着枕木跳跃，也可以在钢轨上，如演杂技一般，比赛谁走得稳、走得远，有时还会拣石子，往铁路脚下的塘中心扔，看谁扔得更远。偶尔见火车远远而来，故意还要在轨道上晃荡，火车司机看得提心吊胆，不断鸣笛警告，等车驶近，我们便一步跳开去，躲得远远的，因为一般情况下，火车司机为报复你，在经过你身边时，会喷出热热的气雾。于是，笑声骂声笛声，夹杂在一起，传得很远。

载重列车经过时，我们会把铁钉放置在铁轨上，让钢轮把铁钉压成长长的一条，然后比谁的形状，更像一把手术刀。

爬列车，也是那时候练就的一手绝活。看火车经过岔道时，速度明显减慢，一群小伙伴，便身手敏捷地快跑几步，将身子贴近火车，然后飞身一跃，小小的身子像一只蝙蝠，便挂在列车车身上了。幻想，其实是不分年龄的，我那时候，就觉得自己便是铁道游击队老洪，威风凛凛。当然，飞身挂车的时候，毕竟不多，主要还是怕大人责骂。

浣纱村，地处城郊，种蔬菜卖，是这个村子的主要收入来源，几乎每家每户都有种植。

为赶新鲜，天未亮透，浣纱村的人们就早起了，房门“吱扭”的叫声，唤醒了昏黄的灯盏，村里头，前脚后步，一盏一盏地亮起来。然后，地头角落里，朦朦胧胧的都是人影，人们将菜收好，洗净理清，然后挑到城里的几个小菜场叫卖，卖蔬菜的人们，和早起上学的学生，一年到头，都是去到城里这条路上的早行者。我的老外婆，八十来岁时，还在菜场里卖菜，一头雪白的头发，远远望去，分外显眼。而黄昏时分，浣纱村的人们，又大都在田头地里，施肥浇水，细细打理。他们围绕着自己的菜园，辛勤劳作，收入颇丰，小日子也过得红红火火的。

小时候，跟着舅舅周培根，去到种植茭白的田里，掰下一支嫩茭白，剥去叶子后，便在田头横啃竖咬起来，那生茭白的甜味，现在回忆起来，恍如昨天，口中回甘无穷。这是我第一次吃到生茭白的味道，这以后，也从来没有吃过生茭白。

舅舅家的老房子，门口有道地，旁边有狭长的弄堂，由青石板铺成，这和浣纱村的大部分房子格局相同。

舅舅家里始终有种粮食的芳香，楼下进门，是一口高高的菜橱，那里面常有我令我惊喜的菜肴。

二楼楼板，有洞，小姨孙秀芬常用细长的绳子，串了好看的玩具，从洞里往下伸，我跳起来没办法拿到，就冲上楼去，她早将玩具拉起来，收藏在某个角落，任我翻箱倒柜，都无法找到。就是过去那么几十年，我现在依然猜不出她到底将玩具藏在哪里了，也没有找她求证过。

其实我母亲和我舅，应该是同母异父的姐弟。因为前辈生活的聚散离合，我小时候，一直弄不清，为什么我母亲姓蒋，我舅姓周，大人们也从不告诉我这其中的缘由。

虽然，姓氏不同，但我母亲和我舅的感情一直比较好，包括我母亲重病住院，被送去杭州看病，直到离世，我舅舅一直在身边，未曾远离。我和舅舅的年龄相差刚好一轮，他是大老虎，我是小老虎，小时候，我一直跟在他的屁股后面，享受着被关照的亲情。

当年，舅舅结婚时的情景，恍如眼前，在老房子二楼，我兴奋得又蹦又跳，舅舅生怕楼板坍塌，给我头上一个爆栗子。一转眼，前些年舅妈因病没了，现在剩下舅舅一个人了，偶尔去看他，见他步入老年，孑然一身，心中隐隐有痛。人生恍如场戏，出场，入场，匆忙而短暂，亮个相，转个身，便擦肩而过，回头，却再也寻不见那些个熟悉的背影了，一呼一吸，真的便是一辈子。

1983 年年底，我家突遭变故，父亲去世。为照顾母亲，1984 年年初，我在三踏步村租了一间平房。

那段时光，是我人生中最艰难的时候，父亲早逝，母亲又染重疾，我刚踏入社会，孤立无援，遑遑不知所安。

好在周遭有许多的温暖与我，给我坚强。

我所租的平房，房东是舅舅的远房亲戚，两夫妻一对女儿，加上他们的长辈和兄弟姐妹，个个性情和善，菩萨心肠，待我家如亲人，今天送点青菜，明天送点萝卜，嘘寒问暖，对于遭受重大变故的我们一家，恰如雪中送炭，温暖在心，几十年来不敢忘怀。

平房很小，半间垒了灶头，摆了桌子，半间搭床起居，虽局促，但不乏温暖。知我家变故，曾有好多老同学，前来探望我母亲。我母亲性情和善，待人亲切，且与年轻人多有交流，所以，大多同学朋友，都记着她的好。友全、祖跃、铁锷等好友同学，得空便拎一捆青菜，来家蹭饭，说，智国妈妈，我们菜自己带的。我母亲知道是玩笑话，爽朗大笑，特喜欢他们来家聚聚。到母亲病重昏迷不醒，这些同学好友，都在医院里整夜地陪过她。

母亲去世后，连续几年里，友全常与我说，我又梦到你妈了，什么时候去她坟前看看。有年清明，我终于带着他，去那向阳的山坡，看了安睡在那里的母亲。

那一年多里，对于母亲来说，心里是安宁的。一方面，三踏步村，离她娘家近在咫尺，心情抑郁时，尚有地方可以走走、说说。另一方面，房东周定忠一家，对我们关爱有加，村子里许多人家，待她亲切，如我学生张依宁一家，朋友徐剑亚、徐剑菲一家等，这样心里毕竟又多了份慰藉。

那一年里，我在城关中学初中部教书。

一辆自行车，早出晚归，在三踏步村和城关中学之间这条泥路上，像一只燕子，飞来飞去。

晴天，尘土飞扬，雨天，泥点四溅。

城关中学初中的生源，有许多来自浣纱小学。那些年，浣纱小学就坐落在高道地村村口与下七年村村口，学生的构成，具有十分明显的地域特色，两极分化严重。一部分来自浣纱村，一部分来自绢纺厂，还有一部分来自高道地村东面的人民医院。浣纱村，因为蔬菜种植，经济尚宽裕，而且以后的出路，基本上在支工，所以大多家长要求也不严格，读书方面以散养为多，成绩多处中下游。每当暮色四合，浣纱村吃了晚饭的学生们，便在村前屋后，四处奔跑，笑声叫声一片，他们的小学和中学时期，大多是愉快的，当然也是辛苦的，因为家里的菜地，也需要他们的帮忙。而绢纺厂和人民医院，知识分子家庭较多，又有较浓厚的学习氛围，所以家长抓得紧，学生又耳濡目染，成绩出色的学生大多出自这里。

我有好多来自浣纱村的学生。他们初高中毕业后，如一把种子，撒在了诸暨城区的角角落落，开花结果，现在有事吩咐，还能召之即来，然后吐几个烟圈，说赵老师当年如何黑着脸对付他们的事情。成绩好的学生，飞得高了，走得远了，连鸟的影子也看不到了，其实这也是做老师唯一觉得遗憾的地方。

那一年里，在三踏步村，还结识了一个小泥水匠，从偏远的五泄山里出来，与我一样在三踏步村租了房子，一边做工，一边做着关于文学的梦，写着小说，与诸暨的一些文学青年打得火热，参加各种各样的文学活动。这样的故事，放到现在，也绝对是一个励志的故事。

20 世纪 90 年代中期，他在青岛湛山寺出家做了和尚，然后又回到了家乡。

虽然过去三十多年，一个在滚滚红尘里，一个在青灯黄卷中，但依然亲如兄弟，常来常往。

那个曾经的小泥水匠，叫杨建明。现在的师父，叫圆明。

很多年来，浣纱村如一枚生锈了的螺丝，平静地拧在小城的南端。

任江东开发、长弄堂开发，风起云涌，它却静水深流，始终保持默然。现在，它的整体拆迁，终于摆上了议事日程。

舅舅家搬走了，被夷平了。旁边同样的许多房子，也搬走了，被夷平了。浣纱村的乡邻们，飞散开去，在新的树枝上，筑巢、引伴，开始新的生活。

于我而言，这是一枚记忆之钉，曾楔入过我的生命，包括痛苦和欢笑。现在，作为物质的它，已被连根拔起，但那被钉过的肉体和灵魂上，依然留下了深深痕迹。

浣纱村，于我，不仅是个地名，它还连着我生命中的一段岁月。

西施考略

李科才

内容提要：西施，一作先施，又称西子，是春秋末期越国苎萝村人。作为美人计的关键人物，她忍辱负重，与郑旦等美女献给吴国，成了吴王夫差的宠妃，并为越国灭吴雪耻作出了特殊的贡献。西施作为中国古代四大美人之首，堪称家喻户晓，但在最权威的《国语》《左传》《史记》中没有丝毫记载，加上年代久远，史料缺乏，故而产生很多不同的说法，令人莫衷一是。本文查证大量文献史料，分成越女西施、西施名号、东施效颦、美女郑旦、苎萝山考、西施之沉等六个片段，对有关西施的情况进行剖析，以求还原历史事实，同时也印证了西施故里在诸暨这一历史定论。

关键词：西施　东施　郑旦　苎萝山　诸暨

西施（？—前473？)，一作先施，又称西子。春秋末期越国苎萝村人。她天生丽质，聪敏绝伦。越王勾践十二年（前485），西施被选入越都，经过三年的学舞习礼，作为美人计的关键人物，忍辱负重，与郑旦等美女献给吴国，成了吴王夫差的宠妃。她身在吴国心在越，为越国灭吴雪耻作出了特殊的贡献。西施作为中国古代四大美人之首，堪称家喻户晓，但在最权威的《国语》《左传》《史记》中没有丝毫记载，加上年代久远，史料缺乏，故而产生很多不同的说法，令人莫衷一是。本文查证大量文献史料，对有关西施的情况进行剖析，以求还原史实。

一、越女西施

西施其人其事，虽然在《国语》《左传》《史记》等正史中未见明确记载，但在其他先秦文献中，特别是一些来自于民间的个人著作中却有较多涉及，说明西施还是受到了很多文人墨客的瞩目，罗列如下：

墨翟《墨子・卷一・亲士第一》：“是故比干之殪，其抗也；孟贲之杀，其勇也；西施之沉，其美也；吴起之裂，其事也。”

慎到《慎子・威德》：“毛嫱、西施，天下之至姣也。衣之以皮倛，则见者皆走；易之以元緆，则行者皆止。”

尸佼《尸子・卷下・散见诸书文汇辑》：“人之欲见毛嫱、西施，美其面也。”

孟轲《孟子・卷八・离娄下》：“西子蒙不洁，则人皆掩鼻而过之。”

庄周《庄子・卷一・齐物论第二》：“故为是举莛与楹，厉与西施，恢恑憰怪，道通为一。”又卷五《天运第十四》：“西施病心而矉其里，其里之丑人见而美之，归亦捧心而矉。其里之富人见之，坚闭门而不出；贫人见之，挈妻子而去之走。彼知美矉，而不知矉之所以美。”

荀况《荀子・卷十二・正论第十八》：“以人之情为欲，此五綦者而不欲多，譬之，是犹以人之情为欲富贵而不欲货也，好美而恶西施也。”

韩非《韩非子・卷十九・显学第五十》：“故善毛嫱、西施之美，无益吾面，用脂泽粉黛，则倍其初。”

那么《国语》《左传》《史记》中为什么会没有西施的丝毫记载呢？其实史料反映，西施等人只不过是文种“灭吴九术”中的一颗棋子而已，美人计在当时并没有起到决定性的作用。

唐代诗人陆龟蒙（？—881）在其所作的《吴宫怀古》一诗中，认为：“吴王事事须亡国，未必西施胜六宫。”其后，罗隐（833—909）也在《西施》诗中一针见血地指出：“家国兴亡自有时，吴人何苦怨西施。西施若解倾吴国，越国亡来又是谁？”到了宋代，著名政治家、文学家王安石（1021—1086）作过一首《嘲吴王》的诗，也表达了吴国灭亡与西施关系不大的见解，诗云：“谋臣本自系安危，贱妾何能作祸基？但愿君王诛宰嚭，不愁宫里有西施。”由此可见，西施被史书忽略也是在情理之中的。只不过随着时间的推移，后世对美女西施的关注度越来越高，她在灭吴这一重大事件中的价值，或者说导致吴国覆灭的“红颜祸水”的作用，也被不断地夸大，故而产生了这么一个疑问。

先秦以降，关于西施的诗文记载更是难以计数，有些甚至广为传颂。然而，也有不少人认为西施只是古代美女的代称，其人并不存在。这个观点，主要产生于《管子·卷十一·小称第三十二》中的一段记载：“毛嫱、西施，天下之美人也，盛怨气于面，不能以为可好。”管子即春秋时期齐国著名政治家、军事家管仲（前723？—前645），出生比西施要早200多年，他的书中怎么会有西施的记载呢？所以很多人提出了这样的质疑。其实从许多资料可以看出，《管子》一书并非一时之作，也非一人之作，而是由后人不断补充完成的，成书年限当在战国到西汉之间。因此，用《管子》的记载来论证西施是否存在是不足为据的，而西施在历史上应该是确有其人的。

二、西施名号

西施又称先施。南朝梁昭明太子萧统（501—531）编辑的文章选集《文选》卷十九中，载有战国时楚国诗人宋玉（前298？—前222？）所作的《神女赋》一文，其中有云：“西施掩面，比之无色。”唐人李善（630—689）注引曰：“《慎子》曰：‘毛嫱先施，则天下之美妓也。衣之以皮倛，则见者皆走；易之以玄锡，则行者皆止。’先施、西施，一也。”又《文选》卷三十四中，载有西汉辞赋家枚乘（？—前140）所撰的《七发》一文，其中有“使先施、徵舒、阳文、段干、吴娃、闾娵、傅予之徒”一句，李善注曰：“皆美女也。先施，即西施也。”这应是最早记载和注解西施又作先施的古籍了。

西施又作西子。应首见于孟轲（前372？—前289）所著的《孟子·卷八·离娄下》：“西子蒙不洁，则人皆掩鼻而过之。”到了北宋年间，大文豪苏东坡（1037—1101）在七绝古诗《饮湖上初晴后雨》中，有赞美西施和西湖的名句“欲把西湖比西子，淡妆浓抹总相宜”，由此更加推广了西子这一美称。

东晋陇西安阳方士王嘉（？—390），字子年，滑稽好语笑，是中国短篇小说的奠基人之一。他在所撰的《拾遗记》卷三云：“越又有美女二人，一名夷光，二名修明（即西施、郑旦之别名）以贡于吴。吴处以椒华之房，贯细珠为帘幌，朝下以蔽景，夕卷以待月。二人当轩并坐，理镜靓妆于珠幌之内，窃窥者莫不动心惊魄，谓之神人。吴王妖惑忘政。”这应该是西施别名夷光、郑旦别名修明的最早记载。《拾遗记》属志怪小说，离西施生活的年代也已经800多年了，故其记载的西施和郑旦别名，也极可能是出自于杜撰，并不足为信。

三、东施效颦

成语“东施效颦”的出典，源自于庄周（前369？—前286？）《庄子·卷五·天运第十四》记载：“西施病心而颦其里，其里之丑人见而美之，归亦捧心而颦。其里之富人见之，坚闭门而不出；贫人见之，挈妻子而去之走。彼知美颦，而不知颦之所以美。”

唐代时，已有诗人在诗作中写到“效颦”的故事，如宋之问（656？—712？）《浣纱篇赠陆上人》：“艳色夺人目，效颦亦相夸。”王维（701—761）《西施咏》：“当时浣纱伴，莫得同车归。持谢邻家子，效颦安可希？”

从上文可知，庄子记载的只是“里之丑人”，两首唐诗中也并未说明此人叫作东施。然而，为了衬托西施的美丽，在不断的艺术加工中，这个与美女西施相对应的丑人，便被称作了“东施”。

北宋地理学家乐史（930—1007）著《太平寰宇记》卷九十六记载：“巫里，勾践得西施之所，今有西施家、东施家。”可见，到了北宋的时候，东施的形象也已深入人心，甚至有了“东施家”这样的地名了。

四、美女郑旦

研究西施，自然也离不开郑旦。郑旦之名未见于先秦古籍，最早记载郑旦的是东汉袁康、吴平纂辑的《越绝书》，且都是与西施同时出现的。其中卷八《越绝外传记地传第十》记载：“美人宫……今北坛利里丘土城，勾践所习教美女西施、郑旦宫台也。女出苎萝山，欲献于吴，自谓东垂僻陋，恐女朴鄙，故近大道居。去县五里。”又卷十二《越绝内经九术第十四》载：“越乃饰美女西施、郑旦，使大夫种献之于吴王，曰：‘昔者，越王勾践窃有天之遗西施、郑旦，越邦洿下贫穷，不敢当，使下臣种再拜献之大王。’

吴王大悦。”东汉会稽学者赵晔所著的《吴越春秋·卷九·勾践阴谋外传》也记载：“乃使相者国中，得苎萝山鬻薪之女，曰西施、郑旦。”

郑旦和西施出生地相近，这在史料记载上应该是毫无疑义的。然而萧山发起西施故里之争，认为西施是临浦人，且有一些古籍记载和古迹遗存来印证。不过却始终没有认为郑旦也是萧山人的观点，当然更拿不出什么证据来，这明显是一大硬伤。

此外，有文章认为，今鸬鹚湾、金鸡山一带为郑氏族居之地，人口众多，应该是郑旦的同族后裔。但查阅当地的《暨阳郑氏宗谱》和《暨阳鸡山郑氏宗谱》，都记载为南宋以后从浦江义门郑氏迁居而来，与郑旦并无关系。再则，诸暨地方文史专家杨士安先生认为，西施不姓施、郑旦未必姓郑，只是古越语的记音而已，也可成一说。

在今天说来较为可笑的是，晚清诸暨名士陈蔚文（1865—1939）曾撰写《募复建浣溪亭缘起》并刻石立碑，文中写道：“清室逊位后十年二月十二日未刻，在本殿设坛。蒙大汉追封救国真人郑旦，法名采苹，史名夷光，号西施，到乩谕曰：‘吾乃本邑若耶溪萝山之阳西施村人也。父姓郑，名洛，字越民，母姓施，父为施家村施氏赘婿。村在溪之西，故名曰西施，村即苎萝村也……’”用扶乩的自白，将西施、郑旦混同为一人，也就难怪民国著名文学家郁达夫（1896—1945）在游览西施庙之后，有“陈郎多事搜文献，施女何妨便姓西”之讽了。

五、苎萝山考

西施出生于苎萝山，是历史定论，向无异议。

最早记载苎萝山的，也是成书于东汉年间的《越绝书》，其中卷八《越绝外传记地传第十》记载：“美人宫……今北坛利里丘土城，勾践所习教美女西施、郑旦宫台也。女出于苎萝山，欲献于吴。”其后，《吴越春秋·卷九·勾践阴谋外传》又记载：“乃使相者国中，得苎萝山鬻薪之女，曰西施、郑旦。（《会稽志》：‘苎萝山在诸暨县南五里。’《舆地志》：‘诸暨县苎萝山，西施、郑旦所居。’《十道志》：‘勾践索美女以献吴王，得之诸暨苎萝山卖薪女也西施。山下有浣纱石。’）”

苎萝山又作苎罗山。据唐代欧阳询（557—641）所著《艺文类聚·卷八·山部下》记载：“勾践索美女以献吴王，得诸暨苎罗山卖薪女西施、郑旦。”北宋时李昉（925—996）所著的《太平御览》卷四十七载：“土城山。孔晔《会稽记》曰：‘勾践索美女以献吴王，得诸暨苎罗山卖薪女西施、郑旦。’”《太平寰宇记》卷九十六载：“苎罗山，山下有石迹水，是西施浣纱之所，浣纱石犹在。”地理学家王象之（1163—1230）在其所著的《舆地纪胜·卷一·两浙东路》载：“苎罗山，在诸暨南五里，勾践索美女以献吴王，得苎罗山卖薪女西施、郑旦。萧山县亦有此山。”祝穆（？—1255）所著《方舆胜览·卷六·浙东路》载：“苎罗山，在诸暨南五里。”

苎萝山又作罗山。见载于《太平御览》卷四十七：“罗山。孔晔《会稽记》曰：‘诸暨县北界有罗山，越时西施、郑旦所居。所在有方石，是西施晒纱处。今名苎罗山。’”同书卷三百八十一：“《吴会分地记》曰：‘土城者，勾践时索美女，欲以献吴，于罗山得西施、郑旦，作土城贮之。’”

此外，据清代笔记小说家德清徐承烈（1730—1803，即西吴悔堂老人）所著的《越中杂识》上卷“山·苎萝山”条目下记载：“……一在诸暨县南五里，滨浦阳江之西，俗呼为张家山。”可知诸暨苎萝山又有“张家山”这一俗名，或许此山曾为张姓所有，就像同在诸暨市区的鸮鹰山为浣江郦氏祖墓地而俗称“郦家山”一样，然未见他书有载。

萧山亦有苎萝山，始见载于南宋施宿（1164—1222）所著的《嘉泰会稽志》。在卷九“山·诸暨县·苎罗山”条目下有众多关于西施、郑旦出自此山的文字，并附注曰：“苎罗山一在萧山县，今并存之。”同样在卷九“山·萧山县·苎罗山”记载：“在县南三十里，有西子庙（一在诸暨县，今两存之）。”而卷十一“诸暨县·浣纱石”条目下附注：“以《旧经》诸志所载，则西子家宜在诸暨。故今系之。”可知已经否定了西施出自于萧山的可能性。其后，《舆地纪胜》在记述诸暨苎萝山的时候，也提到了“萧山县亦有此山”。

从上述内容可知，最早明确记载诸暨苎萝山的南北朝《会稽记》，与最早记载萧山苎萝山的南宋《嘉泰会稽志》相比，至少要早700年。

六、西施之沉

关于西施的结局，可谓众说纷纭。最早记载西施结局的是《墨子·卷一·亲士第一》云：“是故比干之殪，其抗也；孟贲之杀，其勇也；西施之沉，其美也；吴起之裂，其事也。”墨子名翟（前480？—前420？），出生于春秋末期，距越国灭掉吴国的时间很近，相关记载应该更接近于历史真相。他在写西施的死因时，同时也记述了比干、孟贲、吴起的死因，而对此三人的记述是完全符合历史事实的，据此也可以印证，墨子所记载的西施死因应该也是可信的。

这个观点，在《东坡异物志》一书中也有体现：“扬子江有美人鱼，又称西施鱼，一日数易其色，肉细味美，妇人食之，可增媚态，据云系西施沉江后幻化而成。”

明代著名文学家杨慎（1488—1559）对西施的结局也作过考证，他在其著作《丹铅总录·卷十三·订讹类·西施》一文中写道：“世传西施随范蠡去，不见所出。只因杜牧‘西子下姑苏，一舸逐鸱夷’之句而附会也。予窃疑之，未有可证以折其是非。

一日读《墨子》曰：‘吴起之裂，其功也；西施之沉，其美也。’喜曰：‘此吴亡之后，西施亦死于水，不从范蠡去之一证。’墨子去吴越之世甚近，所书得其真。然犹恐牧之别有见，后检《修文御览》，见引《吴越春秋·逸篇》云：‘吴亡后，越浮西施于江，令随鸱夷以终。’乃嗟曰：‘此事正与墨子合。杜牧未精审，一时趁笔之过也。’盖吴既灭，即沉西施于江。浮，沉也，反言耳。随鸱夷者，子胥之谮死，西施有力焉。胥死盛以鸱夷，今沉西施所以报子胥之忠，故云随鸱夷以终。范蠡去越亦号鸱夷子，杜牧遂以子胥鸱夷为范蠡之鸱夷，乃影撰此事，以坠后人于疑网也。既又自笑曰：‘范蠡不幸遇杜牧，受诬千载又何幸。遇予而雪之，亦一快哉！’”

西施死于“沉”，也就是淹死的，是因为她太美丽，这就是所谓的红颜薄命吧。那么是谁想淹死她呢？没有确切的文献史料记载。明人冯梦龙（1574—1646）编撰的历史演义小说《东周列国志》，认为沉西施是越夫人所为，文中写道：“勾践班师回越，携西施以归。越夫人潜使人引出，负以大石，沉于江中，曰：‘此亡国之物，留之何为？’”这个说法确实比较符合情理，但历史小说毕竟是带有虚构性的，不能当作信史来对待。

至于范蠡带着西施泛舟五湖隐居起来的“泛湖说”，最早见于唐代学者陆广微在《吴地记》中引《越绝书》曰：“西施亡吴国后，复归范蠡，同泛五湖而去。”这是说西施回到范蠡身边，一起离开了越国。明代戏曲作家梁辰鱼（1521—1594）改编的《浣纱记》，则更是寄托了善良的人们希望西施娘娘能过上美好生活的一种良好愿望，希望西施和范蠡能够“有情人终成眷属”，实际上无非是一种艺术的演绎罢了。

（2018年“西施文化的传承与弘扬”征文比赛二等奖，载《西施文化研讨会成果集》）

第二节　楹　联

明西子祠正门联

山围故堞青萝色；
水涌寒滩白苎声。

——〔明〕张　夬

西施龛联

越锦何须衣义士；
黄金只合铸娇姿。

——佚　名

西子祠脊柱联

当年多少英雄，功收歌舞，叹瞬间响屧成墟，把酒临风浇块磊；
此地几番岁月，变历沧桑，寻佳话浣纱留胜，挥毫酹月费平章。

——佚　名

西子祠中庭擎柱联

驻节观风，想当年名娃粉黛，国士风流，俯仰千秋人物；
飞觞酹月，问门外山色苍茫，溪声幽咽，浮沉几代兴亡。

——佚　名

西子祠中庭脊柱联

排笑赴金阊，连宵歌舞，转瞬间鸱飘鹿走，恨同一缕溪纱，谱入吴宫花草；
含情归故苑，一叶烟波，到如今水绿山青，功并三千甲士，坐垂越国封疆。

——佚　名

西子祠联南厅板联

落花流水，千古梦境；
淡妆浓抹，绝代佳人。

——〔民国〕佚　名

西子祠两侧庭柱联

劝夫差，勿无道，谏勾践，睦友邦，越兴恢复河山，毋忘生灵涂炭，茫茫劫尘，功难免过，从此痛心成隐疾；

念老父，贫采薪，忆慈母，勤纺绩，君命出使救国，亲恩未报双全，滴滴哀泪，喜不胜悲，表明投水憾终天。

——〔民国〕陈蔚文

銮阁联

东壁图开，书中自有颜如玉；
西子灵慰，事后还宜铸以金。

——佚　名

西子祠擎柱联

漫劳红粉行成，心越身吴，转瞬兴亡，千古犹夸侠骨；
且喜青山依旧，风亭月榭，遗容俨雅，一朝重识芳卿。

——佚　名

又

秋水为神玉为骨；
芙蓉如面柳如眉。

——佚　名

古越台联

从山起伏，光先裕后；
代水曲折，源远流长。

——佚　名

浣纱亭联

浣纱成古迹；
救国出真人。

——〔民国〕陈锦文

西子庙联

浣纱石已无存，入此庙为想花草吴宫，鹧鸪越殿；
泛舸人归何处，广其基也名岐周私囿，欧美公园。

——〔民国〕陶　镛

诸暨县图书馆大厅楹联

府开东壁图书，文献岂徒关一邑；
地接西施祠宇，美人相并有千秋。

——〔民国〕陶　镛

玩月池联

月涌神龟起；
日和灵兽生。

——李国林

咏西施联

红颜许国，襟怀总嫌殿堂小；
弱女思乡，怨怼应逾湖海深。

——何根土

咏西施联

秀气凝苎萝，色妍今古；
红妆事鸣镝，泪著春秋。

——朱巨江

第三节　史事旧闻

苎萝山郊聚怀古

〔民国〕祝志学

苎萝山原是我们常玩的地方，但没有像这次的尽情地快乐。在今天，有先生同学，有自煮的菜饭，在春阳怡和中，赏玩那山水景色，追念古今英雄美人的故事，不是人生第一快事吗?

山不高,水不深,塔影在微波中荡漾,疏柳在春光中摇曳,是一幅浅笑淡装的美人图,真好像古代的西子一样。

说起西施，谁不晓得她是绝世的美人，救国的女英雄。两千年以前，这里是越国的土地，越王勾践丧师失地，并且被吴王夫差掳去作为奴隶，越国的大臣范蠡，探悉夫差好色，献西施以媚夫差。西施为国忍辱，果然迷惑了夫差，使夫差释放勾践，使勾践得能生聚教养有洗雪国耻的机会。勾践固然是坚苦卓绝能雪耻的国王，西施便是个含污忍辱舍身救国的英雄。这苎萝山就是这位救国女英雄的故乡。

如今，留给我们瞻仰的，是：一个庙貌巍巍的西子祠，入口处横立的“古苎萝村”的木架，和一曲浣水清流以及临水高踞的王羲之手题的“浣纱石”。当这国难日亟，山河破碎的今日，瞻仰此山、此水、此祠、此石，该怎样的奋起救国呵!

想到这里，快乐的心肠里陡起了一阵悲酸。

在西子祠的右角，有一幢新式的洋楼，是县立图书馆，南区宿儒楼蕾庵先生独力创始的。

祠的周围，除老树几棵外，还有不少新植的矮树，矮树中竖有“中山林”石柱一方。

山南有烈士墓，是民国五年革命死难的傅烈士。居中是傅国英烈士，左为烈士弟国俊先生，右为烈士护卒傅申仁。民五袁氏称帝，蔡松坡先生首在云南起义，各省响应，那时我浙军人拥吕公望为省长，逐袁氏心腹屈映光（浙江巡按使）。暨人蒋尊簋，民元曾为浙江都督，这时也来宁波宣告独立。傅烈士就是同时在诸暨谋独立而牺牲的一个，惟后人以诸暨非全浙要区，且傅烈士起于杭州事发之后，殊为烈士之牺牲惜。

（原载 1934 年 6 月版《诸暨乡土志》）

陶朱山战斗

朱　因

陶朱山战斗是诸暨县城保卫战，也是“诸暨战役”最后一仗。1940 年 10 月 13 日，日军二十二师团高桥旅团从富阳、萧山东西两路南犯诸暨。守军国民革命军第十六师四十七团从石板岭东撤雀尾岭、大青山一线与敌激战，双方各伤亡三四百人，因敌机狂轰滥炸，转移至十二都独山、茅草山作战，16 日中午撤到草塔，伤亡 300 多人，余部退守庄岗岭、蒲岱岭一线。富阳来的日军午后在马村庙山与第十六师一部激战后，傍晚侵入县城。扼守湄池一带的第十六师四十八团，与萧山南犯之日军在杭坞山、新岭一线与敌激战三天三夜后，重创敌军，自己也损失惨重，遂于 16 日晨撤至县城陶朱山布防。千余日军接踵而至，几次冲上老鹰山，向上仰攻；守军利用翠微峰制高点有利地形，居高临下，顽强抵抗，日军终未得逞，在七岗岭上、老鹰山冈弃尸 30 余具，缩回东山岙死角，以待空援。很快，3 架敌机窜到诸暨在城区上空盘旋侦察，接着贴着陶朱山冈低空投弹扫射，十里长山一条线，敌机自北向南轮番轰炸，直到投完返航。他们在笕桥机场装好弹药，不到一小时，又到诸暨上空狂轰滥炸，炸得土石四溅，血肉横飞，敌机不但轰炸守军阵地，也炸向城郊逃难的民众，如在杨树畈飞机场西边的百丈埂上就炸死平民 10 多人，江东街庆南保长的儿子和洪照的娘都被炸死。在敌机装弹间歇期间，日军炮兵集中小钢炮，沿着翠微峰、白杨尖、宝聚峰山脊密集延伸射击，弹落如雨，使守军抬不起头来，伤亡惨重。陶朱山冈为县城屏障，屏障一失，城池难保，守军在极其艰苦的情况下，仍然坚守阵地，拼命抵抗。可惜当时国民党空军早已损失殆尽，制空权全在日军手中，给养装备也不如人，每次战斗，将士虽都浴血奋战，但在日军飞机大炮的重压下，不得不败下阵来，多数人不是死于日军枪弹，而是丧于炸弹炮弹。

扼守陶朱山的部队，在杭坞山一带三昼夜阻击战中，因民众逃难，乡保无人，给养早已断绝，全靠吃山田的生玉米充饥。16 日从早到晚，在陶朱山冈不但没有生玉米，连山坑水也喝不到，饥渴难挡，疲惫之极，再加山脊两侧陡峭，长岗狭窄，难以展开，山石坚硬，无法构筑掩体工事，部队暴露，毫无隐蔽地形，环境相当险恶。到下午 3 时许，陶朱山守军看到南边扼守马村庙山的兄弟部队与草塔过来之敌激战一小时后，向街亭方向东撤，敌军大部队向北往县城进犯，一部已上了长山向北推进；再望北郊从萧山南犯之敌也从梁家埠、擂鼓山、海螺山沿江向浮桥头运动，已形成南北夹击之势，形势极为严峻，如不及时突围，势必陷入重围，全军覆没。眼看死伤近半，难以死守，也只得立即撤出阵地，冲下桃花岭，过定荡畈向街亭方向转移。下午 4 时许，从富阳、萧山来的南北两路日军同时侵入县城，这是诸暨县城第一次沦陷，时为 1940 年 10 月 16 日下午 4 时许。

战后，城里有个小青年金以宣上山去看，见到七岗岭上 30 多具敌尸还横七竖八躺着，尚未收拾。而陶朱山冈一带更是尸横遍野，不但山冈两侧像面条一样，有的还炸飞到半山腰里；树底下、柴窝里，到处是残体断肢、肚肠心肝、破衣断腿，炸飞到树枝上挂着，使人惨不忍睹。估计守军至少死亡 200 多人，其中有个殉难的军官，胸前符号上的名字叫黄贵方，是个上尉连长。这许多远离故土的潇湘子弟，多少未婚青年，他们为了挽救国家民族之危亡，战死他乡。

（原载《血与泪的诉说——回忆侵华日军在诸暨的暴行》）

城南大屠杀

朱　因

自 1940 年 10 月 14 日诸暨战役爆发，警报频传，国民党县政府迅速疏散机关团体，档案转移于五泄寺，居民纷纷逃难，出现兵荒马乱景象。至 16 日战火烧到城区，陶朱山上炮火连天局势紧急，居民蜂拥出城避难。下午 3 时左右，南逃数千难民刚到邱村，迎面遭遇从马村庙山北犯的日军大部队，群众吓得惊慌失措，立即掉头回逃，哭爹喊娘，乱作一团；后面的人见到前面的人逃回，情知不妙，也都向北奔跑，一人跌翻，多人绊倒，相互挤压，前后践踏；机灵一点的向两侧分逃，向西钻进陶朱山的柴窝棚，向东躲到浣江河埂边；但多数人掩儿带女，扶老携幼，挤在宽不及丈的城南大路上回头跑。日军在后面一边追赶，一边端起机枪、步枪猛射，人像多米诺骨牌般扑地倒下。从邱村一直追杀到西门外，子弹多从后背打入，死伤枕藉，血流遍地。

这次城南大屠杀，据邮政局两个职工一路数计，杀死的平民有400多人，惨绝人寰！当时县邮局已于前两天转移到璜山，只留两人在城里照看单位房屋。16日下午3时，两人看到山上守军南撤，县城失守在即，面临危险，就想出城逃到璜山单位。当两人刚到山下杨村头，碰到逃难的人像潮水般涌来，说“日本佬来啦！”两人急忙避开，连忙往桃花岭山脚树蓬里躲藏起来。听着南边枪声越来越近，逃难人群向城内外四散奔跑，往街屋里乱钻，不少人中弹扑地。接着日军大部队追赶入城，哗哗的皮鞋声吓得狗也夹着尾巴乱跑；最后是日军100多骑兵队践踏着一路尸体疾驰进城而去。城郊不是久留之地，必须快速离开。两人心惊胆战走上大路，只见一路尸体横陈，血流成河，有受伤者还在呻吟爬动，还有小孩、婴儿扑在娘的尸体上哭叫的，其情甚惨！出于邮政通讯工作者的职业本能，两人觉得必须把县城陷落及城南屠杀的情况及时报告上级，究竟被杀多少，应该数数；于是各自点数，从山下杨村头一直数到邱村，一个数得420多人，一个只点得396人，略有出入，可能是死者伤者难辨，也可能是远处有漏。两人黄昏赶到璜山，作了汇报，局长认为事情重大，陪他们去向县长夏高阳报告。从此，日军在城南大肆屠杀400多人的消息，就在全县纷纷传开。

（原载《血与泪的诉说——回忆侵华日军在诸暨的暴行》）

第四节　报　道

胡公台上热闹

一区胡公台上，每至中秋时节，向例有胡公诞辰神戏三台（此戏系由城区南货等业同行出资而演），嗣因农村灾眚频仍，政府令行禁止，致届例不演者，已有数年矣。兹悉今秋吾暨已酌予开禁，该胡公台上，已聘普通班子，自昨日起至十三日止，演戏三日，红男绿女，前往观瞻、拜佛络绎于途云。

（原载1935年9月9日《诸暨国民新闻》）

胡公台成立道路会

——征求会员填铺石板

本城西门外胡公台，上山道路，崎岖难行，一般念佛老妪，甚至匍匐而上，滑跌而下，大有行不得也哥哥之概。本城黄子香有鉴于斯，遂发起修筑，众于前日下午二时，在东城客栈开第一次筹备会。闻到会者有石光德、徐人瑞、张也芳、叶冠青等十九人，当推黄子香为临时主席，马醒予为纪录，开会如仪，甲，报告，乙，讨论。（一）定名为诸暨胡公台道路会；（二）会址，设在东门里东城客栈；（三）工程，先行派员测丈路线，估计工程建筑费用；（四）质料，购尖坑弄石板；（五）方式，以工字道，及阶级道两种，总以路线和缓，使步行便利为原则，路阔定六尺，每阶级阔一尺六寸；(六）经济，呈请诸暨县政府布告分别劝募；（七）测量人员公推黄子香、楼克成、钱鼎甫、杨雅斋、周岳山，邀同石匠、泥水、前往察勘丈明，绘具线图；(八）筹备费用，由筹备人负责；(九）征求发起人，议毕散会。

（原载 1936 年 10 月 25 日《诸暨国民新闻》）

诸暨苎萝村

〔民国〕郁达夫

十一月十一日，星期六，晴朗如前。

昨夜因游倦了，并去诸暨城隍庙国货商场的游艺部看了一些戏，所以起来稍迟。去金华的客车，要近午方开，八点钟起床后，就出南门上苎萝山去偷闲一玩。出城行一二里，在五湖闸之下，有一小山，当浦阳江的西岸，就是白阳山的支峰苎萝山，山西北面是苎萝村，是今古闻名的美人西施的生地。有人说，西施生在江的东面金鸡山下郑姓家，系由萧山迁来的客民之女，外祖母在江的西面姓施，西施寄住在外祖母家，所以就生长在苎萝村里。幼时常在江边浣纱，至今苎萝山下，江边石上，还有晋王羲之写的“浣纱”两字，因此，这一段江就名作浣纱溪。古往今来文人墨客，题诗的题诗，考证的考证，聚讼纷纭，到现在也还没有一个判决，妇人的有关国运，易惹是非，类都如此。

苎萝山，系浣纱江上的一枝小山，溪水南折西去，直达浦江，东面隔江望金鸡山，对江可以谈话。苎萝山上进口处有“古苎萝村”四字的一块小木牌坊，进去就是西施庙，朝东面江，南面新建一阁，名北阁，中供西施石刻像一尊。经营此庙者，为邑绅清孝廉陈蔚文先生，庙中悬挂着的匾额对联石刻之类，都是陈先生的手笔。最妙者，是几块刻版的拓本，内载乱盘开沙时，西施降坛的一段自白，辩西施如何的忠贞两美，与夫范蠡献西施，途中历三载生子及五湖载去等事的诬蔑不通。庙前有洋楼三栋，本为图书馆，现在却已经锁起不开了。

管西施庙的，是一位中老先生。这位先生，是陈氏的亲戚，很能经营。陪我们入座之后，献茶献酒，殷勤得不得了；最后还拿出几张纸来，要我们留一点墨迹。我于是去前山看了未完成的烈士墓及江边镌有"浣纱"两字的浣纱石后，就替他写了一副对，一张立轴。对子上联是定公诗"百年心事归平淡"，下联是一句柳亚子先生题我的《薇蕨集》的诗，"十载狂名换苎萝"。亚子一生，唯慕龚定庵的诡奇豪逸，而我到此地，一时也想不出适当的对句，所以勉强拉拢了事，就集成了此联。立轴上写的是一首急就的绝句：

五泄归来又看溪，浣纱遗迹我重题，
陈郎多事搜文献，施女何妨便姓西。

暗中盖也有一点故意在和陈先生捣乱的意思。

玩苎萝山回来，十一点左右上杭江路客车，下午三点前，过义乌。车路两旁的青山沃野，原美丽得不可以言喻，就是在义乌的一段，夕阳返照，红叶如花，农民驾使黄牛在耕种的一种风情，也很含有着牧歌式的画意；倚窗呆望，拥鼻微吟，我就哼出了这样的二十八字：

骆丞草檄气堂堂，杀敌宗爷更激昂，
别有风怀忘不得，夕阳红树照乌伤。

骆宾王、宗泽，都是义乌人。而义乌、金华一带系古乌伤地，是由秦孝子颜乌的传说而来的地名。

下午三点过，到金华，在金华双溪旁旅馆内宿，访旧友数辈，明日约共去北山。

（原载《屐痕处处》之《杭江小历纪程》）

春日游西竺庵记

〔民国〕袁梦金

明媚融和的春光，把曾被冬神压下的大地上的生物，一一救援出来，任他们自由地发荣滋长。本邑西门外的桃花林也是随着许多被压迫的伴侣，开始恢复自由，放着那红艳的花朵，含笑地表示春光的恩泽！

来复日我约了几个同学，偕往游览距西门外二里许的西竺庵，沿途遥见清秀洁白的李花，正在竞芳斗丽地放着。

许多的游客，都争先恐后地走着。我们一壁谈话，一壁行走，刹那间遥见嫣红艳研的李花丛中，隐出一所古装的院子，唉！心房里宿慕的西竺庵到了。我们过了一架砖砌的石桥，桥下的溪水，潺潺地含着律动，也好像欢迎温暖的春天，桥旁有一棵临溪的垂杨，倒垂着柳眼初展均匀袅娜的枝条，道旁一蓬蓬荒绿老翠的黄梁木，如军队放哨一般，庄严地站着。

先到的游客们，有的憩息在庵中的小客室内——饮的红绿茶，吸的土耳其，促膝谈心，多么有趣，有的蹬足在李花包围的深篁中，或则斜坐于天成的岩石上，一所沉寂幽隐的西竺庵，一时布满了不少的热闹气味。我和几个同学缓步慢行地跨进庵门，绕廊游玩，憩息了些时，欣赏庵前的春景。

旋因时间不早，不能再使我们继续游览旁的胜景，只得和同学们沿原途归校，已钟鸣五下矣。

（原载《陶山雁景——诸暨县立中学师范部一九级纪念刊》）

春日游西竺庵记

〔民国〕钟望周

风轻日暖之时，鸟啭花香之候，所谓增长兴味，舒畅胸襟者，正此时也。乃于日曜日，邀友朋而遨游。步出西门，行崎岖之道，至平旷之野，时新雨初霁，木欣欣以向荣，泉涓涓而始流，同人唱春日之歌，乐如何之。

未几，抵西竺庵，余与友人拾级而登，庵凡三层，余始居初层，远瞩之，则见花木参差，草径曲折，菜畦麦陇，一色青青，万家春树，风景宜人。友曰：“欲穷千里，曷不更上一层乎！”余曰：“然！”乃登其极巅，倚窗遥视，远近景物，一一在目。其延长如带者，浦阳江也；矗立如峰者，隔岸之一塔也；竹木苍翠如画者，东南之松竹也；高出地平线，隆起若馒首者，城外垒垒之土塚也。眼界愈扩，心胸愈宽，可谓诸邑之一大观也。

余谓友曰：“光阴易逝，去而不返，今日万紫千红，转瞬凋残零尽。吾侪青年，亦犹春日和畅发荣，正有为之时，当努力竞取，以成远到之材，假使悠游终日，坐误韶光，亦若由春而夏，而秋而冬，徒致老大伤感耳！且春日尚可得之于来年，青春一逝，不能取诸异日！顾吾侪其勉诸！”

余深有味乎斯言，须臾，太阳旋居中宫，遂携手取道而返，因濡笔而为之记。

（原载《陶山雁景——诸暨县立中学师范部一九级纪念刊》）

再访西施浣纱处

赵相如

“寄志江湖同范蠡，令人长忆浣纱溪。”读了赵朴初先生的诗，想起曾经看过的有关西施的故事，去看看西施浣纱处成了我的一个心愿。一个阳光明媚的日子，我沿着横穿古越国的曲折逶迤的浦阳江，行行复行行，来到了而今地属浙江诸暨市的苎萝山下。只见山不高而险突、林不茂而奇秀，江水流经山脚出现了一个回旋，岸畔有巨石横亘，发出水冲石的轰轰声，山壁有斗大的“浣纱”二字，乃晋朝大书法家王羲之的手笔。当地朋友告诉我，这儿正是两千多年前西施浣麻纱的地方，后人为了怀念西施，把这一段江也称作“浣纱溪”。

西施，本名施夷光，因为出生在施姓居住的东西二村的西村，人们就称她为西施，真名反而知之者不多了。

出生于农家的西施，靠父亲砍柴、母亲纺麻度日，西施常助其母去河边濯洗麻缕。后来，天生丽质的西施被范蠡看中，为越王勾践的卧薪尝胆、“十年生聚十年教训”的苦心复国大业，立下了奇功。至今人们还把“卧薪尝胆”作为发奋激励的用词：抗战初期，周恩来同志来到古越大地，写下了“生聚教训，二十年犹未为晚”之句，用以激发热血人士奋勇抗日的斗志。

多少年来，在国人的心目中，西施是美的象征。杭州西湖山水奇秀，苏东坡用西施之美来比喻：“欲把西湖比西子，淡妆浓抹总相宜。”苎萝山上的“西施殿”，建筑十分精致古雅，是历代的能工巧匠大显身手之所在，两千多年中虽历经沧桑仍屹立，现存西施殿的门、窗、石雕，是明朝的遗物。

越王勾践功成之后，西施随心爱之人范蠡“乘轻舟浮五湖而不返”。“五湖”，有的说在今江苏无锡近郊，有的说在山东；但诸暨老百姓却说：西施返回了老家，老家的“湖”多得很，她乐意在农家，耕田织布度其生。

西施浣纱处直受到骚人墨客的关注，诗人王维、李白、刘禹锡，小说家郁达夫、茅盾、萧军，还有当今的一大批文人，都曾来此寻芳觅踪，为西施作诗、填词、编剧、著传奇，绵延不绝,而且大都赞颂西施。在中国历史上为位女性大唱赞美诗历两千余年而不衰的，还找不出第二个。

诸暨山灵水秀，四季温暖，风润水甜，是江南美女的一个摇篮：随着改革开放的巨变，诸暨女性慧内秀外、志存高远、勤劳奋发的特色更为突出，她们的美的内涵，也变得格外丰富多彩。

“诸暨诸暨，有猪有鸡。”这是诸暨农家女的口头语。长塘头村姑娘胡惠芳原先生活贫困，后来在农业函授大学毕业后，先是在种好粮食的同时饲养肉鸡，获利后又承包水库搞立体养殖，办起了家庭养殖场，去年农副产品销售额达到120多万元。胡惠芳带了个好头，如今680多名姑娘参加了农业函授大学的学习，这些女青年纷纷成了农村致富的骨干，西施当年出生的村子去年人均收入高达4500元。洋溢着青春气息的胡惠芳逢人就说：“只有用知识充实头脑，才能使人青春长在！”

“诸暨诸暨,有珠有机。”这是诸暨女性的又一句充满豪情的话语。“珠者,珍珠也。”诸暨养殖珍珠始于春秋,但历代一直没有得到发展。改革开放后,土地、水面承包到户,诸暨就出现万户农妇在万亩水面养蚌育珠的热潮，平均一户可年收珍珠几十公斤。珍珠生产的发展，促进了珍珠加工业的兴起，并形成了全国首屈一指的珍珠市场。宣金媛是个年轻健壮的高中毕业生，早上晚上加工珍珠，中午和下午骑着自己的摩托车去珍珠市场搞经销，去年赚了15万元。长得白净秀丽的陈夏英，也是靠育珠起家，去年她出手的优质珍珠500多公斤，远销全国好几个省市。如今诸暨单是珍珠交易一年就达到532吨，金额为3.3亿元，居全国之冠。

当年西施浣的纱是苎麻细缕，这种苎麻织的布至今仍是诸暨的特产。这儿的妇女对于织机的钟爱可以说是千古一脉。几年前，大唐镇的洪冬英想尽办法凑了点钱买进了3台手摇织袜机，不过两年时间，她用上电动织袜机，如今她已有50台意大利产的全自动电脑控制织袜机。在洪冬英带领下，附近各乡、村的农妇纷纷购进各类织袜机，生产各种规格的涤纶弹力丝袜。你可能想不到，全国每三双袜子中居然有一双就产自诸暨女之手。由此可见西施故里女性的勤劳！

唐朝诗人陈陶曾为西施浣纱处写诗曰“今人地藏古人骨，古人花为今日发”，颇有哲学意味；今日西施故里之“发”，公平地说，并非全靠“古人花”，因为全国各地都在不同程度地“发”；然而，有了“古人花”，这总是值得自豪的。

（原载《人民日报》1995年11月8日第4版）

苎萝山下有西子

红　孩

“西施昔日浣纱津，石上青苔思杀人。一去姑苏不复返，岸旁桃李为谁春。”1996年春应西施故里浙江省诸暨市的邀请，我去参加长篇历史小说《浣纱王后》的作品研讨会。西施，是中国古代的绝代佳人，列于四大美女之首。虽说距今已有2400年，但其影响仍然不衰。一位外国人说，他可以不知道中国历史上大名鼎鼎的帝王将相、文人雅士，但他知道西施，因为她是东方美丽女人的象征。根据前人的文字记载，西施姓施，名夷光，家住诸暨苎萝山之西，故名西施。确实，西施在我国人民心中具有相当高的独特地位。明代，红氍毹上的西施就是个富有爱国情操的艺术形象。嘉靖年间梁辰鱼创作的以昆腔演唱的传奇《浣纱记》是其代表。秦腔、川、汉、滇、越各个剧种都相继搬演西施戏。京剧大师梅兰芳早年编演的《西施》也是突出爱国主义精神的。

历史上关于西施的各种传说很多，文人墨客为她所抒诗篇就更多了。如王维在《西子》诗中写道：“吴王旧国水烟空，香径无人兰叶红。春色似怜歌舞地，年年先发馆娃宫。”李白在《越中览古》中写道：“越王勾践破吴归，义士还家尽锦衣。宫女如花满春殿，只今惟有鹧鸪啼。”汤显祖在《过诸暨》中写道：“苎萝山下雨丝丝，解带山桥过午炊。几箸江虾成独笑，一文钱里见西施。”颇为有趣的是1933年11月，郁达夫到诸暨游览了风景名胜“五泄”后，来到西施庙，诙谐地写了一首《题西施庙》：“五泄归来又看溪，浣纱旧迹我重题。陈郎多事搜文献，施女何妨便姓西。”

郁达夫笔下的西施庙便是如今的西施殿，它坐落在苎萝山东麓，面临浣纱溪，景色别致，令人遐思。整个建筑面积占地4800平方米，由大殿、门楼、碑廊、古越台、郑旦亭组成。然而，人们难以想象的是这小小的殿宇竟也屡遭兵毁，尤其是抗日战争时，日寇扔下的一枚炸弹几乎将西施庙夷为平地。1993年10月，由日本作家石川清光写的长篇小说《西施春秋》出版了，当我们看到这本书同样陈列于西施殿时，两种感情交织在起，该给后人留下多少慨叹呵！望着今日精致、古雅的西施殿，人们不得不称道市文联主席、西施殿的总设计师李战。这个活跃在基层的文化活动家，曾经徒步走遍了全市的乡村院落，他从僻乡山坳、建筑工地、猪舍牛棚，把散失在民间的一扇扇门、一扇扇窗、一根根石柱、一座座雕塑都给抢救出来，多达1.2万件，用其营造了西施殿。单是大殿四周围的门就有46扇，且雕刻各不相同。石雕的窗，有不少是明代的作品。透过这些小巧玲珑的物件，使人很容易想到先人们多么富于勤劳与智慧。1990年西施殿刚刚落成不久，日本秋田县一个西施故乡之旅访华团就慕名前来观光了。大殿门前有访华团竖的一块碑，上镌日本俳圣松尾芭蕉的诗："象潟蒙蒙雨，淋打合欢树上花，楚楚赛西施。"门前两旁还有访华团手植的合欢树。出得大殿门口，向南走约百米，浣纱溪边有一块浣纱石，传说是当年西施同姑娘们浣纱的地方，上刻有王羲之的手迹"浣纱"字样，游人至此，每能依溪水浮想出当年西施浣纱的景象。

"只今诸暨长江畔，空有青山号苎萝。"唐代女诗人鱼玄机的诗句不免令人产生出一种寂寞、凄清感。但不管怎样，西施的名字将同我们美丽的山水永远伴随在一起。在诸暨的日子里，我们无时不被浣纱溪两岸的改革大潮激动着、鼓舞着，以"西施"命名的家、公司星罗棋布般地出现在诸暨这块素有"诸暨湖田熟，天下一餐粥"的沃土上，从而使这块古老的美丽家园又绽开了新的花朵。

（原载《人民日报》1996年6月15日第7版）

《濂溪一脉》之五——苎萝风雨

赵文君

（一）

南门三踏步一带（浣纱村）为店口紫岩周氏迁徙的聚居地。浣纱村包括三踏步、高道地、石塔头、山下杨、下七年等自然村，现有村民1000人左右，50%以上为周姓。记者踏进浣纱村时，正遇风雨大作，斜吹横泻，肆意撒蛮。

现实的风雨与历史的风雨交相融合。

雨声中，听三踏步村82岁的周原真等几位老人说，南门临江南屏路口原周家总祠堂如何被日军炸毁，周氏族人又如何合力新建，以及小时候大人每年农历二月廿五日一房一个代表同去九江濂溪公墓上坟等的传说，心中油生肃穆之情。

雨渐小，原真等几位老人坚持冒雨陪记者探寻周氏南门先祖周恪之墓。

周恪，号梅轩，宋绍定五年（1232）进士，授翰林殿前承旨，素与"晦庵先生友善"（晦庵先生，即南宋哲学家、教育家朱熹）。公元1240年，周恪随之由紫岩迁南门，为周敦颐之后七世。

《光绪诸暨县志》载，苎萝山有翰林学士承旨周恪墓，山下三踏步村即学士里居。另，《光绪诸暨县志》又载："濒江特起者曰苎萝山，亦白阳支峰也，山不大而端秀，宛然东向，即西子故里。"三踏步村年岁大的村民所共知的大坟头有两穴，一为人民医院后门宿舍处，另一为现西施殿旁水厂处，其址都可视为苎萝山上。

周吉富、兆富等老人证实住院部房屋建造为之挑泥，当时医院后门处原定计划造房子两排各9间，因一头有穴大坟头，所以后来一边造9间，另一边只造了6间。

在1957年左右，人民医院扩建，对医院后门口的巨冢去留，有了不同意见。浣纱村周氏族人周善培得知后，请示时任浙江省省长的周建人，而周建人说，既然是建设所需，拆了就拆了吧。

一声令下，巨冢便被推翻。

待我们走近市人民医院后门时，发现前后两排屋，前排正面右角果然是低矮的平房，原真等几位老人异口同声："大坟头就是这儿。"

拆穴坟居然惊动了省长周建人，穴中人会不会就是周恪呢？

周建人系鲁迅小弟，鲁迅、周恩来同为诸暨南门始迁山阴的周澳之后，而迁南门始祖之一周恪为周澳之曾祖父，周建人极有可能从周善培的通报请示中知道了这穴坟的来历。

《度尽劫波周氏三兄弟》等书籍资料探究了鲁迅家族源流。鲁迅家住老台门时，家仆在前边打的灯笼有"汝南周"字，祖父周福清在参加科举考试时所写履历，具体地写明自己的先族是宋代的周敦颐。

周福清在履历表中写道："元公，宋封汝南伯，元封道国公，学者称濂溪先生，从祀文庙。"

由此可见，"汝南周"来自濂溪先生的封号"汝南伯"，这就是鲁迅家和诸暨周氏老宅人一样，在灯笼、风车上号"汝南周"字的来历。

周建人在中华人民共和国成立初期担任中央人民政府出版总署副署长、高教部副部长，继之担任浙江省省长时间，当为20世纪50年代末到60年代期间。《周恩来家世》一书载，时任浙江省省长的周建人，对60年代初绍兴关于周恩来史迹的调查有过帮助和支持，也从另一侧面证明周建人对先祖从诸暨迁山阴来历的清楚。

也就是说原真等老人所述的请示周建人后巨冢拆去的真实性毋庸置疑，且因周恪身处官位，留有巨冢理所当然，县志才有所记载，所以人民医院后门宿舍之墓应为周恪之墓。当年大家打着反封建旗号，祖宗墓及家族宗谱等自然是在劫难逃，周建人、周善培恐怕有心保护也未必能保得了。

原真所说的第二穴坟，即造自来水厂时拆去的坟，他们称之"二五公"之墓，据资料查考，应为"五二公"之墓，即周敦颐之后十一世、诸暨南门讫起第五世名完二之墓，为周澳之子。

完二随着父亲周澳迁居绍兴，但最终的归宿仍选择了诸暨。他归葬苎萝山，如同周澳迁居绍兴后来归葬诸暨桃花岭一样，是一种根的回归。

看来完二也与先祖周恪一起，本来与西施共结芳邻，如今便有些落寞。

（二）

第二次来到浣纱村，又是一个夏雨滂沱、雷电交加的日子。缘于高道地村民见到“濂溪一脉”文章发表，来电说有石碑、家谱珍藏，记者应邀一看。

碑在原高道地村周家祠堂现为一服装厂的前面庭院，为村民周伟良等在祠堂拆除时收藏起。细看其一为宗祠的田地捐碑，其二是周善培为祠堂刻的一块家族历史渊源的石碑。虽历经半个多世纪风雨剥蚀，字迹却清晰可辨。

从石碑上读之觉之，南门高道地该为周氏迁徙十年派。果然在村民周国方处发现《暨阳周氏十年派宗谱》，亦为周善培先生修，而 48 卷 50 大本的丰江周《周氏宗谱》同样为周氏族人周善培先生修，时间竟同出于民国戊午即 1946 年，时周善培 72 岁。宗谱同样有周善培写的谱序，只不过按卷目录中看，《暨阳周氏十年派宗谱》应为 12 卷，远少于丰江周《周氏宗谱》，而今只剩下 1 卷。

周善培无疑已成为周氏大家族历史文化延续发展的重要人物，要弄清周氏的历史渊源，有必要认识这位离我们年代最近的修编家谱的周氏族人。

据三踏步人讲，周善培为浣纱村人，晚清时期为四川道台，中华人民共和国成立初期任上海市政协委员。老人们记颂着周善培的善举：民国 11 年（1922）诸暨发大水，周善培记挂乡亲，特回乡给每户人家发 20 斤玉米。其子孟立“文革”迁故乡，后葬虎头山，现村人都说其孙子在西藏拉萨某医院任院长。

“善培年少最能文，鹤立寒鸡自不群。”此乃清光绪帝老师翁同龢弟子赵尧生予之的褒奖。据 1986 年《诸暨史志》中获悉，周善培（1876—1967），为清季学术诗文大家赵尧生弟子。曾与陈遹声、蒋鸿藻等共纂《国朝三修诸暨县志》，其学术专著《虚字使用法》《四书精译》《易学》等曾盛传学界。

赵尧生（1867—1948），四川荣县人，1894 年以分官考试名列一等，授翰林院国史编修。周善培因学习勤奋有业绩，深得赵尧生赏识。周善培与其师赵尧生一样，刚直不阿。1911 年，袁世凯任总理大臣，周善培恶袁所为，毅然谢绝“借重”，远赴日本。回国后居重庆探讨民主革命理论，时朱德同志以滇军旅长居成都时，与赵尧生往来谈诗甚密，周善培亦得常与朱德促膝交谈……

（原载《诸暨日报》2000 年 7 月）

主要参考文献

《嘉泰会稽志》，南宋·施宿等撰。

康熙《诸暨县志》，清·章平事、杨浣编纂。

乾隆《诸暨县志》，清·楼卜瀍等编纂。

《国朝三修诸暨县志》，清·陈遹声、蒋鸿藻编纂。

《诸暨民报五周纪念册》，杭州崇文印书馆，民国 14 年（1925）5 月版。

《诸绢志》，《诸绢志》编写小组编，1988 年 4 月完稿。

《诸暨县教育志》，诸暨县教育志编纂组编，1988 年 5 月出版。

《诸暨市科技志》，诸暨市科学技术委员会编，1992 年 12 月出版。

《诸暨县志》，诸暨县志编纂委员会编，浙江人民出版社 1993 年 12 月第 1 版第 1 次印刷。

《诸暨县水利志》，诸暨市水利志编纂委员会编，西安地图出版社 1994 年 9 月第 1 版第 1 次印刷。

《诸暨市水利志（1988—2003）》，诸暨市水利志编纂委员会编，方志出版社 2007 年 8 月第 1 版第 1 次印刷。

《诸暨民政志》，诸暨市民政志编纂委员会编，中华书局 2002 年 11 月第 1 版第 1 次印刷。

《诸暨政协五十年》，诸暨市政协办公室、诸暨市档案局编，2006 年 2 月出版。

《诸暨市政区手册》，《诸暨市政区手册》编委会编，华夏出版社 2013 年 5 月第 1 版第 1 次印刷。

《诸暨周氏溯源》，中华周氏诸暨市联谊会、诸暨市濂溪文化研究会编著，方志出版社 2016 年 12 月第 1 版第 1 次印刷。

《诸暨市人民代表大会志》，《诸暨市人民代表大会志》编纂委员会编，浙江人民出版社 2017 年 6 月第 1 版第 1 次印刷。

《记录老村落》，杨国忠主编，诸暨市档案馆 2017 年 4 月编。

《前世今生——诸暨老城记录》，张振东编著，浙江古籍出版社 2020 年 8 月第 1 版第 1 次印刷。

《新桔城村志》，《新桔城村志》编纂委员会编，吉林文史出版社 2020 年 12 月第 1 版第 1 次印刷。

《吴墅村志》，《吴墅村志》编纂委员会编，吉林文史出版社 2020 年 12 月第 1 版第 1 次印刷。

后 记

明崇祯六年（1633），诸暨知县张夬刊行《苎萝志》，因此也可以说，浣纱村是诸暨县域内最早有地方志的村落。2020年冬，诸暨市暨阳街道浣纱居民区村级股份经济合作社决定编纂《浣纱村志》，遂成立领导小组，确定由诸暨市允都文化工作室负责编纂，并组织采集人员予以配合。2021年2月，编纂工作正式启动。2022年6月，完成初稿。此后，复经参编人员审核和修订润色，终于12月正式定稿付印。

2022年4月，山下杨自然村列入诸暨市“三改”专项行动房屋征收范围，浣纱村的老旧房屋即将基本拆迁完毕，编者也特意进行了抢救性的走访拍摄。本志在编写过程中，特别注重原始资料的挖掘，力求真实、客观、科学、准确。在查阅浣纱居民区档案室原始资料的基础上，得到广大居民的大力支持。

志稿编纂过程中，黄仕根、孙新栋、周泉渊、周建华、钱永汉、翁叶江、张振东、徐建锋、俞广平、余全耿、郦林春诸先生提供了许多宝贵资料。志稿形成后，赵智国和赵友新两先生又欣然作序，并对志稿提出宝贵意见，在此一并表示衷心的感谢。

“志书可编，良志难求。”遗憾的是，因为在志稿编写之前，浣纱村所属的大多数自然村都已拆迁，无法进行实地考察记录，再加上居民四散，采访较为困难。故谬误、缺漏和不足之处在所难免，敬请领导、专家和读者批评指正。

编 者

2022年12月

图书在版编目（CIP）数据

浣纱村志 /《浣纱村志》编纂委员会编 . —北京：团结出版社，2023.1
ISBN 978-7-5126-9880-2

Ⅰ . ①浣… Ⅱ . ①浣… Ⅲ . ①村史—诸暨 Ⅳ . ① K295.55

中国版本图书馆 CIP 数据核字（2022）第 219087 号

出　　版：团结出版社
（北京市东城区东皇城根南街 84 号 邮编：100006）
电　　话：（010）65228880 65244790
网　　址：http://www.tjpress.com
E-mail：65244790@163.com
经　　销：全国新华书店
印　　装：涿州市荣升新创印刷有限公司
开　　本：210mm × 285mm　16 开
印　　张：16.25
字　　数：316 千字
版　　次：2023 年 1 月　第 1 版
印　　次：2023 年 1 月　第 1 次印刷

书　　号：978-7-5126-9880-2
定　　价：158.00 元